心理学スタンダード

——— 学問する楽しさを知る ———

サトウタツヤ/北岡明佳/土田宣明

［編著］

ミネルヴァ書房

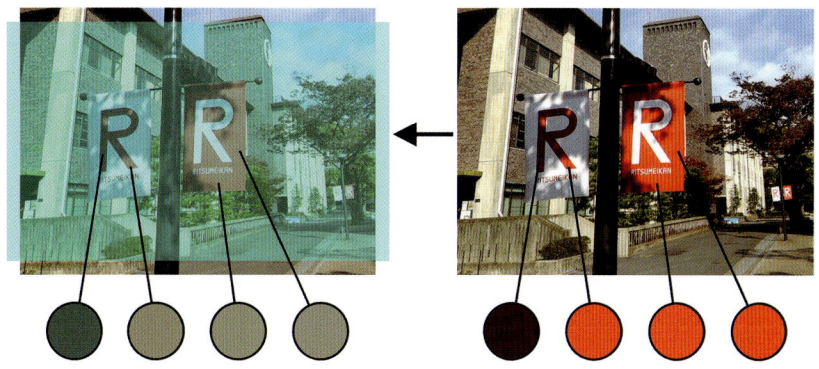

図9-1　色の恒常性のデモ

（注）　水色（シアン色）のフィルターをかけてのぼりの赤色が物理的には灰色や青緑色になっても，のぼりはフィルターの背後で赤色であるように見える。

図9-5　遠くのものは網膜像が少し大きく見える

（注）　ワゴン車は中央のものがオリジナルで，残りの2つはその等倍のコピーであるが，手前に置かれているように見える右のワゴン車は相対的に小さく見え，奥に置かれているように見える左のワゴン車は相対的に大きく見える。この現象を「大きさの恒常性」と呼ぶ場合と，「回廊錯視」と呼ぶ場合がある。

図9-13 ステレオグラムの例

（注） 上の図：3Dカメラで撮影した八重桜の写真のステレオグラム。2Dの写真ではわかりにくい花の奥行きの関係がわかる。下の図：ランダムドットステレオグラム。小さい正方形が手前に浮かんで見える。

図9-16 最適化型フレーザー・ウィルコックス錯視群

はしがき

　本書は，心理学に関する標準的な知識の提供を目的として製作されたテキストである。目次をご覧いただけばわかるとおり，全17章から成るこの本は，心理学における基本的なテーマを網羅した上で，先端的なトピックも取り上げている。どの章も，それぞれの章のテーマについて第一線で研究している気鋭の心理学者により執筆されている。

　本書は心理学をこれから本格的に学び始める（あるいは学び始めた）みなさんを主な読者として考えており，この本を通読してもらえば，「心理学のスタンダード」を一望することができる。たとえば，大学院を志望する学生のみなさんには，大学院での研究を始めるにあたって修得しておくべき心理学の知見の，標準的な水準を知ってもらうことができるだろう。また，目次を見て，自分がとくに興味をもっているテーマを扱った部・章から読み進めてもらうのもよいと思う。

　研究や学問とは，いわば「究極の道楽」であると我々は考えている。とくに心理学は，さまざまな側面から，さまざまな方法を用いて人間の心について考える学問であり，その世界に深く入り込んでいくことは，非常に楽しい。本書を製作するにあたっては，そのような楽しさがみなさんにできるだけ伝わるようにしたいと考えた。「学問する楽しさを知る」という副題には，そのような願いが込められている。

　この本を入り口にして，みなさんがそれぞれのやり方で心理学の世界の探究を始めてくださればさいわいである。

　　2014年2月

　　　　　　　　　　　　　　　　　　　　　　　　　　　　　　編　者

目　次

はしがき

第Ⅰ部　臨床心理学

1章　心理療法──悩みや問題への対峙……………………岡本直子…3
　1　臨床心理学とは，心理療法とは……3
　2　心理療法の考え・態度……4
　3　心理療法の非日常性……6
　4　心理療法のアプローチ──表現療法……9
　5　人生の宝探し……12
　　コラム　投影ドラマ法……11

2章　行動療法・認知行動療法
　　　──行動と認知の関係性を考える………………谷　晋二…17
　1　行動療法・認知行動療法とは……17
　2　第1世代の行動療法──条件づけの臨床適用の試み……21
　3　第2世代の認知行動療法──認知の変容の試み……23
　4　第3世代の認知行動療法──マインドフルネスの試み……26
　　コラム　認知という問題を臨床研究の中で取り扱う……27

3章　障害・バリアフリー
　　　──共生のための過不足ない支援とは……………望月　昭…31
　1　バリアフリーと心理学……31
　2　「車椅子利用者」を対象としたバリアフリーの研究……32

3 コミュニケーションのバリアフリー——携帯電話を AAC の手段として……36
   コラム　視覚障害者でも（だから？）写メは有効な情報手段……41

第Ⅱ部　時間の中の人間発達

4章　子ども・青年期
——発達を知ることは人間を知ること……………矢藤優子…49
1 発達心理学における代表的な理論……49
2 身体・運動能力の発達……53
3 知覚・認知の発達……56
   コラム　心の理論（藤戸麻美）……58

5章　成人・老年期——喪失と獲得の時期………………土田宣明…65
1 生涯にわたる発達……65
2 低下しやすい精神機能……68
3 維持・発展する精神機能……70
4 運動コントロールからみた加齢……72
   コラム　サクセスフル・エイジング（田中真理）……67

6章　教育と学び——自立的な学びの支援………………山本博樹…79
1 子どもの自立的な学びを支援する教育……79
2 効果的な学習支援の遂行……83
3 教科学習に対する支援……87
   コラム　授業における学校心理士の役割（水野治久）……85

iv

目　次

7章　人間関係
　　　——家族・友人・恋人を中心として……………宇都宮博…95
　1　家族関係……95
　2　友人関係・恋愛関係……98
　3　人間関係の生涯発達……104
　　コラム　結婚生活が長続きしている夫婦の背景にあるもの：コミットメント
　　　志向性の視点から……103

第Ⅲ部　実験で知る心の機能

8章　生　　理——脳を知り心を知ろう………………櫻井芳雄…113
　1　脳はどのように作られるのか……113
　2　脳の活動とは何か……117
　3　脳は変化をくりかえす……121
　　コラム　脳研究と心理学の関係……118

9章　感覚・知覚——心の入り口を科学する……………北岡明佳…127
　1　感覚・知覚とは何か……127
　2　知覚されるものは何か（恒常性）……128
　3　知覚されるものは対象の物理的特性の通りか（恒常仮定）……129
　4　三次元空間を人間はどのように知覚するか（空間知覚）……131
　5　対象を立体物として見る（立体視）……132
　6　物理的世界は心理的世界にどのように変換されるか……136
　7　物理的にはないものから知覚を構成する（補完）……137
　　コラム　錯視研究の展開……139

v

10章　注意・記憶——経験の統合と知識の獲得 ………星野祐司… 141
　1　注意を向ける…… 141
　2　感覚的な情報の保持…… 142
　3　短期的な記憶のはたらき…… 143
　4　長期的な記憶のはたらき…… 146
　5　日常的な記憶…… 151
　　コラム　初頭効果と新近効果…… 148

11章　思考・推論——考えることの心理学…………服部雅史… 155
　1　なぜ問題が解けないのか…… 155
　2　なぜ論理的に考えられないのか…… 158
　3　なぜよい決定ができないのか…… 161
　　コラム　合理的な思考とは…… 164

12章　学習（行動・動物）
　　　　——環境と個体の相互作用………………藤　健一… 169
　1　パヴロフの犬——イヌは如何にして唾液を分泌するようになったか…… 169
　2　スキナーのハト——ハトは如何にしてキーをつつくようになったか…… 172
　3　行動としての感情…… 178
　　コラム　私は如何にして心配することをやめ，キンギョに水中パネルを押させたか…… 179

第Ⅳ部　社会・文化と個人の心

13章　パーソナリティ（理論・検査）
　　　　——個性をどのように表わすか……………小塩真司… 185
　1　パーソナリティの探求…… 185

目　次

　　2　類型論と特性論……187
　　3　パーソナリティの測定……190
　　　コラム　血液型性格判断と遺伝……191

14 章　自己・対人認知——実験による把握…………八木保樹…197
　　1　他者を知る……197
　　2　自己を知る……202
　　3　自己を正当化する……205
　　　コラム　内的帰属をうながすもの……209

15 章　集団・文化——寛容な社会を作るために…サトウタツヤ…213
　　1　集団とは……213
　　2　文化とは……217
　　3　ステレオタイプやカルチャーショック（異文化摩擦）をこえて……220

第Ⅴ部　先端トピック

16 章　環　　境——行動とともにあるもの……………文野　洋…227
　　1　環境と人間行動の心理学……227
　　2　空間の認知とナビゲーション……230
　　3　空間利用の社会性……232
　　4　生活環境のデザイン……235
　　5　環境問題へのアプローチ……236
　　　コラム　環境心理学の醍醐味……237

vii

17章　少年司法と心理臨床
　　　──「司法臨床」のアプローチ ……………………廣井亮一…241
　1　少年司法の枠組み…… 241
　2　少年司法の実践──家庭裁判所と家庭裁判所調査官…… 244
　3　少年司法の対象──非行少年…… 245
　4　司法臨床──法と臨床の協働によるアプローチ…… 247
　　コラム　法と心理の協働：裁判員裁判と供述心理学の新たな試み（山田早紀）
　　　…… 251

18章　健　　康
　　　──心とからだのウェルビーイングをめざして…西垣悦代…255
　1　健康と健康心理学…… 255
　2　健康心理学の各領域…… 257
　3　健康とポジティブ心理学…… 263
　　コラム　ゲームを利用した健康教育「健康増進ゲーム」…… 265

索　　引

第Ⅰ部　臨床心理学

1章　心理療法
——悩みや問題への対峙

岡本直子

1　臨床心理学とは，心理療法とは

（1）　臨床心理学とは

　臨床心理学（clinical psychology）とは，何らかの心の問題や葛藤に直面して来談する人（クライエント：client）に対し，臨床心理学の専門家（セラピスト：therapist）が心理学の知識と技術を用いて行う専門的支援の学問である。臨床（clinic）はギリシャ語の klinikos（病床，寝台）を語源とし，病やその治療に関連する事柄を示す場合に用いられることが多い。しかし臨床という言葉は実践や現場を意味する場合にも用いられる。臨床心理学における「臨床」も，病とその治療という医療行為や医療の現場に限るものではない。臨床心理学が対象とする心の問題は医学（精神医学）的なものに限らず，人生における選択や自己実現のための課題なども含む。臨床心理学が用いられる現場も，医療・保健，教育，福祉，司法・法務・警察，産業・労働等，多岐にわたる。

（2）　心理療法とカウンセリング

　臨床心理学の実践は「**心理療法**（psychotherapy）」や「**カウンセリング**（counseling）」と称されることが多いが，我が国では両者の区別は曖昧である。
　欧米では，「心理療法」は心の深層（無意識）の領域をあつかうものであり，長期間での治療を要するもの，「カウンセリング」は人間の心の意識的領域をあつかう比較的短期間で解決が可能な問題に対応するものと考えられている。このような欧米での考えを参考に，「心理療法」と「カウンセリング」を明確

に区別しようとする立場も存在する。しかし,「カウンセリング」と称しても心の深い部分を扱う場合もあるし,「心理療法」と称しながら短期の問題解決に向けたガイダンス的なことを行う場合もあり,明確な区別は実際のところ難しい。

とは言うものの,実際は「心理療法」が臨床心理学の実践に特化して表す言葉として用いられるのに対し,「カウンセリング」は臨床心理学の実践に限らず,広い意味で用いられる言葉である。日々の生活の中でも,化粧品購入前の美容部員との相談,携帯電話のプランの相談,美容室でどのような髪型にしたいかの相談など,商品の販売やサービスの提供の際に,「顧客の相談を受け助言を与える」行為を指して使われる。その一方で,学校現場や医療現場等では,臨床心理学の実践を指すためにこの言葉が用いられることも多々ある。このように日常的に耳にする機会が多い言葉であるためか,一般的には「心理療法」よりも「カウンセリング」の方が抵抗が感じられにくいようである。心理的な問題で悩む人が周りにいたとして,専門家への相談を勧める際に,「カウンセリングを受けてみたら？」とは言えても,「心理療法を受けてみたら？」とは言いにくいであろう。

このように,臨床心理学の実践を表す言葉としては「カウンセリング」の方が「心理療法」よりも敷居が高くない。しかし先述の通り,「カウンセリング」という言葉は多様な局面で用いられるため,臨床心理実践という営みの専門性に特化して述べる場合は「心理療法」と称すのが適切であると筆者は考える。本書では以降,臨床心理学の実践を表す言葉として「心理療法」を用いるが,これは臨床心理学の実践としての「カウンセリング」とほぼ同じ意味と理解していただきたい。

2　心理療法の考え・態度

(1)　心理療法の営み

クライエントを前に,セラピストはまずしっかりクライエントの話を聞き,

生育歴，家族背景，問題の経過，獲得可能な社会資源（家族，学校，職場，地域，行政）などに関する情報収集を行う。必要であれば心理検査も実施し，見立てを行い，当面の支援の方針を立てていく。当面のと記すのは，来談した時点でクライエントの未来全てをセラピストが理解し得るわけではないからである。心理療法の過程において新たなテーマが浮上し，そのテーマの意味することは何か，そのテーマと対峙する手だてはいかなるものか再度考えていく必要がある。

（2）　クライエントの自主性の尊重

　心理療法ではクライエントの問題解決に関してセラピストが助言することは基本的にはない。仮にセラピストがいくら有効と思われる助言をしてもクライエントの心には響かない。問題解決の鍵はクライエントがもってはいるものの，まだそれに気がついていないのである。セラピストの仕事は，クライエントが一人では探索しきれない心の部分をともに探索することであり，やがてはクライエントが一人で自分の人生を歩んでいけるように支援することなのである。

　しかし，助言をしないとは言っても例外はある。たとえば，明らかにクライエントの不利益となるような行為をクライエントが繰り返し，その結果クライエントの心身の健康や社会的状況が悪化している場合は，やはり看過すべきでない。クライエントを守るためにセラピストがその行為と結果の関連を取り上げ，やめた方がよい旨を伝えるなどする。

（3）　「こうすればこうなる」とならないのが人の心

　機械を使いたければ，電源ボタンを入れれば動く。しかし，人の場合は必ずしもこうはいかない。何かやらねばならないことがあってもやる気が出ないこともある。また，飲酒，喫煙，大食，浪費など，ほどほどでやめておいた方がよいと頭では理解しているのにやめられないこともある。さらに，悔しさや悲しみなどの心的苦痛は，取り除こうと思ってもすぐに取り除けるわけではない。

　機械のように「こうすればこうなる」とならないのは，人に心があるゆえな

のである。「わかってはいるけど，できない」という状態の人に対して周りが「こうすればよい」といくらアドバイスをしても，その人の助けにはならない。また，悩んでいるAさんに行った対応が功を奏したとしても，似た悩みを抱えているBさんには有効どころかむしろ害となる場合もある。

（4） 心的現実

　心理療法では**心的現実**という視点が重要となる。心的現実と相対するのが**客観的現実**である。客観的現実とは文字通り，客観的で検証可能な現実である。一方，心的現実とは，それを体験している個人にとっての動かしがたい心の現実である。

　たとえば失恋した人に対して「またすぐによい人に出会えるから元気を出して」と客観的現実の視点から慰めようとしても，慰めにはならない。失恋の渦中にいる当人にとっては，別れた相手，恋破れた相手が自分にとって大切な存在であり，他のいかなるよい条件の異性であってもその相手の代わりにはならない。また，悩んでいる人に「そんなちっぽけなことで悩むな。もっと大変な人はたくさんいる」と言っても励ましにはならない。悩みの大きさは絶対量で測り得るものではない。他人から見れば些細なことでも，当人にとっては重大な，人生を揺るがしかねない危機であることも多々ある。

　心理療法では，セラピストがこの心的現実を重視し，クライエントの心に添うのである。

3　心理療法の非日常性

（1） 心理療法の関係性

　心理療法の場は非日常の場である。セラピストという役割，クライエントという役割それ自体が，日常の○○さん，△△さんという役割から解放する機能を備えている。セラピスト・クライエントという役割の存在や，日常の対人関係や社会的立場とは異なる状況によって，クライエントは日常では出すことが

はばかられるようなことも表現（言語的・非言語的に）できるのである。

　しかし，セラピスト・クライエントという役割があればクライエントは日常の制約から解き放たれるというのは早計であろう。飯森（1998）が指摘しているように，イメージの表出にあたって，聞き入る人，見守る人としてのセラピストの存在が必要となるのは，セラピストの発する言葉が，イメージとして湧き出る地面を柔らかくも固くもするからであり，クライエントとセラピストの人間同士の関わり，すなわち**関係性**があってこそのものなのである。

　たとえば，クライエントが「こんなことを話したらどうか」という気遣いなしに話し，セラピストが予断を挟まずクライエントにまんべんなく注意を傾けることから対話を始めたとき，必然的に第三の位相が浮かび上がってくる（森岡，1993）ように，クライエントの表現全てに注意を向ける働きかけが重要なのである。

　つまり，セラピストがセラピストとしての役割を保ちつつ，クライエントとともにいることで，一種の守りの雰囲気が醸し出されるのである。そしてこの，クライエントの役割とセラピストの役割と，そこに付随する関係性が構築されたとき，クライエントは，「こんなことを表現したらどう思われるだろうか」という懸念から自由になる。すなわち，「こうすべき」，「こうしよう」という予見や計画から離れ，癒しの体験へとつながる表現が可能となるのである。

（2）「私以外」の役割に扮した表現

　一方，クライエントがクライエントという役割にとどまらず，「私」という役割を一旦脇に置き，「私以外」の役割に扮することによって自己の思い等を表現することも少なくない。

　たとえば**プレイセラピー（遊戯療法）**で，クライエントがままごと遊びの中でセラピストの「母親」になって「我が子」であるセラピストの食事の世話をしたり，「医師」になって「患者」であるセラピストの治療を行ったりすることがある。この場合，クライエントは「母親」や「医師」という役割に扮することによって，「私」という役割では表すことができない何かを表現し体験し

7

ていたと考えられる。

　クライエントが「私以外」の役割に扮することはプレイセラピーに限らず面接においても見られる。たとえば，正しいことや道徳的なことを理想とする品行方正なクライエントが，自分に辛く当たる人々のエピソードを語る際にその人々の言葉を表情や仕草も含めてリアルに再現することを幾度も行う場合がある。クライエントは「これは私ではない。他の正しくない人がやっていること，言っていることなのです。」という前提，すなわち「私以外」の役割に守られた状況でのみ，自分が封じ込めている「正しくないこと」を赤裸々に表現することが許せていると考えられる。そして他者という役割を通して「正しくないこと」を表現することで，次第にそのような側面を自己の一部として受け入れていくようになると考えられる。

　すなわち心理療法の場においてクライエントが「私以外」の役割に扮して表現することは，一見何かの模倣ではあっても現実そのものの模倣ではなく，アリストテレス（Aristoteles）(1949) の示すところの「ありうべきこと」すなわち蓋然性の模倣なのである。そしてまた，このありうべきことを表現することによって，クライエントはこれまで気付いていなかった自己の側面と出会うことになるのである。

　劇作家のワイルド（Wilde, O.）の「人は仮面を与えられれば真実を語るであろう」との言葉がエルマン（Ellman, 1969）によって紹介されている。この言葉は，「私以外」の役割を通すことによって真実の表現が可能になることを示唆している。心理療法の場に訪れるクライエントは皆，「私」の問題を抱えている。この「私」の問題には，「私」の役割を通してのみ表現される側面もあれば，「私以外」の役割を通してのみ表現される側面もある。また，「私」の役割と「私以外」の役割のどちらによっても表現される側面もある（図1-1）。いずれの場合も日常の中では表現しがたい側面の表現が可能となるのである。そしてそこには，セラピストという日常のシナリオとは異なる共演相手が存在し，そのセラピストがクライエントの表現を支えているのである。

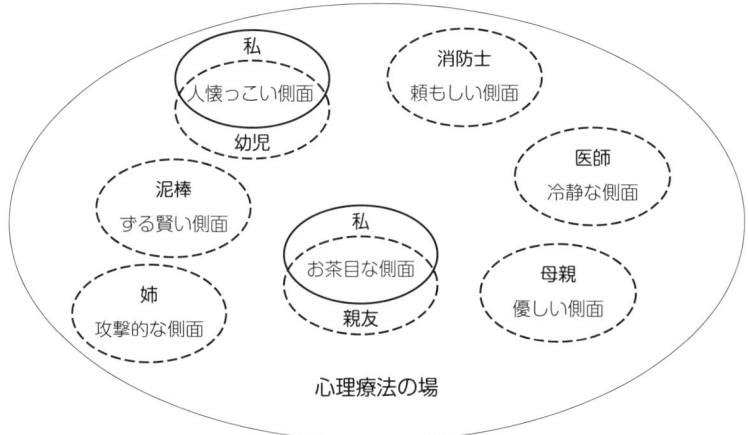

図1-1 心理療法の場でクライエントが担う役割と位置づけの例
(注1) 心理療法の場にはつねにクライエントの担う役割,セラピストの担う役割,時空間が存在し,さまざまな役割がクライエントの「ドラマ」を支えている。
(注2) クライエントの担う役割にともなってセラピストの担う役割もまた変化するが,この図ではクライエントの担う役割に限定して示す。
(出所) 岡本,2008

4 心理療法のアプローチ——表現療法

　本章の目的は心理療法がどのようなものであるかを概説することであるため,心理療法が依拠する理論の紹介に紙幅を費やすことは控えたい。しかし,心理療法のアプローチの一例を挙げることで心理療法の営みが具体的にイメージできるという考えから,表現療法を紹介する。

(1) 表現療法とは

　表現療法(expression therapy)は,描画,造形,演劇,箱庭,音楽,ダンス,写真,小説,詩歌,書道などを通して自己表現を行い,気づきや癒しを得るアプローチである。表現療法で用いる表現媒体は多岐にわたるが,どの媒体

を用いるかはクライエントの状態や志向によって異なる。いずれの媒体を用いるにしてもクライエントに押しつけるものであってはならない。何をどのように用いるかについてセラピストは慎重になる必要がある。

　表現療法は**芸術療法**（art therapy）と呼ばれることもある。芸術療法の「芸術」という言葉は，セラピストとクライエントの双方に「美的」なものを追求する姿勢をとらせてしまうという危惧も指摘されており（山中，1999），クライエントへの**導入**の際には「表現療法」と呼ぶ方が誤解が少ないと思われる。ただ，呼称もさることながら，「たどたどしい一本の線と"芸術性"の高い感性とを『哲学的に対等』とみなす用意が必要である」と中井（1984）が述べているように，表現されたものの美的側面に注目するのではなく，表現されたもの全てをクライエントにとって意味のあるものとしてとらえる姿勢がセラピストの側に必要である。当然のことながら，導入にあたっては，上手下手は重要なことではない旨がクライエントに伝わるよう配慮することも大切である。

（2）　振り返りの重要性

　3節で述べたように，心理療法ではクライエントが安心して表現できるよう見守ること，そのベースにあるクライエントとセラピストの関係性が重要である。これは表現療法を用いる場合も然りである。表現療法においては，見守りと同様に**振り返り**の作業が大切である。表現療法における振り返りとは，表現したものや表現の体験，そしてプロセスについて，クライエントとセラピストが振り返ることである。表現療法はクライエントの内面を如実に表し，クライエントを非日常の感覚に導きやすいため，丁寧に振り返りを行うことが必須なのである。この振り返りの作業には次の3点の機能が存在する（岡本，2008）。1点めがクライエントとセラピストの関係性の構築である。クライエントとセラピストが表現の体験やプロセスについてともに振り返ることによって，見る・見られるという関係から，表現を共有し育んでいく共同作業者としての関係性が出来上がっていくのである。2点めが，表現したものの意味づけや洞察を促すことである。クライエントが振り返りを通して，表現されたものの意味

1章　心理療法

コラム　投影ドラマ法

　投影ドラマ法は岡本（2008）が考案した表現療法の技法である。ミニチュアの舞台と人形を用いた即興劇（以下，投影ドラマと記す）とその振り返りで構成される。投影ドラマ法では，一人のクライエントが背景場面の提示された舞台の上に複数の人形をキャラクターとして登場させ，それらを自由に動かし，セリフを発して投影ドラマを展開する（図1-2）。そして投影ドラマの後でセラピストとともにそれを振り返る。

　投影ドラマ法は投影ドラマと振り返りを1セットとした技法であり，投影ドラマのみならずそれを振り返る作業にも重点が置かれる。振り返りの作業については本章の「表現療法」の部分で述べたので割愛し，ここでは投影ドラマの特徴と機能について記す。

　投影ドラマはキャラクターを通した表現であるため，仮面性・仮想性に守られる。また，複数のキャラクターのセリフや動きを発するため，イメージの投影が活発に変わり，多面的な感情の表現や他者視点の獲得が可能となる。このような特徴をもつ投影ドラマは主に5つの機能を有する。1つは，クライエントの遊び心を引き出し促進する「プレイフルネス賦活の機能」である。2つめは，クライエントがテーマとして抱えている事柄の表現をうながす「テーマ表出の機能」である。3つめは，登場するキャラクターや投影ドラマの展開がクライエント自身にも意外でありそこから自己洞察などを得る「自己の意外な側面への気づきの機能」である。4つめは，クライエントの過去を再現し投影ドラマの世界でやり直しを行う「過去の再現とやり直しの機能」である。5つめは，うっ積しているものを表現して発散する「カタルシスの機能」である。

　投影ドラマ法は既存の表現療法の技法とは異なるチャンネルからのクライエントへの働きかけが可能であり，臨床場面での有効な治療的手だてとなることが期待できる。

図1-2　投影ドラマの一場面

についてはじめて気づいたり，表現の中には曖昧に表れていた自己のテーマについてセラピストに語り，自己の中に収めていくなどするのである。3点めが非日常の感覚から日常の感覚に立ち戻れるようクライエントを支援することである。振り返りは，表現療法という非日常の体験を日常言語に置き換えてセラピストと語り合う作業であり，この作業を通してクライエントは日常へと戻ることができるのである。

（3） 表現療法の有効性と危険性

　心理療法のいかなるアプローチにも有効な部分と留意すべき部分があり，表現療法も同様である。

　表現療法の有効性としては，主に以下の3点があげられる。1点めは，心の中の葛藤や抑圧された感情が表現を通して解放されることである。2点めは，表現療法の媒体に備わる遊びの要素がクライエントを自由にすることである。そして3点めが，クライエントが言語化・意識化できないものを表現を通して目に見える形にすることで，それらに対する理解や気づきが促進されることである。

　一方，そのように葛藤や抑圧されたものが表れやすい表現療法であるからこそ，クライエントの意識統制を超えて表現を促進してしまう危険性も有することを忘れてはならない。クライエント自身の許容度を超えて表現がなされたとセラピストが感じたなら振り返りで収めていくことが必要であるし，場合によっては表現の最中に止める判断も求められる。また，**統合失調症**者のように**現実検討能力**などが脆弱になっているクライエントに実施することは，症状を却って悪化させる恐れもあるので，表現療法の導入をするにあたっては十分な注意が必要である。

5　人生の宝探し

　冒頭で「カウンセリング」という言葉は「心理療法」に比べて抵抗が少ない

と述べたが,やはり現代の日本では「カウンセリング」であれ「心理療法」であれ,心の問題で専門家の支援を受けることに躊躇する人たちも少なくない。躊躇する理由の一つに,「こんな小さなことで相談に行くのは恥ずかしいし迷惑をかける」という思いがあろう。しかし,2節の「心的現実」のところでも述べたように,当人の辛さの程度を客観化できるものではないし,すべきでもない。いくら周りの人が「そんなことで」と言っても,当人が辛いと思うならそれは重要な,専門家とともに考えるに値する悩みなのである。本書の読者の大部分は大学生であると考えられるが,大学時代は自分自身について考え,悩み,模索する時期である。この,考え,悩み,模索する作業に「こうでなければならない」というものはない。自分一人で向き合うのも良し,友人や恋人,家族,教員とともに考えるのも良し,そして**学生相談室**のカウンセラーのもとを訪れるのも良しである(学生相談室での相談は多くの場合無料である)。悩まない人生はないし,悩みが少ない人生が幸せなものとも限らない。悩みの向こう側には新たな発見や可能性が存在するかもしれない。読者の皆さんの人生の宝探しが実り多きものになることを願う。

〈まとめ〉

　臨床心理学は,心の問題や葛藤を抱えるクライエントに対し,専門家であるセラピストが行う専門的支援の学問である。心理療法ではクライエントの自主性が尊重されており,最終的にはクライエントが一人で自分自身の心を模索し人生を歩んでいけるようセラピストが支援する。人は機械とは異なり,「こうすればこうなる」とはならない。それは人に心があるからである。この心を扱う心理療法では,セラピストがクライエントの心的現実を尊重する。

　心理療法の場は非日常の場である。クライエント・セラピストという役割の存在や,日常の対人関係とは異なる状況,クライエントとセラピストの関係性が存在する。これらに支えられ,クライエントは「私」の問題を表現していくのである。

　心理療法のアプローチの一つに,さまざまな媒体を通して自己表現を行い気づきや癒しを得る表現療法がある。丁寧な振り返りの作業が重要であることはもちろんのこと,表現療法の有効性と危険性を念頭に置き十分に注意して導入する必要がある。

第Ⅰ部　臨床心理学

〈グロッサリー〉

見立て　クライエントの抱える問題や予後などに関する全体的な見通し。心理療法においてはこれを適切に行うことが重要である。

プレイセラピー（遊戯療法）　言語による自己表現力がまだ十分でない子どもを対象とした，遊びを媒介に用いる心理療法のアプローチの一つ。

統合失調症　人格，思考，感情，行動，興味関心，対人関係能力などに障害をきたす精神疾患。約1％の人が生涯のうちに罹患すると言われている。

現実検討能力　現実・非現実や自他の識別を行う，自我の機能の一つ。現実に適応するための重要な機能。

学生相談室　大学，短期大学，高等専門学校，専門学校などに設置されている，学生を対象とした相談の場。学生生活を送るためのサポート機関の一つ。

〈もっと詳しく知りたい人のための文献紹介〉

河合隼雄　1985　カウンセリングを語る（上）（下）巻　講談社
　⇨本書は，カウンセリングとはいかなるものか，クライエントの悩みや苦しみをいかにうけとめ，いかに向き合うかなどについて丁寧に述べられている。カウンセリング（心理療法）の営みについて知りたい人は必読である。

氏原寛・成田善弘・東山紘久・亀口憲治・山中康裕（編）　2004　心理臨床大事典　培風館
　⇨臨床心理学の基本的な知識として重要な理論や技法について簡潔に記された事典。「大事典」というだけあって必要な項目のほとんどが盛り込まれているので，勉強していてわからない言葉などを調べるのに役立つ。

ロジャーズ，N.　小野京子・坂田裕子（訳）　2000　表現アートセラピー　誠信書房
　⇨表現アートセラピー（絵画，ダンス，音楽などのさまざまなアートを自在に組み合わせ，人間の本来もつ内的な成長プロセスを育む統合的アプローチ。個々の扱う媒体は表現療法と同じである）の理論と実際がわかりやすく記されている。

〈文　献〉

アリストテレス　松浦嘉一（訳）　1949　詩学　岩波書店
Ellman, R. 1969 *Critical writings of Oscar Wilde*. Random House.

飯森眞喜雄　1998　芸術療法における言葉　徳田良仁・大森健一・飯森眞喜雄・中井久夫・山中康裕（監修）　芸術療法1　理論編　岩崎学術出版社　pp. 67-78.
森岡正芳　1993　観客論──終わりなき対話　吉田圭吾・武藤晃子・高良聖・森岡正芳・小島達美（著）　心理療法とドラマツルギー　星和書店　pp. 121-147.
中井久夫　1984　分裂病（中井久夫著作集　第1巻）　岩崎学術出版社
岡本直子　2008　「ドラマ」がもつ心理臨床学的意味に関する研究　風間書房
山中康裕　1999　心理療法と表現療法　金剛出版

2章　行動療法・認知行動療法
——行動と認知の関係性を考える

谷　晋二

　行動療法や認知行動療法を他の心理療法と区別し，特徴づけているのは，介入の有効性を実証的に示す点である。個々の症例に適切な量的アセスメントを行い，アセスメントに基づいた介入計画を立て，介入成果を量的に測定していく。介入が十分な成果を上げていないときには，介入計画や介入方法を見直していく。行動療法や認知行動療法では，基礎的な心理学実験や調査で培われた科学的な思考を臨床的に適用することが求められている。行動療法の研究は1960年代から始まった。その成果が積み上げられ，認知行動療法を産み，現在では第3世代の認知行動療法として，新たな技法を生み出し，培われた技法を包括しながら発展し続けている。本章では，行動療法の歴史的な道筋を辿りながら基本的な技法を紹介し，第3世代の認知行動療法の概略についても紹介していく。

1　行動療法・認知行動療法とは

(1)　定義に関する問題

　行動療法が革新的な心理療法として登場してから約50年が経過している。一般的に，行動療法は「適応的でない行動を変容させるために，実験的に確立された学習の諸原理を使用するものである」と定義されている（Wolpe, 1969）。アイゼンク（Eysenck, 1952）は精神分析的療法や折衷的療法などが用いられたケースを分析し，これらの療法を受けなくてもクライエントの多くに改善が見られていることを報告した。そして，心理療法が実施されてもされなくても，

クライエントの2/3が2年以内に回復が見られると報告した。そして心理療法の効果について実証的な研究が必要であると強く主張した。

しかし、その後のメタ分析を用いた心理療法の有効性に関する研究（Smith & Glass, 1977）では、心理療法の有効性が見出されている。彼らの研究には、行動療法を含めたさまざまな心理療法が含まれていたが、治療法の別による有効性の違いは見られていなかった。今日、心理療法一般に効果があることは事実として認められているが、どのような症状を持つクライエントにどのような介入が効果的であるのかを示す研究が行われてきた。アメリカ心理学会（APA）は十分に確立された介入の基準を示し（Crits-Christoph, Frank, Chambless, Brody, & Karp, 1995）、その基準に合致する介入法のリストを示している。そこで示された介入の多くは、行動療法、認知行動療法に分類されるものである。

行動療法、認知行動療法は適用範囲を拡大し、実証に支持された心理療法としての地位を確立してきた。にもかかわらず、現在に於いて「（認知）行動療法とは何か」というシンプルな問いに答えることは容易ではない。行動療法の基礎となる理論や行動療法の技法はつねに膨張し続けている。行動療法は、クライエントの行動や主観的な訴えを変容するために、理論から導き出された技法を用いるだけでなく、有効な技法の発見から理論の革新を行ってきた。このような理論と実践との連環的な営みの中で、行動療法は発展してきた。そのため、行動療法をウォルピ（Wolpe, J.）が定義したように「実験的に確立された学習の諸原理」を応用したものであると定義することは困難である。

（2） 方法としての（認知）行動療法

山上（1997）は、これまでの行動療法の歴史を振り返り、行動療法は次の4つの特徴を持つ方法の体系であると述べている。
①行動に焦点を当てている。
②行動の変容を治療の目標にしている。
③治療の方法は対象となった行動ごとにそれぞれ検討される。

④治療しやすいところから治療しやすいように治療を進める。

　行動には，目に見える行動だけでなく思考や感情などの直接観察することの困難な潜在的な行動も含まれる。たばこを吸うという顕在的な行動だけでなく，「たばこを吸いたい」という思考についても，行動変容の対象となる。そして，それぞれの行動に対して，行動の変容にかかわる環境的な要因とその行動の機能が分析される。顕在的な行動に対する介入と思考に対する介入はそれぞれ別個に検討される。たばこを吸うという顕在的な行動の変容が成功すれば，思考は直接の介入が導入されなくても，消失することもある。逆に，「たばこを吸いたい」という思考が変容することで，顕在的な行動は変容するかもしれない。どのような戦略を取るかは，介入が容易な方から進められることが多い。

　行動療法は，もともとマニュアル化されたあるいは，パッケージ化された介入方法ではない。個々のクライアントに合わせて（個々のクライアントの分析に基づいて），さまざまな介入技法を導入していく，オーダーメイドされた介入法である。

　さらに，行動療法の介入は一種の臨床実験となっている。セラピストは，アセスメントに基づいて介入のための仮説を立てる。その仮説に基づいて技法を選択し，介入を実施する。仮説通りに，行動の変容が見られれば，その仮説は正しかったと判断されるし，もし行動の変容が見られなければ，仮説の修正を行い，新たな仮説を立て，技法を選択することが反復される。結局，行動の変容が達成されたときに，はじめて仮説が正しかったと認識される。言い換えれば，行動療法では，行動の変容が起きてはじめて，セラピストはクライエントの症状の機制を知ることになる。「なぜあの子どもは夜尿をするのか」という問いは，夜尿行動を変容させてからでしか答えることができないと考えるのが行動療法の立場である。

　自然科学の特徴の一つは知識が積みあがっていくことにある。行動療法の歴史を振り返ると，いくつかの波を経ながら発展してきた。新しい波は以前の波の技法を包含しながら臨床の技法を積み上げてきた。行動療法を技法の体系としてとらえると，用いられる技法は3つの波を通して拡大している。

オペラント条件づけやレスポンデント条件づけに基づいた技法が主として用いられてきた世代は，第1世代と呼ばれる（12章参照）。

オペラント条件づけに基づいた方法では，先行事象，行動，結果事象の3つの観点（随伴性）から人の行動を分析する。特定の行動を出現させやすい先行事象とそれを維持したり増大したりしている結果事象を分析し，調整をすることで行動の変容を試みる。たとえば，煙草を吸うという行動の分析では，煙草を吸う行動の出現頻度を増大させる先行事象（たとえば，灰皿やライターなど）を環境から取り除いたり，禁煙のポスターを張ったりするなどの煙草を吸う行動を減少させる環境を設定する。さらに，煙草を吸う行動の結果事象となっている環境を変化させる。煙草を吸う行動の結果事象には，さまざまなものがある。一つは，ニコチンの増大である。ときには，周囲からの注目やイライラや怒りの低減，退屈さの低減なども結果事象となっていることがある。ニコチンの増大が結果事象となっている場合には，煙草を吸わないでもニコチンが補充されるような環境設定が行われる（たとえば，ニコチンガムなど）。

レスポンデント条件づけに基づいた技法は，不安や恐怖に関連した問題，強迫性障害に応用されてきた。レスポンデント条件づけの機制から考えると，不安や恐怖を回避する行動は，不安や恐怖を喚起する刺激の消去を妨害するので，不安や恐怖を長期的には増大させる。強迫行動は一種の回避行動であるので，繰り返せば繰り返すほど，増大していく。そのため，不安や恐怖に関連した行動や強迫行動に対しては，回避行動を取らないで，不安や恐怖等に直面することが，もっとも効果的な方法である。

不安や恐怖に接触していく方法には，段階的に接触していく方法（**系統的脱感作**）と強い不安・恐怖喚起刺激に暴露する方法がある（**イクスポージャー：暴露法**）。

第1世代の行動療法では，オペラント条件づけに基づく正の強化や**トークン法**，罰手続きが用いられた。系統的脱感作やイクスポージャー（暴露法）はレスポンデント条件づけに基づいた技法である。イクスポージャーは，不安喚起刺激に対象者をさらすことで不安反応の消去を実施する手続きである。暴露反

応妨害法は，イクスポージャーを行いながら対象者の不安回避行動を妨害する手続きであるので，レスポンデント条件づけに基づく技法とオペラント条件づけに基づく技法を組み合わせたものと考えられる。

2 第1世代の行動療法——条件づけの臨床適用の試み

第1世代の行動療法の代表的な研究として，パニック障害に対する系統的脱感作について取り上げる。

パニック障害では，何らかの過程で不安と条件づけられた刺激があり，それを回避する行動が持続的に生じている。たとえば，エレベーターに乗っているときに，突然エレベーターが故障し，そこに閉じ込められた体験をすると，その際に存在していたさまざまな刺激が不安反応を生じるように条件づけられる（レスポンデント条件づけ）。不安と条件づけられた刺激に出会うと，それを回避するような行動が出現する。たとえば，エレベーターに乗らないで階段を使うようになる。階段を使うことは，不安を回避するという形の強化（オペラント条件づけの負の強化）を受けるので，次第に回避する行動が増大するようになる。一方，条件づけられた不安刺激は，回避行動によって持続的に避けられていくので（つまり，条件づけられた不安刺激にさらされない），レスポンデント条件づけの消去が起こらないまま，類似した刺激へ般化していく。刺激般化が起きると，最初に条件づけられた刺激と類似した刺激が不安反応を引き起こすようになり，トイレやバス，電車などへと不安反応は拡大していく（図2-1）。

パニック障害の行動療法では，不安反応と条件づけられた条件刺激を明確化し，それらを段階的にリスト化していく。このリストは不安階層表（SUD）と呼ばれる。表2-1は仮想的なケースの不安階層表である。条件づけられた不安刺激は，通常そのまま放置しておくと次第に不安を生じなくなってくる（レスポンデント条件づけの消去プロセス）が，ときには，不安反応と拮抗させるために，呼吸法や自立訓練法などのリラクゼーション技法が併用されて，SUD

第Ⅰ部　臨床心理学

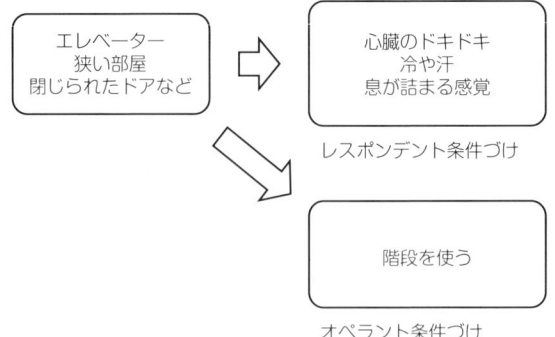

図2-1　パニック発作の過程

表2-1　エレベーター恐怖のSUD

不安・恐怖の項目	強さ
エレベーターで1フロア移動する	100
ドアの閉まったエレベーターに5秒間乗る	70
ドアの空いたエレベーターに5秒間乗る	50
エレベーターの前でドアが開くのを見る	40
エレベーターの前で立つ	30

の低い刺激から段階的に消去されていく。

　たとえば，表2-1の最初のステップでは，「エレベーターの前でエレベーターのドアが開くのを見る」ことを繰り返し，そのときのSUDの変化を記録していく。このステップが，不安反応を生じなくなったら，次のステップへ進んでいく。

　もちろん，クライエントに適切な行動（たとえば会話をするスキルやソーシャルスキルなど）が欠けているために，不安やストレスが増大していると考えられる場合には，オペラント条件付けの技法を用いたスキルトレーニングが実施される。スキルトレーニングでは，目標とする行動の**課題分析**を行って行動を細分化し，さまざまな**プロンプト**，正の強化を用いて段階的に行動を形成する。課題分析とは，複雑な行動を細かなステップ（スモールステップ）に分けることである。スモールステップ化された行動は，適切な行動を出現させるために

用いられる外的な援助（すなわち，プロンプト）を用いて教えられる。プロンプトには，絵や写真を見せる視覚的なプロンプト，言葉や文字を用いる聴覚的プロンプト，モデリングや手を添えて援助する身体的プロンプトがある。

3 第2世代の認知行動療法——認知の変容の試み

（1） 認知を扱う

　第1世代の行動療法では，クライエントの思考については，ほとんど取り上げられなかった。第1世代の行動療法は，検査などで測定できる観察可能で操作的に定義された行動に対象を限定していたため，人間の言語や認知を含めたより広い概念に関心を持つ臨床家にとっては，対象が限定されすぎ，魅力の乏しいものとなった（Hayes, 2004）。一方，第2世代の研究者であるバンデューラ（Bandura, 1969）は行動の変化に認知的な要素が重要な役割を果たしていることを主張し，観察学習の重要性と**自己効力感**（self-efficacy）という概念を提唱した。人が環境をどのように解釈し意味づけするかによって，人と環境との相互作用は変化すると考え，行動の媒介変数としての認知の重要性が注目されるようになった。自己効力感とは，環境に対して自身が有効な働きかけをすることができるという予測や確信で，自身の行動がどのような結果を生み出すかを予期することやその結果を生み出すために必要な行動をどの程度うまくできるかという予測から成り立っている。

　ベック（Beck, Rush, Shaw, & Emery, 1979）はうつ病の臨床研究を通して認知療法を確立した。認知療法では，環境の出来事に対して情報処理の歪みが生じているため，「認知の歪み」が発生し，行動上の問題が出現すると考えられた。認知の歪みは，不合理な信念，推論の誤り，自動思考などと呼ばれることもある。表2-2は代表的な認知の歪みをリストにしたものである。これらの認知の歪みは，自分に関する固定的な信念，たとえば「自分は人より劣っている」「自分は生きている価値がない」などのスキーマと呼ばれる信念から生み出されていると考えられた。図2-2は認知モデルが想定する環境と個体の相

第Ⅰ部　臨床心理学

表2-2　認知の歪み

破局的な推論	現実的な検討をしないで否定的な予測をする
全か無かの思考	良い-悪い，できる-できない，正しい-間違っているなどの両極端な考えをする
個人化の推論	出来事の理由や結果を自分のせいだと考える
レッテル張り	自分や他人に否定的なラベリングをする。たとえば「私はだめな人間だ」など
すべき思考	「私は〜すべきだ」「あなたは〜すべきだ」と考えること

状況 ⇨ 考え ⇨ 行動・感情

図2-2　認知モデルが想定する環境と個体との相互関係

互関係を表している。

　第1世代の行動療法では，中心的には扱われなかった認知の問題を認知療法は積極的に扱うようになってきた。

　認知療法は，認知媒介理論からの仮説構成体による説明[1]に依拠しており，これは自然科学としての心理学の発展を阻害する（Eifert & Forsyth, 2005）。認知療法の情報処理理論は基礎科学的な理論（認知心理学や認知科学）による十分な裏付けを得るには至っていない（熊野，2012）という批判を受けながら，行動療法は認知療法の技法を，認知療法は行動療法の技法を取り入れて，臨床的な成果を挙げてきた。したがって，現在の認知行動療法は，熊野（2012）が指摘するように，行動療法的な色彩の強い（学習理論の発展による）流れと認知療法的な色彩の強い（情報処理理論に基づく）流れがある。

（2）　認知の変容

　現代の認知行動療法の代表的な技法として，認知再構成法を取り上げて説明する。

➡1　説明のために概念的な構成体を導入する。たとえば，「スキーマ；認知の歪みは，深層にあるスキーマから生み出される」等の説明。

日時	状況	考え	行動・感情
・6月25日 9：00	・教室に入ったときクラスメートが私を見た	・私は嫌われている	・怖い ・家に帰る

図2-3　日常思考記録表

　一般的には，認知が人の感情や行動にどのような影響を及ぼすのかがクライエントに心理教育の一部として説明される。認知が変わることで人の感情や行動が変化することが説明され，認知の中には不合理な認知があること，不合理な認知の種類（表2-2）とそれに伴う感情や行動が説明される。

　認知再構成法では，コラムを使ってどのような状況で不合理な認知が出現し，どのような感情や行動がその後に伴われているのかを明らかにする。図2-3は仮想的なケースのコラムである。このケースでは，教室に入ったとき，クラスメートが自分の方を見たという状況に対して，「私のことを変な人だと思っている」「私のことを嫌っている」という考えが生じ，怖いという感情や教室を飛び出して家に帰るという行動が出現している。このような認知に気づくことが最初のステップである。ホームワークとしてコラムを記録していくことで，自身の認知に気づく習慣を形成していく。多くの場合，クライエントの認知は，これまで避けようと試みてきた認知であるので，このステップには評価をしないでただ認知に気づくという試みが含まれている。

　次のステップでは，ホームワークを通して記録された認知をセラピストと一緒に検討していく。このとき，自身の認知に不合理な認知が含まれていれば，それをどのように合理的な認知に変容すればよいかがセラピストと一緒に検討される。そして，その後のホームワークではコラムの記録に合理的な認知を書き加えるというステップが加えられる。

　ある状況下で，自動的，反射的に出現してくるこのような認知は自動思考と呼ばれる。自動思考はより根本的な信念から生み出されていて，それは**スキーマ**と呼ばれる。

　スキーマを探索していく方法の一つが下向き矢印法と呼ばれる方法である。

表の例で考えてみると,「私はクラスメートから嫌われている」という自動思考に対して,「それでどうなるのか」を尋ねてみる。「クラスメートから嫌われると？」「学校にいけなくなる」「学校にいけなくなると？」「勉強ができなくなる」「勉強ができなくなると？」「自分がだめな人間だとわかってしまう」などのように,自動思考を作り出している根本的な信念（スキーマ：自分はだめな人間である）が明らかになることがある。

4　第3世代の認知行動療法——マインドフルネスの試み

行動療法の発展を見てくると,古い時代の技法がなくなってしまっているのではなく,次の世代へと引き継がれている技法が多い（もちろん,さまざまな理由から使用されなくなった技法も多い）。第3世代の認知行動療法は,言語を含めた行動や感情の機能に注目した心理療法であるが,第1,2世代に培われた技法の多くが用いられる。表2-3は,第3世代の認知行動療法に分類される療法である。

認知療法の登場は,大きなインパクトを第1世代の行動療法に与えた。認知療法が登場した当時,行動療法の基盤である学習理論は人間の言語や認知に関する十分な理論的,実験的基盤を持っていなかった。少なくとも,学習理論は,うつ病や強迫性障害などのクライエントが持つ認知と行動との関係を理論的に分析し,臨床技法として反映することができる程十分には成熟していなかった。

1970年代以降,人間の言語や認知に関する実験的分析は,着々と進んでいた。<u>刺激等価性</u>に関する一連のシドマン（Sidman, M.）らの研究やその後の<u>関係フレーム理論</u>の提案は,言語や認知に関する学習理論の大きな発展となった。刺

表2-3　第3世代の認知行動療法

・マインドフルネス心理療法
・弁証法的行動療法
・アクセプタンス&コミットメント・セラピー
・機能分析心理療法

コラム　認知という問題を臨床研究の中で取り扱う

　日本では，日本行動療法学会，日本行動分析学会，認知療法学会などが，行動療法・認知行動療法に関連する学会として知られている。行動療法学会と認知療法学会の両方に参加すると，同じ認知行動療法でもこれほどにも大きな違いがあるのかと驚かされる。行動療法の中に認知療法の技法を取り入れてきた人と，認知療法からスタートし行動療法の技法を取り入れてきた人との違いは大きい。

　しかし，認知という問題を臨床研究の中で積極的に取り扱おうとさまざまな取り組みをしていることは共通している。人間に特有の，まさに人間を特徴づけている認知の問題を臨床研究はこれからも扱い続けていくだろう。そのための基礎研究・実験研究が積極的に行われている。社会心理の分野でも認知が人の行動に及ぼすさまざまな影響について多くの研究が行われているので，行動療法・認知行動療法を学習しようとしている人は，社会心理の分野の研究にも目を向けてみるのがいいだろう。社会心理の分野の研究の多くは，「不合理な信念」が行動に及ぼす影響に注目しているが，マインドフルネスと行動との関係に注目した研究も今後増えてくるのではないかと思われる。

激等価性は，刺激と刺激との恣意的な関係に基づいている。刺激Aと刺激Bが恣意的に関係づけられ，さらに刺激Bと刺激Cが恣意的に関係づけられる。すなわち，AならばB, BならばCという関係が作られたとき，BならばA（対称律），CならばB（対称律），AならばC（推移律）そしてCならばA（等価律）という4つの関係が，直接の学習経験なしで成立することである。そして，関係フレーム理論は，臨床技法としてアクセプタンス＆コミットメント・セラピー（Acceptance & Commitment Therapy, 以下 ACT）を生み出した。

　第3世代の認知行動療法の特徴は，行動の機能に治療の焦点を当てている点である。テストに落第するかもしれないという不安を避けるために懸命に学習する行動と，その不安を避けるためにゲームをする行動は，行動の形態は異なっているが，機能としては同一である。そこで，不安を避けるという行動の機能を変換することを試みているのがマインドフルネス心理療法や弁証法的認知行動療法，ACTの特徴の一つである。これらの方法では，不安を避けるので

はなく，受け入れる（アクセプト）ことや，自ら接触すること，「今そこにある瞬間」の身体感覚に気づくことが，クライエントに紹介される。

　第3世代の認知行動療法のいずれもが，マインドフルネストレーニングを取り入れている。マインドフルネストレーニングは，ヨガや座禅等のエクササイズを通して，「いま，ここで」起きている出来事に注目することを促している。過去の出来事への囚われや未来の出来事への心配などは，「いま，ここで」起きている出来事ではなく，言語機能によって作られた出来事である。言語機能によって作られた出来事，すなわち認知の内容に囚われることなく，「いま，ここで」起きている出来事にマインドフルに（懸命に）取り組むことを練習する。そうすることによって，どのような内容の認知が出現しても（たとえそれが不安で不快なものであっても），それに影響されなくなることが期待されている。

　認知再構成法が認知の内容の変容を試みているのに対して，マインドフルネスエクササイズはどのような認知であっても，それが単なる認知に過ぎないと受け入れることで，認知が行動に及ぼす影響力を弱めようとしている。

　ACTは行動の柔軟性（心理的柔軟性）を高めることを目的として実施される。**心理的柔軟性**とは「意識を持った人間として，より全面的に今の瞬間と接触し，価値づけされた目標にかなうように，状況がもたらす物事に基づき行動を変化あるいは持続させる能力」である（ルマオ，ヘイズ，& ウォルサー，2009, pp. 17-18）。

　心理的柔軟性を阻害するのは，言葉を字義通りに解釈してしまうことや言語行動による関連付け，判断や理由づけなどである。マインドフルネスエクササイズは，これらの言語行動による制御を弱め，「今，ここで」起こっていることへの反応性を高めるために用いられる。さらに，ACTでは，自身の価値を明確化し，価値づけられた行動を自ら選択し，コミットメントすることを促進する。たとえどのような認知や感情があったとしても，自らの価値に基づいた行動を続けていく。結果的に，価値づけられた行動の実行は，これまで回避していた認知や感情と持続的に接触することを促進し，正の強化で維持される行

動を増大させ，行動のバリエーションを増大させることにつながっていく。

〈まとめ〉
　行動療法，認知行動療法は，実証に基づく心理療法として確立している。しかしながら，行動療法，認知行動療法の技法は多岐にわたり，その理論的基盤も単一ではない。それは，行動療法，認知行動療法が理論と技法とを還流させながら発展してきた心理療法であるからだと考えられる。理論的に演繹された技法が臨床に適用され，技法が臨床的な吟味を受けることで理論の再構築が行われてきた。行動療法，認知行動療法を理解していくには，理論と技法との相補的な関係を理解していくことが必要である。
　この章では，最初に理論と技法との関係の中で発展してきた行動療法の状況を簡単に説明し，その後，3つの世代に分けて代表的な技法を紹介してきた。現在，認知行動療法は第3世代と呼ばれているが，第1，2世代の技法が用いられなくなったわけではない。もちろん，理論的に整合性のない技法や効果の上がらなかった技法は臨床的に淘汰されてきたが，それぞれの世代に用いられてきた技法の多くは現在も用いられている。技法の体系である行動療法，認知行動療法は，世代の交代によって生まれ変わったのではなく，うまくいく技法は継続して使われ，うまくいかない技法は使われなくなるというプロセスを経て，現在へと続いている。そして，今後も行動療法，認知行動療法は臨床活動の中で淘汰されながら，新しい理論と新しい技法を生み出していくだろう。

〈グロッサリー〉
オペラント条件づけ　行動の先行事象と後続事象を変化させる手続き。正の強化，負の強化，正の罰，負の罰，消去の手続きがある（12章参照）。
レスポンデント条件づけ　無条件刺激と中性刺激を時間的一致させる手続き。中性刺激は無条件反応と同一の反応を生じるようになる。このとき中性刺激は条件刺激と呼ばれる（12章参照）。
トークン　般性強化子の一種で，シール，コインや得点などを用い，別の強化子（バックアップ強化子）と交換可能なシステム。
関係フレーム理論　行動分析に基づいた言語や認知の説明。
マインドフルネス　一瞬一瞬の体験に意図的に注意を向け，思考や感情に対して距離を置いた視点を取ること。

第Ⅰ部　臨床心理学

〈もっと詳しく知りたい人のための文献紹介〉

山上敏子　2007　方法としての行動療法　金剛出版
　⇨この本は，行動療法の成り立ちから現在の行動療法が置かれている状況までを臨床の立場からまとめている。行動療法を方法の体系として捉え，臨床の方法が理論と実践の還流の中で発展してきたことをわかりやすく解説している。

熊野宏明　2012　新世代の認知行動療法　日本評論社
　⇨この本は，第3世代の認知行動療法がどのように発展してきたか，その必然性について整理している。第3世代の認知行動療法に共通して用いられているマインドフルネスエクササイズについて，詳細に解説している。

〈文　献〉

Bandura, A. 1969 *Principles of behavior modification.* New York: Holt, Rinehart & Winston.

Beck, A. T., Rush, A. J., Shaw, B. F., & Emery, G. 1979 *Cognitive therapy of depression.* New York: Guilford.（坂野雄二（監訳）2007　うつ病の認知療法 新版　岩崎学術出版社）

Crits-Christoph, P., Frank, E., Chambless, D. L., Brody, C., & Karp, J. F. 1995 Training in empirically validated treatments: What are clinical psychology students learning? *Professional Psychology,* **26**, 514-522.

Eifert, G. H., & Forsyth, J. P. 2005 *Acceptance & commitment therapy for anxiety disorders.* New Harbinger Pub.

Eysenck, H. J. 1952 The effects of psychotherapy: An evaluation. *Journal of Counseling Psychology,* **16**, 319-324.

Hayes, S. C. 2004 Acceptance and commitment therapy. *Behavior Therapy,* **35**, 639-665.

熊野宏明　2012　新世代の認知行動療法　日本評論社

ルマオ, J. B., ヘイズ, S. C., & ウォルサー, R. D. 熊野宏昭・高橋史・武藤崇（訳）2009　ACTをまなぶ　星和書店

Smith, M., & Glass, G. 1977 Meta-Analysis of psychotherapy outcome studies. *American Psychologist,* **32**, 752-760.

Wolpe, J. 1969 *The practice of behavior therapy.* New York: Pergamon Press.

山上敏子　1997　行動療法2　岩崎学術出版社

3章　障害・バリアフリー
——共生のための過不足ない支援とは

望月　昭

1　バリアフリーと心理学

「バリアフリー」という用語は，1990年に発令された「障害のあるアメリカ人法」（Americans with Disability Act: ADA（八代・冨安，1991））に代表される，障害のある個人の社会参加を可能にするための，広義の「**援助設定**」（望月，2007）を整備し（＝参加を阻害する障壁を取り除き）その具現化をはかる理念や作業として知られている。

この理念は，「ノーマリゼーション」と同様，障害者自身の努力に帰するのではなく，社会の側の変更によって，障害のある個人の社会参加を可能にすることを標榜するものであるが，そうした作業に際して，障害のある個人に対して実際にどれほど効果があるのかという検証，またその新しい環境（援助）設定の導入それ自体が新たな障壁とならないように，それを含んだ新しい環境に適応するための「**教授作業**」（望月，2007）の具体的方法を準備することが不可欠である。そこで心理学の持つさまざまな方法論が大きな役割を持つことになる。

ADAでは，その具体的対象領域が，雇用，交通，建築，通信という「4つの柱」として表現される（八代・冨安，1991，第3章参照）。本章では，第1に，車椅子利用者あるいは身体に障害のある個人のための「建築」「交通」にも関わる問題として，「スロープ」や機器操作などの物理的援助設定について，そして第2には，ADAでもとくに重視している「ろう者のための遠隔地通信手段」を含めた，障害のある個人におけるコミュニケーション，とりわけ遠隔地

通信手段についての心理学的研究を紹介する。

2 「車椅子利用者」を対象としたバリアフリーの研究

(1) 物理的バリアに対する心理学的測定

　竹澤・對梨・土田・松田（2002）は，バリアフリー環境の実現に関する基礎研究として，部屋全体が傾斜する「傾斜環境制御装置」を用い，実験1として，直立静止，直立歩行，および車椅子に乗っての静止・移動の際の傾斜床面角度の知覚に関する基礎的データの採取，実験2として，車椅子で傾斜を昇降するときの車椅子操作の難易度を検討した。

　実験2の車椅子操作の難易度に関して，「全く楽に操作できる（0）」から「操作するのはとても無理で危険を伴いそうだ（6）」までの7段階の評価を，1度から10度までのスロープの昇降と方向転換に関して評定させた。その結果，「昇りの操作より下りの操作の方が，難易度が高い」「難易度が中位のスロープは，昇りでは4～5度（分数表記では，1/15から1/12；傾斜のタンジェント（tan）の値）」「下りと方向転換のときには4度（同1/15）前後」そして内省報告では，これ以上の勾配では，操作の難易とは別に急にスロープのきつさを感じはじめる，といった結果を得ている。

　この竹澤らの研究では，こうした基礎的な心理データの蓄積（参加者は障害のない参加者によるものであるが）の傍ら，京都市内のさまざまな公共施設の出入り口の勾配を測定している。京都府ではスロープの設置基準を1/12，京都市では1/15と条例で定められており，この数値自体は先の実験における「中程度の困難さ」（1/15～1/12）とも相応している。一方，京都市内の28箇所のさまざまな公共施設でのスロープを実測してみると，府の条例（1/15以下）を満たしていたものは9箇所，市の条例（1/12）については上記の場所を含めて14箇所であり，半数の施設ではそれ以上の勾配であった。[1]

　　　➡1　これらの数値はあくまでも当時の論文発表時のものであり，現在は改善が進んでいると思われる。

この研究では，きわめて基礎的で実験的な心理学の方法と結果も，バリアフリーという文脈の下で，信頼できる実証的証拠（エビデンス）を呈示することにより，一種の社会的要請の機能（＝「**援護**」；望月，2007参照）を持ちうることを示している。

（2）「スロープ」の設定による車椅子使用者の社会生活の変化

次に，「スロープ」の導入が，車椅子ユーザーの実際の生活に変化を及ぼしたかという研究を挙げる。ホワイトら（White, Paine-Andrews, Mathews, & Fawcett, 1995）は，6名の車椅子使用者を研究参加者として，自宅の出入り口にスロープ（ramp）を設定して，設置前と設置後で，対象者にどのような効果が生じたかをさまざまな手段で検証した。対象となった6名ともに，スロープ導入前は，独力では段差を越えるのは困難（人的介助などを要する）であったが，そこに勾配1/12のスロープを設置し，個別の対象者の主観的な利便性向上の評価，参加者の社会的ネットワークのサイズの変化，そして，とくに重視されたのは，実際に対象者がどれほど外出をするようになったか，という具体的な行動の変化であり，それを**被験者間マルチベースライン**（multi baseline between subjects）という実験デザインを用いて測定した。

図3-1は，6名の参加者の，スロープ導入前のベースライン期と導入後の外出の頻度の変化が示されている。6名中4名で地域への外出頻度の増加がみられた。一方，2名は，スロープ導入後，外出の頻度に変化がみられなかった。その理由としては，1名は配偶者の状態，他の1名は地域にボランティアとして参加していたイベントが夏の休止期間になり，彼のために提供されていた地域移動手段もその間なくなってしまったといった理由によるものであった。またスロープの設置によって当事者が自宅から出られるようになって，かえって訪問者が減るのではないかということも懸念されたが，実際には訪問者も増大する傾向にあったとしている。

この研究の第1筆者は本文中，自身も移動の障害（mobility impairment）がある当事者として，「スロープ（ramp）はそれだけで解決にはならない。確か

第Ⅰ部 臨床心理学

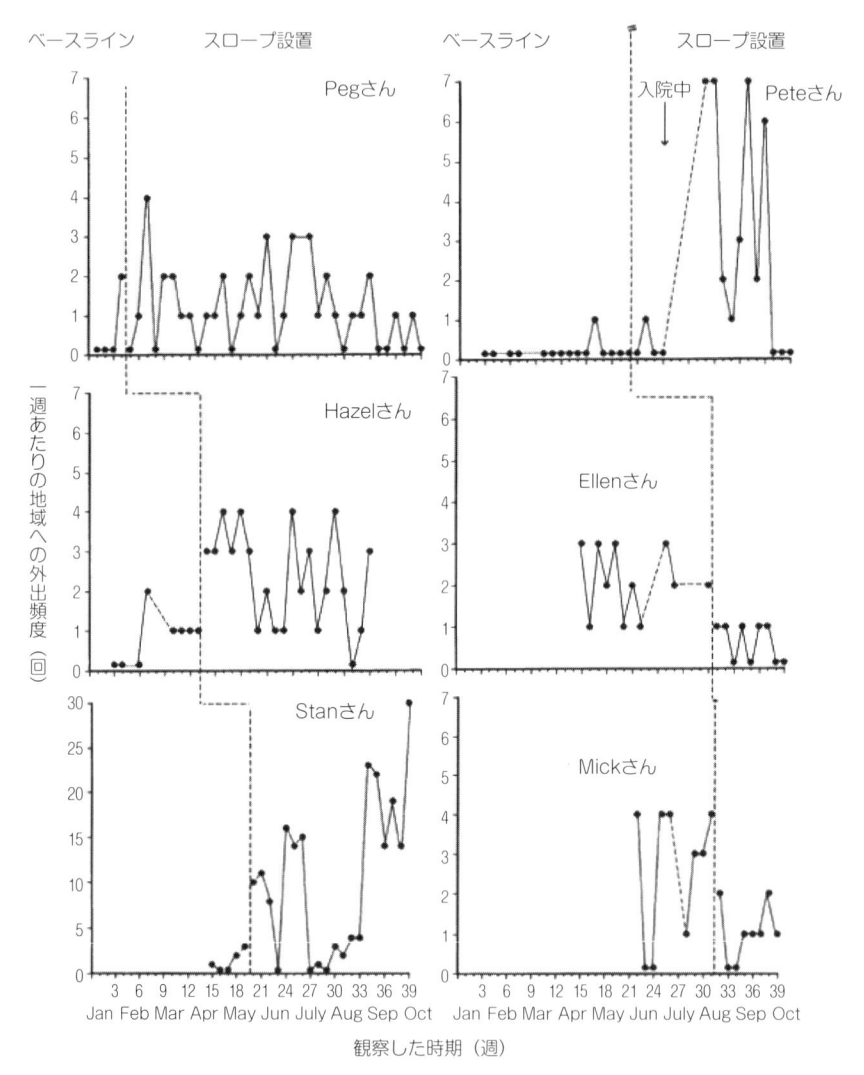

図3-1 スロープ (ramp) 導入前後の地域への外出頻度の変化
(出所) White et al., 1995

にスロープで「敷居」を越えることはできるが，地域の移動手段に制限があったら自分の敷地内（property）から本当の意味で越えることはできない。地域参加（community integration）にはより広範な改良が必要である（p. 462）」と主張している。

　この研究の重要な点は，スロープ設定の効果を，たんに「物理的に敷居（あるいは段差）を越えられるか」といった物理的（身体的）指標にとどまらず，現実社会で生活している当事者が，実際にどれだけ外出したかという行動の指標を用いている点にある。参加者のうち2名においては外出の頻度には変化が見られなかったが，前記したように，その理由からはスロープ設置以外の支援や社会資源の必要性がわかる。

　ある「援助設定」を入れれば，そのことから想定された直接的な障害性の軽減という成果は当然のように得られる。しかし，そのことと同時に，「援助設定」を導入して実際の支援が展開していくと，そのプロセスの中でそれまでは見えにくかった問題が改めて浮き彫りになる場合がある。このことは，個別の個人を対象に，実証的に（変数を操作しながら）支援の効果を探索して実践（「実験」とも表現できるだろう）していく場合にこそ見出せることが多い。

（3）　人的援助と機器援助の関係

　人の手を借りず，機器援助のみで社会参加が可能になることを「自立」とする考え方もある。しかし人的援助も想定することは，あるべき共生社会のあり方としてもその検討はなお必要であろう（望月，2010参照）。では，人的援助は，機器援助との関係においてどのような配置や運用によって当事者にとって受け容れやすくなるのだろうか。このことを主題とした実験的研究を以下に挙げる。

　破田野・星野・八木・望月（2005）は，上肢・下肢とも障害がある車椅子を利用した個人を想定（実際の参加者は一般学生21名）して，擬似生活空間の中で，家電製品の操作について，①口頭で介助者に依頼する「**人的介助**」か，②音声で動かすことのできる特殊機器を用いた「**機器介助**」のいずれかを指定さ

れた状況，そして，③双方の介助を随時選択できる「選択」状況において，実際に体験をした後に，それぞれの場合での評価について，心理評定尺度によって測定した。

結果の概要としては，「人的介助」はすばやく達成されるが，気楽さに欠け，ためらいが生じる。そして「機器介助」は，気楽だが意図が伝わりにくい，など，一般的にも予想されるような評価を得た。また2つの介助の選択が可能な場合では，参加者は「機器介助」を選択する比率が圧倒的に多かった。

一方，2つの介助を選択できる場合には，そうでない場合に較べて，機器，人的のそれぞれに対して相対的に高い評価が下されるという事実が示された。それは「人に頼むことは（機械は）便利でしたか」といったポジティブな項目の上昇だけでなく，「気楽ではない」「面倒だと思う」といった人的介助に対するネガティブな項目の下降という面にも示されている。つまり，介助方法を選択できる状況が，心理的負担を軽くするということができる。機器介助か人的介助かという，必ずしも二項対立的な比較ではなく，そこに利用者の「**自己決定**」の余地があるかということも重要なのである。このことは今後のさまざまな先進技術を用いたバリアフリー化を展開する上でもつねに念頭におく必要があろう。

3　コミュニケーションのバリアフリー——携帯電話をAACの手段として

障害領域の中でも，コミュニケーションにかかわる障害の解消に向けた援助設定の開発や検討は古くから行われている。とくに音声によるコミュニケーションを補足あるいは置換する，物理的・人的な援助設定を用いてこれを可能にする手段を「**拡大・代替コミュニケーション：AAC**」と呼ぶ（Augmentative and Alternative Communication：Reichle, Beukelman, & Light, 2002 参照）。

近年いわゆるICTの進歩によって，そうした機器を「援助設定」として利用し，たんなる音声代替といったレベルのみでなく，障害のある個人のそれぞれの属性（安井・望月，2006）や各自の自己決定を軸としたQOLの拡大を射

程においた実践や研究も増大している（中邑，2001参照）。

　そうした中で，「**携帯電話**」の各種の機能により，あるいは新しいデバイスを付加して，コミュニケーションを実現させる試みもなされている（Bryen, Carey, & Friedman, 2007；Greig, Harper, Hirst, Howe, & Dvidson, 2008参照）。以下には，障害のある個人に，どんな場面で使用方法を教えていくのか，そして携帯電話のもつ「カメラ機能」を用いることで，口話や文字の使用の難しい個人でも遠隔地間のコミュニケーションを実現するための教授プログラム開発の例を示す。

（1） 知的障害のある個人の携帯電話使用の教授方法
居場所の報告

　携帯電話は，言うまでもなく遠隔地間のコミュニケーションを場所と時間を問わずに可能にする援助機器といえるが，そのことは，知的（自閉症など含めた）障害のある個人の地域での自立生活における「**安全**」（safety）の文脈から検証される場合が多い。

　テイバーら（Taber, Alberto, Hughes, & Seltzer, 2002）は，自発的に自分が「迷子」になったと判断しそのことを携帯電話で報告する訓練プログラムを開発している。この研究の要点はたんに携帯電話の使用ができたという観点のみでなく，一緒に出かけた人間が一定時間当事者の視界からいなくなった，という状況を「自分が迷子になった」という報告行動の先行事象として訓練を行い，それが地域のさまざまな場所における般化も成功しているという点である（テイラーらはポケベルを使った同様の研究も行っている。Tayler, Hughs, & Richar, 2004）。また福永・大久保・井上（2005）は，自閉症の中学生を対象に，自分の居場所を携帯電話で報告させる際に，動物園で自分の前にいる「動物名」を用いたり，また指定された特定の動物の前に移動して保護者と落ち合うというプログラムを実現している。また同様に濃添・南・望月（2003）は，ろう学校の生徒を対象に，通学経路の「駅名」をメールで報告するという実験も報告している。

おつかい場面で

濃添・南・望月（2004）は，聴覚障害と知的障害を併せ持つろう学校の生徒を対象に，「**おつかい行動**」における文字メールの利用を検討した。目標行動は，地域店舗（コンビニ）での特定物品の買い物をメモとともに依頼した後に，参加者（当事者）が移動中に，依頼者の名前つきで「追加物品」と「取り消し物品」をそれぞれ携帯メールで送信し，それに応じた買い物を行い依頼主に持ち帰ってもらうというものであった。**課題分析**（task analysis）表と**全課題呈示法**（total task presentation）を基本にした，大学校内でのシミュレーション訓練を経て，近隣の複数店舗，そして参加者の居住地域での店舗における般化テストが行われその成立が確認された。

このトレーニングの当初は，参加者は，受信信号（バイブ）に対して即座に対応（メール開封）していたが，次第に道中では開封しなくなり，店舗に到着してからまとめてメールを開封するようになっていった。そこで受信開封の再訓練が必要かとも考えられた。しかしこの行動パターンは，繰り返される「おつかい課題」という作業機能を考えれば至極当然のことである。携帯メールの持つ「**不揮発（保存可能）**」なモードの備忘録的機能に即した利用方法を，状況の中で獲得していったものであり，参加者の行動が「聴覚障害があるゆえにメール（視覚モード）を口話（音声モード）の代替として使用する」という研究者側の安直な支援枠組みを批判したものともいえる。

（2） 携帯電話の持つ複数モードの活用

携帯電話の持つもう一つの大きな特徴は，絵文字を含めた文字（メール），静止写真の撮影と送受信，動画の送受信，そして相互のテレビ中継といった複数の機能を併せ持つことである。こうした多種のコミュニケーションモード機能を併せ持つ携帯電話は，まさしくACCのための汎用援助機器，あるいは"使えるものなら何でも使う"という**トータルコミュニケーション**のための援助機器とも表現できよう（飯田・太田・藤井・望月，2006）。

3章　障害・バリアフリー

静止画像送受信による「待ち合わせ」

　先に挙げた福永ら（2005）や濃添ら（2003）の研究では，居場所報告に携帯電話の口話あるいは文字メール機能を用いているが，では，口話や文字の使用に制限のある個人においては，同様の課題をどのように行えるか。

　陸と望月（Lu & Mochizuki, 2005）は，聴覚障害と知的障害のあるろう学校生徒を対象に，「静止画像」の送受信による居場所と同行人物の報告とそれに続く「待ち合わせ」実現に向けたトレーニングプログラムを検討した。実験Ⅰでは，「みえるなに？」「だれといますか？」という質問メールを受けて，既知（名称文字入力可能）である場所もしくは人名に対しては文字メールで，未知（文字入力不可）の対象については，カメラ（静止画）で撮影し相手に返信するという行動を，屋内のシミュレーション場面での集中訓練，屋外での定点場面（バス停留所，トイレ，学内レストランなど）での訓練，そして参加者が不特定の場所を歩いている場面でのテストという順に試行を進めていった。その結果，屋外のテストでは，場所（「みえるなに？」）については全て画像による返信，人物（「だれといますか？」）については既知の場合は文字メール，未知の場合は顔写真を送信できるようになった（図3-2に実際に送信した画像例を示した）。実験Ⅱでは，逆に対象者が，相手に「みえるなに？」という質問メッセージを送信し，相手からの静止画像を受信し，その場所が特定できない場合には「わかりません」と文字メールを返信し新たな映像を待ち，特定できた場合には「まって」と返信しその場所へ移動して相手と落ち合う，という行動連鎖の獲得を屋外でのトレーニングで実現した。そして最終的には，いずれの立場（質問者か回答者か）でも相互に質問と回答（画像送信）を繰り返して不特定の場所でも「待ち合わせ」することが可能となった。

　この研究での要点は，画像の受け手から「わかりません」と返答された場合には別の写真を送り，特定できて「待って」と特定の送信ができるまでそれを繰り返す（あるいはその逆）という相互の社会的な行動連鎖を目標行動にした点にある。当初はどんな「対象物」（ランドマーク）を先方に送るべきか，という問題に対して有効な結論が出ず，しばしプログラムの進行が中断した。し

第Ⅰ部　臨床心理学

「みえるなに？」　　　　　「だれといますか？」

a　未知の場所について静止画像で返答（大学内施設「末川記念館」の看板を撮影・送信）

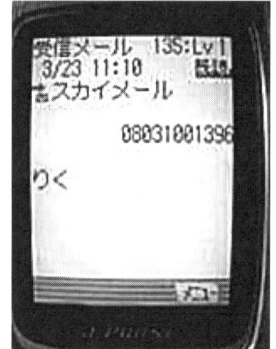

b　既知の同行者については「ひらがな」（文字）で送信（"りく"を文字送信）

c　未知の同行者については静止画像で返答（同行学生を撮影し送信）

図3-2　居場所と同行者に対する質問に対して返信された静止画像の例
（出所）Lu & Mochizuki, 2005

かし「待ち合わせ」という社会的行動の成立を考えた場合，その対象物は送信する側で一律に決定できるものではなく，あくまでも相手（受信者）にとって特定が可能になる，という機能を満たすことが重要なのである（コラム参照）。実際に「待ち合わせ」という場面設定の中で支援の方法を考えていく中で，あらためて理解した次第である。

　このことも，聴覚障害があるがゆえに視覚的モードで代替すれば良い，という物理的な問題ではなく，あくまでも当事者が求める（選択する）行動の成立について，その社会的機能を前提にしてその成立の支援をする，という方針が不可欠であることを示している。

3章　障害・バリアフリー

コラム　視覚障害者でも（だから？）写メは有効な情報手段

　知的に障害のある「ろう者」が，携帯電話の静止画像の撮影と転送機能を用いて自分の居所を相手に伝えて落ち合う，という本文にも挙げた実践事例を，「バリアフリーのための心理学」という大学の授業で紹介した。その際に，聴講していた学生のコミュニケーションペーパーに「そのやり方を，視覚障害の人も（視覚障害ではない人との）『待ち合わせ』に使うらしいですよ」というものがあった。

　授業では「手話」などの「視覚モード」を主に使用するろう者であるゆえに，携帯電話を用いた遠隔地コミュニケーションにおいても，「聞く，話す」という「音声」モードではなく，「文字メール」や「写メール（静止画像撮影送信）」などの視覚モードの使用が有効ではないか，という流れで話を進めていた。それゆえ，対照的に「視覚モード」は使いづらいと想定していた視覚障害のある人が，「視覚モード」のいわば代表であるような「静止画（写メール）」を使うというこの話には，おやっと思った。[2]

　考えてみれば，視覚障害のある人でも，自分の現在の居場所から携帯のカメラ機能（静止画でもテレビ電話でも）で周囲を撮影・送信し，相手（視覚に障害のない人）がそれを見て場所を特定できさえすれば，自分（送信者）はその内容を「見る」ことができなくても，『待ち合わせ』は成立するわけである。

　当初，学生の発言によって当方の感じた「意外性」は，視覚障害のある人であれば聴覚モードを利用する（反対に聴覚障害のある人は視覚モードを使う）といった方法が合理的であろう，という当方のステレオタイプな思いこみによるものである。

　大切なことは，個人属性としての「障害性」を補完するためにその表面的な形態を代替する「援助機器」を設定するのではなく，あくまで，そこで求められる社会的な「機能」（上記の例で言えば，『待ち合わせ』）を満たすには，という捉え方であることを，ここでも再認識した次第である。

　このことはバリアフリーというテーマにおける心理学的研究においては，当事者が社会の中でその行動選択肢を拡大していく，というQOLの拡大（利島，2001）を何より優先していくためには，とくに欠かすことのできない要件であ

➡ 2　視覚障害のある人のカメラモードを用いた「道の発見」（way-finding）などの研究も最近は進んできている（Manduchi, Coughlan, & Ivanchenko, 2008参照）。

ろう。

〈まとめ〉
　障害のある人の支援（対人援助）を考えるとき，環境設定の配置の工夫（「援助設定」）によって，先送りすることなく「今」当事者の選択する行動の成立をはかることができる。その際には，たんなる物理的な「補充環境」を満たせばよいのではなく，それぞれの行動の持つ「（社会的）機能」の成立までを考えることが重要である。
　そうした機能を重視してその過不足ない支援のありかたを実証的に探索していくと，移動や機器操作にせよコミュニケーションにせよ，当該の行動がもともと現実の社会の中でどう成り立っているのかという仕組みをあらためて知ることになる。「援助つき行動成立」ということは障害のある個人に固有なことではなく多数派の人にも当てはまるのである。
　このことを再確認すること，つまり人はみな「他立的自律」（「他者との関係の中で─他立─自己決定─自律─を追求する」望月，2010参照）という人の生き方を前提とした「科学」のありかたからは，とかく単独で行うことが想起されがちな「自立」を目標にする従来の発想とは少し異なった展開も期待されるのではないだろうか。

〈グロッサリー〉
　「援助」「援護」「教授」　対人援助の作業には，新しい環境設定の導入としての「援助」，その社会的定着要請としての「援護」，新しい援助つき環境での行動修正（「教授」）の3つの機能連環が必要である（望月，2007）。
　被験者間マルチベースライン（multi baseline between subjects）　単一（少数）事例の実験法の一つ。複数の被験者においてそれぞれの介入時期をずらしてその効果を検証する方法（Alberto & Troutman, 1999/2004参照）。
　おつかい（課題）　要求言語行動（マンド）の指導などにおける，代表的な状況設定の一つ（藤金，2001参照）。
　課題分析（task analysis）　複雑な行動を支援しやすいような行動（課題）の連鎖に分解して記述すること。
　全課題呈示法（total task presentation）　複雑な行動連鎖の獲得において，課題分析により分解された課題について，必要に応じてプロンプト（言語的てがかりや身体的誘導など）を与えながら順を追って完遂することを繰り返す教授法。

3 章 障害・バリアフリー

〈もっと詳しく知りたい人のための文献紹介〉

望月昭・サトウタツヤ・中村正・武藤崇（編著）　2010　対人援助学の可能性——「助ける科学」の創造と展開　福村書店
　⇨当書第 1 章では，本文にも触れている対人援助における「援助」「援護」「教授」の機能的連環モデル，そして，その適用としての就労場面における実践例が詳述されている。これから対人援助について実証的に実践や研究を始めたいと考える読者におすすめ。

Reichle, J., Beukelman, D. R., & Light J. C.（Eds.）2002 *Exemplary practices for beginning communicators : Implication for AAC*. Paul H. Brooks Publishing Co. Inc.（望月昭・武藤崇・吉岡昌子・青木千帆子（監訳）2009　ビギニング・コミュニケータのための AAC 活用事例集——機能分析から始める重い障害のある子どものコミュニケーション指導　福村書店）
　⇨当書は，音声によるコミュニケーション以外のいわゆる AAC（拡大・代替コミュニケーション）について，形態の問題にとどまらず，機能的な観点から，その理論から手法までを網羅したものである。この領域におけるハンドブック的な存在ともいえる。

利島保（編著）　2001　特集「障害と支援技術」　心理学評論，44(2), 115-249.
　⇨当論文（特集）は，情報技術（IT）をバリアフリー実現にむけて応用した支援技術（assistative technology; AT）について，心理学のみならず多数の関連領域の研究者が展望したもの。本章の内容とも関連深い文献である。バリアフリーについての基礎テキストの一つとして挙げられる。

〈文　献〉

Alberto, P. A., & Troutman, A. C., 1999 *Applied behavior analysis for teachers, Fifth Edition*.（佐久間徹・谷晋二（監訳）2004　はじめての応用行動分析（第 2 版）　二瓶社）

Bryen, D. N., Carey, A., & Friedman, M. 2007 Cell phone use by adults with intellectual disabilities. *Intellectual and Developmental disabilities*, 45(1), 1-9.

藤金倫徳　2001　コミュニケーション機能の獲得——要求言語行動　浅野俊夫・山本淳一（責任編集）ことばと行動　ブレーン出版　pp. 98-118.

福永顕・大久保賢一・井上雅彦　2005　自閉症生徒における携帯電話の指導に関する研究——現実場面への般化を促す指導方略の検討　特殊教育学研究, 43,

119-129.
Greig, C. A., Harper, R., Hirst, T., Howe, T., & Dvidson, B. 2008 Barriers and facilitators to mobile phone use for people with Aphasia. *Topics is Stroke Rehabilitation*, 15(4), 307-324.
破田野智己・星野祐司・八木保樹・望月昭　2005　人的介助と機器介助の比較――介助方法の自己選択が人的介助の評価に与える影響　ヒューマンインタフェース学会論文誌, 7(1), 91-96.
飯田智子・太田隆士・藤井克美・望月昭　2006　知的障害のあるろう者における携帯電話のテレビ電話機能を用いた非音声複数モードによる機能的言語行動の訓練　立命館人間科学研究, 11, 93-103.
Lu, J., & Mochizuki, A. 2005 Traigning and functional use of the picture function of cell phone in a Deaf person with mental disability. 3rd International ABA Conference (in Beijing). Poster session.
Manduchi, R., Coughlan, J., & Ivanchenko, V. 2008 Search strategies of visually impaired person using a camera phone wayfinding system. *Lecture Notes in Computer Science*, 5105, 1135-1140.
望月昭（編）　2007　対人援助の心理学　朝倉心理学講座（海保博之（監修））　朝倉書店
望月昭　2010　「助ける」を継続的に実現するための対人援助学　望月昭・サトウタツヤ・中村正・武藤崇（編）　対人援助学の可能性――「助ける科学」の創造と展開　福村書店　pp. 9-31.
中邑賢龍　2001　コミュニケーションエイドと心理学研究　心理学評論, 44(2), 124-136.
濃添晋矢・南美知代・望月昭　2003　聴覚障害と知的障害がある生徒における携帯メールの使用――鉄道駅における「駅名報告行動」獲得の検討　日本特殊教育学会第41回大会発表論文集, 576.
濃添晋矢・南美知代・望月昭　2004　聴覚障害と知的障害がある生徒における携帯メールを使用した「おつかい行動」の獲得　立命館人間科学研究, 7, 181-191.
Reichle, J., Beukelman, D. R., & Light, J. C. 2002 *Exemplary practices for beginning communicators : Implications for AAC*. Paul H Brookes Publishing Co.（望月昭・武藤崇・吉岡昌子・青木千帆子（監訳）2009　ビギニング・コミュニケーターのためのAAC――活用事例集　福村書店）
Taber, T. A., Alberto, P. A., Hughes, M., & Seltzer, A. 2002 A strategy for

students with moderate disabilities when lost in the community. *Research and Practice for Persons with Severe Disabilities,* **27**(2), 141-152.

竹澤智美・對梨成一・土田宣明・松田隆夫　2002　直立および車椅子使用による傾斜面角度の知覚と車椅子によるスロープ昇降の難易度評価　立命館人間科学研究，**3**, 37-46.

Tayler, B. A., Hughs, C. E., & Richar, E. 2004 Teaching teenagers with autism to seek assistance when lost. *Journal of Applied Behavior Analysis,* **37**, 79-82.

利島保　2001　特集「障害と支援技術」について　心理学評論，**44**(2), 115-123.

White, G. W., Paine-Andrews, A., Mathews, R. M., & Fawcett, S. B. 1995 Home access modifications: Effects on community visits by people with physical disabilities. *Journal of Applied Behavior Analysis,* **28**, 457-463.

八代英太・冨安芳和　1991　ADAの衝撃　学苑社

安井美鈴・望月昭　2006　慢性失語症者の地域生活成立に向けた取り組み――行動的QOLの視点から　立命館人間科学研究，**12**, 11-26.

第Ⅱ部　時間の中の人間発達

4章　子ども・青年期
——発達を知ることは人間を知ること

矢藤　優子

　人間の心理について考えるとき，知覚，思考，対人認知，パーソナリティなど，さまざまな側面からアプローチすることが可能であるが，それらの分野の研究の多くは成人を対象とした実験や質問紙によるものである。では，人間の心の機能にかかわるそれらの諸側面は，どのような起源を持ち，どのようなプロセスで発達してゆくのだろうか。発達心理学ではそれらの問いに答えるため，実験者の教示に従ったり言語的に回答することが困難な乳幼児を対象にさまざまな研究方法を開発し，多くの知見を得てきた。

　本章では，人間の心をある一地点で捉えるのではなく時間的に'線'として捉え，そのプロセスから人間の本性の解明を目指す発達心理学の理論と研究について，青年期までを中心に紹介する。

1　発達心理学における代表的な理論

　発達心理学の科学的手法が確立されたのは19世紀，ダーウィン（Darwin, C.）による。彼は，息子の行動観察を通じて人間のコミュニケーションの生得性について進化論的立場から考察した。学問としての発達心理学を築いたのはドイツの心理学者プレイヤー（Preyer, W.）である。その後，現代の発達心理学の基盤を作った人物は枚挙に違がないが，ここでは，発達心理学における包括的な理論を築いたもっとも代表的な人物として，ピアジェ（Piaget, J.）とヴィゴツキー（Vygotsky, L. S.）を紹介する。彼らの業績は，現代に至るまで発達心理学とその周辺領域に大きな影響を与え続けている。さらに，エリクソン（Erikson, E. H.) の**心理社会的発達段階説**を紹介しつつ，乳児期から青年期にかけての社会関係とその中での自己の形成について触れる。

（1） ピアジェ

スイス生まれのピアジェは，子どもの発達，とりわけ認知発達に関する理論を，子どもの行動を観察することによって構築した。数多い著書の中で代表的なものは'The language and thought of the child'（『子どもの言語と思考』1923年），'Judgment and reasoning in the child'（『子どもの判断と推理』1924年）である。

彼は，認知発達の起源は乳児期の反射に始まる感覚運動的活動にあると考えた。子どもは環境から影響を受けるばかりでなく，環境に対して能動的に働きかけることによって認知・思考の枠組みである**シェマ**（schema）を形成したり修正したりするとし，その繰り返しによって環境に適応するプロセスが「発達」であると考えた。既存のシェマで環境を解釈することを**同化**（assimilation），環境が既存のシェマに適合しないときにシェマを修正したり新しいシェマを作ることを**調節**（accommodation）という。ピアジェ理論によると，子どもは青年期までの期間に4つの発達段階を経験する（表4-1参照）。

ピアジェの研究結果に関して，**選好注視法**（preferential looking method），**馴化・脱馴化法**（habituation-dishabituation method），**期待違反法**（violation-of-expectation method）など乳児を対象としたさまざまな研究の手法が開発さ

表4-1 ピアジェによる発達段階

段階と時期	特徴
感覚―運動期（0-2歳）	身体的活動を通じて環境にかかわり，知るようになる。対象の永続性（object permanence）を獲得する。
前操作期（2-7歳）	言語（表象的思考）が発達する。遅延模倣，ふり遊びがみられる。思考は直観に左右されやすく，保存課題（conservation task）に失敗する。
具体的操作期（7-11歳）	具体的な対象の操作に基づく論理的思考，推移律が獲得される。
形式的操作期（11-14歳）	抽象的概念，推論，仮説演繹的思考・抽象的思考が可能となる。

れてからは，**対象の永続性**（Aguiar & Bailargeon, 2002）や数概念（Wynn, Bloom, & Chiang, 2002），心的表象（Moore & Meltzoff, 2004）などは，ピアジェの理論が説明するよりもより早い時期に獲得されているらしいことが示されている。このようにピアジェ研究はその方法論的問題点が指摘されたり，理論に対する批判的見解が出されることはあるものの，それは現代の発達心理学研究に多くのインスピレーションを与えたことの現れでもある。認知，思考の発達を，言葉を話すこともできない乳幼児期の感覚運動的経験と関連づけ，発生的視点から捉えようとした点は偉大な業績の一つであり，実際ピアジェの研究を軸に，現代に至るまで数多くの新たな研究が生み出されているのである。

（2） ヴィゴツキー

発達の生物学的側面に焦点を当てたピアジェに対し，ロシアの発達心理学者であるヴィゴツキーは，旧ソ連の基本的思想，社会的背景を反映し，社会歴史的人間発達理論を展開させた。彼は人類が歴史の中で蓄積してきた言語，知識，技術などを含む文化がいかに人間の発達に影響を与えるかに関心を抱き，**社会文化的アプローチ**から認知発達を捉えようとした。

発達の最近接領域（the zone of proximal development: ZPD）はヴィゴツキーの理論でもっとも重要な概念の一つである。これは，ある問題解決において，子どもが他者の援助なしに達成できる水準と，より熟達した他者からの援助や能力のある同年齢者との共同活動によって達成できる水準との間の領域であると定義される。それぞれの子どもの能力に応じた発達の最近接領域の範囲で，同じ文化に属する熟練者が子どもを導き，援助することによって子どもは新しいスキルを身につけ，複雑な精神機能の発達が促される。そのような大人からの適切な援助は**足場作り**（scaffolding: Wood, Bruner, & Ross, 1976）と呼ばれ，子どもの言語発達，遊びの複雑さ，問題解決能力の発達に貢献していることが示されている（Bornstein, Vibbert, Tal, & O'Donnell, 1992; Charman, Baron-Cohen, Swettenham, Baird, Cox, & Drew, 2001; Tamis-LeMonda & Bornstein, 1989）。

(3) エリクソン

　エリクソンは，心理的健康と不適応は幼少期，とくに，子どもと両親との関係の質に遡ることができると考えたフロイト（Freud, S.）の精神分析理論を展開させ，生涯を8つの発達段階に分けて記述し，それぞれの心理・社会的な課題を達成することが重要であるとした。ここでは，青年期までの5段階について簡潔に紹介する。

　「信頼」対「不信」

　フロイトは0歳台を口唇期と呼び，食物と口唇刺激に対する乳児の欲求充足が重要であると考えた。エリクソンはそれをさらに掘り下げ，与えられた食べ物や口唇刺激の量よりも養育者の行動の「質」が敏感で信頼できるものであることを重視した。養育者に対して信頼感を持つことができる子どもは，周囲の人も信頼し，自信を持って探索活動をすることができる。逆に不信感を持つ子どもは，周囲の人にも不信感を持ち自己防衛するようになる。

　「自律性」対「恥と疑惑」

　フロイトは1歳台を肛門期と呼び，トイレットトレーニングをパーソナリティ発達に重要なものとみなした。エリクソンは，排泄以外にもさまざまなことを自分でしようとする時期であるとし，それに対して養育者が支持的なかかわりをすれば，子どもの自立心と自尊心は高まると考えた。

　「主体性」対「罪悪感」

　フロイトの男根期にあたる。子どもは次第に感情のコントロールもできるようになり，社会的に受け入れられるやりかたで行動するようになる。仲間との遊び，活動など，つねに新たな目的を設定し達成しようと挑戦するようになる時期である。

　「勤勉」対「劣等感」

　フロイトの潜伏期にあたり，自分が身を置いている文化において重要とされている認知的・社会的スキルを習得しなくてはならない時期である。スキルの習得に成功することで有能感を得るが，失敗し，周囲からの否定的な反応を受けることで劣等感が与えられる。自己概念の形成において重要な段階である。

「同一性確立」対「同一性拡散」

　フロイトの生殖期にあたり，自分が何者か，人生の目的は何かなど，社会の中での自己の存在を規定する時期である。青年期の心理社会的危機を捉える概念である**自我同一性**（アイデンティティ）はエリクソンの発達理論の中核をなし，社会的，文化的文脈の中での自己の存在，自分の価値観，自分の目指すべき方向性を規定するものとなる。次節で述べるように，青年期は第2次性徴による身体的変化が激しく，その影響が心理的側面にも及びやすい時期である。エリクソンの理論は，男性中心のモデルであることや誰しも危機を迎えるわけではないことなどの批判点もあるが，ひきこもりやニートといった青年にまつわる問題を多く抱える現代社会について考える際，今もさかんに援用される理論的枠組みである。

2　身体・運動能力の発達

　現在の人類が持つ身体的特徴や行動様式は，私たちが長い進化の歴史の中で環境に適応してきた過程を反映している。本節では，胎児期から青年期にかけてのヒトの身体や運動能力の発達の特徴について概観し，生物としてのヒトの発達過程を理解するための手がかりとする。

(1)　胎児期

　近年では，超音波断層法などの技術的な進歩により，胎児期の行動をリアルタイムに観察することも可能となった（図4-1参照）。胎児は羊水の中に浮かんで静かに誕生を待つ受動的な存在であるかのように考えられがちであるが，実際には，回転運動，指吸いなど，自発的に活発な運動を行い，周囲の環境に働きかける能動的な存在であることが明らかとなっている（De Vries, Visser, & Prechtl, 1984）。胎児期に観察されるさまざまなパターンの行動は，その時期の胎児が持つ運動システムを反映しているばかりでなく，運動システムの発達そのものに影響を与える点で重要である。また，伸展運動の伴うあくびや歩

第Ⅱ部　時間の中の人間発達

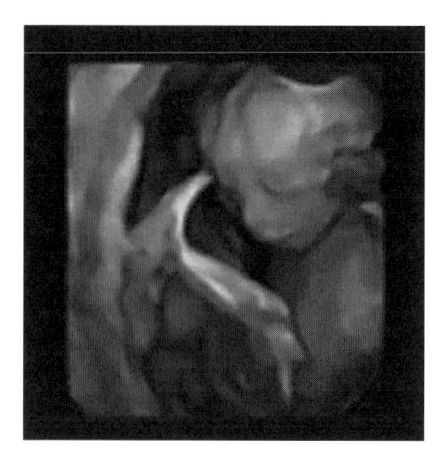

図4-1　4Dエコーによりとらえた19週目の胎児の様子

行運動など，出生前の運動パターンが出生後の行動と連続性を持つという指摘もなされている（De Vries et al., 1984）。生得的に備わった種に普遍的な行動パターンを明らかにできるという点で，胎児期の行動を研究することは重要である。そのため近年の発達心理学では出生時ではなく受精を発達の起点として捉えるようになっている。

（2）　新生児期・乳児期

出生時の新生児の身長は約50 cm，体重は3,000 g前後であるが，1年後には身長が1.5倍，体重は3倍近くになる。乳児期は人生でもっとも身体の成長が激しい時期であるといえるだろう。一方，運動能力の発達は遅く，首がすわるまで3か月，自分で座るようになるのが6，7か月，歩行を始めるのは1歳前後であり，移動運動に関しては霊長類の中でも異例である。これは，胎児が身体的に未熟で移動能力も持たない状態のまま母体から娩出する「**生理的早産**」（ポルトマン，1961）の結果として説明されることが多い。ヒトの祖先は直立二足歩行を始めたことから大脳が急速に発達し，脳重量はたった300万年の間に約3倍にもなった。それと同時に姿勢をまっすぐに保つために骨盤の形態も

変化し，女性の産道は狭くなった。結果としてヒトの女性は頭の大きな子どもを狭い産道から出産せねばならなくなったため，子どもが大きくなる前に体外に出す生理的早産という形態をとるに至ったと考えられている。そのためヒトの乳児は他の哺乳類よりも手厚い養育が必要となり，養育者との親密な関係を築くためのさまざまなメカニズムを身に付けるに至ったのである。その例として，**幼児図式**（baby schema）や**生理的微笑**があげられる。幼児図式とは，相対的に大きな頭，丸く柔らかい形態，不器用な仕草のような赤ちゃんらしい特徴のことであり，**解発刺激**（releaser）となって大人からの攻撃を抑制し，保護を引き出すと仮定されている。生理的（自発的）微笑は，ヒトの場合胎児期から生後数か月の間観察される，特定の外的刺激によらずに出現する微笑である。これも周囲の大人の関心を引き付け，養育行動を誘発する機能があると考えられている。生後3週目ごろからガラガラの音や人の声など聴覚的刺激に対して，4週目ごろからは視覚的刺激に対して，外発的微笑が発生し，2，3か月ごろになると，動きや音ではなく，「人の顔」として認知して微笑む「**社会的微笑**」がみられるようになるが，これらの微笑にも乳児の適応価を高める機能があると考えられる。

　ただし，生理的早産はヒト特有の特徴ではなく，霊長類全体の特徴の延長として考えるべきであり（竹下，1999），生理的微笑はニホンザルにも出現することが確認されている（川上・友永・高井・水野・鈴木，2003）。今後も比較発達研究によって，ヒトの特異性のみにとらわれることなく相対的に位置づける視点が重要である。

（3）青 年 期

　乳幼児期は身体の量的変化が著しい時期であるが，青年期は第2次性徴の発現という，顕著な質的変化のみられる時期である。女子における乳房の発達，初経，男子の声変わりや精通が代表的な現象として挙げられる。その中でも，女子の初経および男子の精通は，身体的に性成熟した大人であることを示す生物学的指標である。

この1世紀の間,青年期の身体的成長・成熟の速度が促進されていることが世界各国で報告されており,**発達加速現象**（acceleration）と呼ばれている。とりわけ性成熟の前傾化が注目されており,そのメカニズムとして遺伝学的要因,栄養状態,社会経済的要因,環境の都市化によるストレス等,さまざまな要因が考えられている（Adams, 1981）。つまり性成熟の発達加速という現象は,ヒトの性成熟がただたんに遺伝的に規定された身体発育としての側面だけでなく,社会・文化の影響も受けていることを意味している。また性成熟という大きな身体的変化は,自己イメージ,パーソナリティ形成,社会的適応にも影響を及ぼすとされており,心理学的にも重要なトピックなのである。ベルスキーらは,進化心理学的見解を踏まえて,両親の不仲など幼児期の家庭内のストレスが性成熟の早期化,青年期以降の生殖戦略（不安定な異性関係,性行動,子どもへの養育態度）に関連することを指摘している（Belsky, Steinberg, & Draper, 1991）。発達加速現象は,生物学的な視点に加えて,進化的,生態学的視点から生涯発達の中で捉えたとき,さらに興味深い知見を与えるものとなるだろう。

3 知覚・認知の発達

知覚の発達は乳児期に顕著である。ヒトの乳児は従来考えられてきたような無力で受動的な存在ではなく,ときとして大人よりも鋭敏な能力を持つことが近年の神経科学,行動科学の成果から示されている。そして,ヒト乳児が生得的に備えている知覚・認知の特徴は,その個体が生まれた社会的・物理的環境に適応し生き延びてゆく際に有利に働く。本節では,人間として生きてゆくために重要な社会的環境とのかかわりを中心に述べる。

(1) 社会的認知の発達

乳児を対象とした実験の場合,成人のように知覚したものについて言葉で報告を得ることは難しいため,その方法にさまざまな工夫が凝らされている。選好注視法をはじめとして,**視運動性眼振**（Opto-Kinetic-Nystagmus: OKN）を

利用した視力や色覚の検査，最近では NIRS（Near Infra- Red Spectroscopy）などの脳機能計測による研究も多く報告されている（Shimada & Hiraki, 2006 など）。

このような研究成果から，新生児にもそれなりの視力があることや音を聞き分けていることはもちろん，知覚の仕方に生得的バイアスが存在することも明らかとなっている。たとえば視覚の場合，新生児の顔選好（Johnson & Morton, 1991），目・視線に対する感受性（Farroni, Csibra, Simion, & Johnson, 2002），生物的動きの選好（Bertenthal, 1993）など，社会的シグナルに対する高い感受性を持っているのである。

新生児が実験者の舌出しなどの顔の動きを真似る**新生児模倣**（Meltzoff & Moore, 1977）も他者の表情の変化に対する新生児の感受性の高さを示している。これは，乳児期後半以降に現れる意図的な模倣とは異なる，反射的な共鳴動作であると考えられているが，これによって養育行動が引き出される（Jacobson, 1979），前言語的コミュニケーションとなる（Legerstee, 1991）など一定の適応的機能を備えているという指摘もある。

相手の顔の形態や動きばかりでなく，相手が自分に対して応答的であるか，といった**社会的随伴性**に対する感受性も高い。このことは，実験者が子どもと向かい合ったまま，表情，身体の動き，発声を止め，子どもに対する働きかけを中断する**スティル・フェイス**（still-face）**実験**（Tronick, Als, Adamson, Wise, & Brazelton, 1978）と呼ばれる手続きによって確認することができる。コミュニケーションをとっている相手が急に無反応，無表情になると，乳児でもネガティブな反応をしたり，やりとりを回復しようとすることが報告されている（Yato, Kawai, Negayama, Sogon, Tomiwa, & Yamamoto, 2008）。

ここで紹介したような乳児期の社会的認知はその後の幼児期における「心の理論」（theory of mind；コラム参照）の発達との関連も指摘されており（Aschersleben, Hofer, & Jovanovic, 2008; Yamaguchi, Kuhlmeier, Wynn, & van Marle, 2009），児童期以降の社会的スキルや仲間関係にも連続性を持つテーマとして注目されている。

第Ⅱ部　時間の中の人間発達

コラム　心の理論

　プレマックとウッドラフ（Premack & Woodruff）は，1978年の"Does the chimpanzee have a theory of mind?"という論文の中で，「心の理論（theory of mind）」という考え方を提唱した。プレマックらによれば「心の理論」とは，信念・知識・意図・感情などの心的状態を自己や他者に帰属させる能力を指す。「心の理論」を調べる技法としてウィマーとパーナー（Wimmer & Perner, 1983）は，誤信念課題（false belief task）を考案し，子どもの「心の理論」発達を研究した。誤信念とは，他者が自分とは異なる信念（考え）をもっているということであり，この課題は，おおよそ4歳ごろに通過することが明らかになっている（Wellman, Cross, & Watson, 2001）。

　その後「心の理論」研究は自閉症の研究の中で多く扱われ，バロン-コーエンら（Baron-Cohen, Leslie, & Frith, 1985）は，自閉症児が誤信念を理解できるのかどうかを検討した。その結果，自閉症児の80％が誤信念課題に通過することができなかったことから，バロン-コーエンらは「心の理論」欠損が，自閉症の中核的障害だと考えた。しかし一部の自閉症児はこの課題に通過できることから，「心の理論」の障害だけでは自閉症の全体像を上手く説明できないという批判がある。また自閉症児で「心の理論」を獲得できる者は，定型発達児より高い言語能力に依存しているため，自閉症児と定型発達児では異なる方略を用いて誤信念課題を解いていると考える研究者もいる。

　「心の理論」の発達は，比喩や皮肉の理解にも密接に関連している。たとえば同じ発話内容でも，話し手の意図の違いによって嘘になったり皮肉になったりする（Winner & Leekam, 1991）。また嘘をつくためには，誤信念の理解が必要である。このように「心の理論」は社会能力の諸側面とも関連があることが多くの研究で認められている。

　近年「心の理論」研究では社会的相互作用の側面（たとえば，森野（2005）や溝川・子安（2011）は，誤信念を理解している者は社会的スキルが高く，仲間からの人気が高いことを明らかにしている）や，実行機能の発達との関連（森口（2008）や小川・子安（2010）では，実行機能の発達が「心の理論」の発達を促進することが示されている）なども研究されている。

　　　　　　　　　　　　　　　　　　　　　　　　　　　　　　（藤戸麻美）

（2）　知覚の刈り込み

　さらに，生後6か月齢の乳児は，ヒトだけでなくサルなどの他種の顔を見分けるということが報告されている（Pascalis, de Haan, & Nelson, 2002）。しか

4章 子ども・青年期

し，特別な訓練を受けない限り9か月齢時には成人と同様に識別できなくなることが示されている（other species effect; 他種効果）。このように発達に伴って経験による脳の特殊化が進み，反応する刺激の範囲が制限されていく現象（perceptual narrowing）は聴覚情報の処理に関しても報告されている。クールら（Kuhl, Stevens, Hayashi, Deguchi, Kiritani, & Iverson, 2006）は日本語とアメリカ英語を母語とする乳児の /ra/ と /la/ の弁別精度を検討した結果，日本語を母語とする乳児は弁別精度が発達につれて低下することが明らかとなった。

このように，顔や音の識別など，可能であったことがのちにできなくなることは「発達」というイメージとは程遠く，否定的な印象を持つかもしれないが，発達とは単調増加的に能力を獲得し続けるばかりではなく，失うことも含んでいるのであり，それは子どもがそれぞれに与えられた環境に適応した結果として捉えるべきであろう。

〈まとめ〉

　発達心理学では，私たちヒトやその他の生物種が，長い進化の歴史の中で築いてきた種に固有な行動様式や形態をもって生活環境に適応してゆくプロセスを明らかにし，それによって人間の本質を捉えることをめざしている。本章で見てきたように，乳児が生得的に備えている運動や知覚，認知などの特徴は，生活環境の影響を受けながら，それぞれの環境に適応的な形で発達してゆくと考えられる。また総じて，ヒトは発達初期から他者とかかわりながら生きるのに適した行動様式を身につけている社会的な存在であることがわかる。

　本章で述べた内容のほかにも，ヒトの発達を特徴付けるものとしての言語獲得，模倣，文化の生物学的基盤（Tomasello, 1999）など，紹介しきれなかった重要な研究テーマは数多い。これらに関しては本章の引用文献や「もっと詳しく知りたい人のための文献紹介」を参照していただければ幸甚である。

〈グロッサリー〉

　選好注視法（preferential looking method）　ファンツ（Fantz, R. L.）が開発した，乳児に2つの刺激を並べて提示し，注視時間や頻度を測定することで選好性を調べ

る方法。

馴化・脱馴化法(habituation-dishabituation method) ある刺激に対して馴化が生じても，異なる刺激が与えられると反応が再び喚起される（脱馴化）ことを利用した方法。

期待違反法(violation-of-expectation method) 乳児をある物理的な事象に馴化させた後，物理的法則に沿った事象とありえない事象のいずれに対して脱馴化を起こすか調べる方法。

解発刺激(releaser) 動物にある特定の行動を引き起こす鍵となる刺激。信号刺激・鍵刺激ともいう。

視運動性眼振(Opto-Kinetic-Nystagmus：OKN) 目の前で相次いで一方向に進むものを見ているときに，眼球が小刻みに左右に揺れる現象。

〈もっと詳しく知りたい人のための文献紹介〉

南徹弘（編）2007　発達心理学　朝倉書店
　　⇨霊長類研究，胎児期の行動発達など最新の研究が幅広く紹介されており，発達の生物学的・社会的要因について，進化的・比較発達的視点と，ヒトとしての個体発達的視点の両面から考察されている。

Berk, L. 2013 *Development through the lifespan* (6th ed). Boston, MA: Pearson.
　　⇨ *Child Development* や *Developmental Psychology* などに掲載された最新の論文を引用しつつ，わかりやすく書かれている。身体，認知，情緒などの発達心理学の基礎について，胎児期から老年期まで生涯にわたって網羅的に学ぶことができる。

〈文　献〉

Adams, F. J. 1981 Earlier menarche, greater height and weight: A stimulation-stress factor hypothesis. *Genetic Psychology Monographs,* **104**, 3-22.

Aguiar, A., & Bailargeon, R. 2002 Developments in young infants' reasoning about occluded objects. *Cognitive Psychology,* **45**, 267-336.

Aschersleben, G., Hofer, T., & Jovanovic, B. 2008 The link between infant attention to goal-directed action and later theory of mind abilities. *Developmental Science,* **11**, 862-868.

Baron-Cohen, S., Leslie, A., & Frith, U. 1985 Does the autistic child have a

"theory of mind"? *Cognition*, 21, 37-46.
Belsky, J., Steinberg, L., & Draper, P. 1991 Childhood experience, interpersonal development, and reproductive strategy: An evolutionary theory of socialization. *Child Development*, 62, 647-670.
Bertenthal, B. I. 1993 Infants' perception of biomechanical motions: Intrinsic image and knowledge-based constraints. In C. Granrud (Ed.), *Visual perception and cognition in infancy*. Hillsdale, NJ: Erlbaum. pp. 175-214.
Bornstein, M. H., Vibbert, M., Tal, J., & O'Donnell, K. 1992 Toddler language and play in the second year: Stability, covariation and influences of parenting. *First Language*, 12, 323-338.
Charman, T., Baron-Cohen, S., Swettenham, J., Baird, G., Cox, A., & Drew, A. 2001 Testing joint attention, imitation, and play as infancy precursors to language and theory of mind. *Cognitive Development*, 15, 481-498.
De Vries, J. I. P., Visser, G. H. A., & Prechtl, H. F. R. 1984 Fetal Motility in the first half of pregnancy. In H. F. R. Prechtl (Ed.), *Continuity of neural functions from prenatal to postnatal life*. London: Spastics International Medical Publications.
Farroni, T., Csibra, G., Simion, F., & Johnson, M. H. 2002 Eye contact detection in humans from birth. *Proceedings of the National Academy of Sciences*, 99, 9602-9605.
Jacobson, S. W. 1979 Matching behavior in the young infant. *Child Development*, 50, 425-430.
Johnson, M., & Morton, J. 1991 *Biology and cognitive development : The case of face recognition*. Oxford, England: Blackwell.
川上清文・友永雅己・高井清子・水野友有・鈴木樹理 2003 ニホンザル新生児における自発的微笑 友永雅己・田中正之・松沢哲郎（編著）チンパンジーの認知と行動の発達 京都大学学術出版会 pp. 322-326.
Kuhl, P. K., Stevens, E., Hayashi, A., Deguchi, T., Kiritani, S., & Iverson, P. 2006 Infants show a facilitation effect for native language phonetic perception between 6 and 12 months. *Developmental Science*, 9, F13-F21.
Legerstee, M. 1991 The role of person and object in eliciting early imitation. *Journal of Experimental Child Psychology*, 51, 423-433.
Meltzoff, A. N., & Moore, M. K. 1977 Imitation of facial and manual gestures

by newborn infants. *Science,* **198**, 75-78.

溝川藍・子安増生 2011 5, 6歳児における誤信念及び隠された感情の理解と園での社会的相互作用の関連 発達心理学研究, **22**, 168-178.

Moore, M. K., & Meltzoff, A. N. 2004 Object permanence after a 24-Hr delay and leaving the locale of disappearance: The role of memory, space, and identity. *Developmental Psychology,* **40**, 606-620.

森口佑介 2008 就学前期における実行機能の発達 心理学評論, **51**, 447-459.

森野美央 2005 幼児期における心の理論発達の個人差,感情理解発達の個人差,及び仲間との相互作用の関連 発達心理学研究, **16**, 36-45.

小川絢子・子安増生 2010 幼児期における他者の誤信念に基づく行動への理由づけと実行機能の関連性 発達心理学研究, **21**, 232-243.

Pascalis, O., de Haan, M., & Nelson, C. A. 2002 Is face processing species-specific during the first year of life? *Science,* **296**, 1321-1323.

Premack, D., & Woodruff, G. 1978 Does the chimpanzee have a theory of mind? *The Behavioral and Brain Sciences,* **4**, 515-526.

ポルトマン, A. 高木正孝(訳) 1961 人間はどこまで動物か 岩波新書

Shimada, S., & Hiraki, K. 2006 Infant's brain responses to live and televised action. *NeuroImage,* **32**, 930-939.

竹下秀子 1999 心とことばの初期発達——霊長類の比較行動発達学 東京大学出版会

Tamis-LeMonda, C. S., & Bornstein, M. H. 1989 Habituation and maternal encouragement of attention in infancy as predictors of toddler language, play, and representational competence. *Child Development,* **60**, 738-751.

Tomasello, M. 1999 *The cultural origins of human cognition.* Cambridge, MA: Harvard University Press.(大堀壽夫・中澤恒子・西村義樹・本多啓(訳) 2006 心とことばの起源を探る——文化と認知 勁草書房)

Tronick, E. Z., Als, H., Adamson, L., Wise, S., & Brazelton, T. B. 1978 The infant's response to entrapment between contradictory messages in face-to-face interaction. *Journal of the American Academy of Child Psychiatry,* **17**, 1-13.

Wellman, H. M., Cross, D., & Watson, J. 2001 Meta-analysis of theory-of-mind development: The truth about false belief. *Child Development,* **72**, 655-684.

Wimmer, H., & Perner, J. 1983 Beliefs about beliefs: Representation and constraining function of wrong beliefs in young children's understanding deception. *Cognition*, **13**, 103-128.

Winner, E., & Leekam, S. 1991 Distinguishing irony from deception: Understanding the speaker's second order intention. *British Journal of Developmental Psychology*, **9**, 257-270.

Wood, D., Bruner, J. S., & Ross, G. 1976 The role of tutoring in problem solving. *Journal of Child Psychology and Psychiatry*, **17**, 89-100.

Wynn, K., Bloom, P., & Chiang, W. C. 2002 Enumeration of collective entities by 5-month-old infants. *Cognition*, **83**, B55-B62.

Yamaguchi, M., Kuhlmeier, V. A., Wynn, K., & van Marle, K. 2009 Continuity in social cognition from infancy to childhood. *Developmental Science*, **12**, 746-752.

Yato, Y., Kawai, M., Negayama, K., Sogon, S., Tomiwa, K., & Yamamoto, H. 2008 Infant responses to maternal still face at 4 and 9 months. *Infant Behavior and Development*, **31**, 570-577.

5章 成人・老年期
——喪失と獲得の時期

土田宣明

1 生涯にわたる発達

(1) 青年期以降の発達段階

　青年期以降という年代は，発達段階からみるとどのような時期なのであろうか。一般的には，**成人前期**（20歳ごろ（または20歳台の初期）～40歳（または45歳ごろ）），**成人中期**（40歳（または45歳ごろ）～65歳ごろ），**老年期**（成人後期，高齢期）（65歳ごろ～）に分けられている（山内，2001）。

　レビンソンら（Levinson, Darrow, Klein, Levinson, & McKee, 1978）は，<u>ライフサイクル</u>を「人生の四季」としてとらえている。人生の生活構造の変化という観点から，4つの主要時期（①児童期・青年期，②成人前期，③中年期，④老年期）を設定している。ここでいう，生活構造とは，個人の価値観や夢・欲求のような内的なものと，仕事や家族のような外的現実から成り立っている。さらに，レビンソンらは，これらの主要時期の間に，移行期を設定している。この移行期は，生命への問いや吟味が行われ，そのこと自体が，続く発達段階への移行にとって重要な刺激となると考えられている。

　ただし，これらの発達段階の区分は，時代により，また社会的文化的事情により大きく変化すると考えられる。たとえば，平均寿命の延びに伴い，65歳以上でひとまとめにしていた高齢期（老年期）を，近年では前期高齢期（65歳から74歳ごろ）と後期高齢期（75歳ごろ以上）に分ける考え方が一般的になりつつある。

(2) 青年期以降の発達課題

それでは，発達課題からみた青年期以降とは，どのような時期であろうか。

エリクソン（Erikson, 1950）は，この時期の心理社会的課題として「親密さ」対「孤立」（成人期初期：20歳台～30歳台），「**ジェネラティビティ**（generativity）」対「停滞」（壮年期：30歳台～50歳台），「統合性」対「絶望」（老年期：60歳台以上）を挙げている。成人初期には，自己を失うことなく他人と親密な関係性を確立せねばならず，次の壮年期では各自の領域において自分の成したことを，次の世代へ継承していくことが課題であると考えられている。さらに老年期（高齢期）では自分の過去の出来事と現実の自分を統合して，円熟した境地に達することが課題であると考えられている。

ハヴィガースト（Havighurst, 1972）は，生涯発達の視点から，発達段階ごとにいくつかの発達課題を挙げている。成人期から高齢期にかけては，その発達課題の内容が大きく変化する時期である。成人初期までの発達課題はいわゆる「**獲得のための課題**」である。「配偶者との幸福な生活」「育児」「適切な市民としての責任」など全て獲得のための課題が並んでいる。ところが，成人中期からの発達課題として「**喪失のための適応**」が出現し始める。たとえば「中年期の生理的変化への適応」「高齢者である両親への適応」などである。その背景には，「体力の低下」「家族の病気」「肉親の死」など，身体や精神的健康に影響を及ぼす**ライフイベント**（life events）を多く経験することがあろう。

バルテスら（Baltes & Baltes, 1990）は，成人を対象に163個の心理的特性（たとえば，知性）に関して予想される加齢変化をたずねた。図5-1は20歳台から90歳台にかけて予想される獲得（例：より知的になる）と喪失（例：より不健康になる）の割合をまとめたものである。これをみると70歳台を超えるあたりから予想される喪失が大きな割合を占めるようになる。一方で90歳台でもある程度の獲得が期待されていることもわかる。また喪失への適応そのものが，新たな獲得を意味する可能性もある。喪失から回復したという点においては，より深い獲得につながったということにもなろう（大川, 2011）。

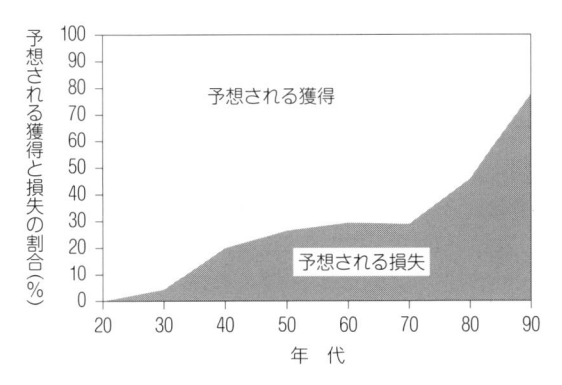

図5-1　獲得と喪失の割合
(出所) Baltes & Baltes, 1990

コラム　サクセスフル・エイジング

　高齢期は加齢による変化やそれに伴う喪失に直面しやすい時期といえる。こうした高齢期の適応概念の一つに，加齢変化や喪失にうまく適応していく老いの過程としての**サクセスフル・エイジング**がある。サクセスフル・エイジングの定義には，①障害・身体的機能，疾病の有無や長寿，主観的健康などの身体面，②認知機能，人生満足やウェルビーイング（well-being），パーソナリティなどの心理面，③社会的・生産的活動への参加や環境，経済的余裕などの社会面などから構成されている。さらに近年では，高齢者自身の定義するサクセスフル・エイジングを追求しようとする実証研究がさかんに行われるようになっており，中でも高齢者独自の定義が存在することがわかってきている。日本人高齢者を対象にした研究によると，高齢者のサクセスフル・エイジングには，健康や自立を維持しつつ生活や対人関係に積極的に働きかけてゆく「アクティブ」な側面と，対外的・内的なストレスや葛藤を予防回避し，現状をあるがままに受け入れていく「平穏無事」の2つの大きな側面が存在することが明らかになっている。欧米の多くの研究では，サクセスフル・エイジングにとってアクティブな側面がより重要視されているが，特に加齢に伴う社会的制約が多い高齢者にとっては，アクティブだけでなく，平穏無事な側面も心理的ウェルビーイングにおいて機能してくる可能性が示唆されている。すなわち，積極的に老後の人生を楽しむだけでなく，自分なりにストレスや葛藤を内的にコントロールしていくことで自己のウェルビーイングを維持しようとする態度もサクセスフル・エイジングにとっては重要となってくるようである。（参考文献：Depp & Jeste, 2006；田中・大川・新井，2010）　　　　　　　　　　　　　　　　（田中真理）

2　低下しやすい精神機能

ハヴィガースト（Havighurst, 1972）の発達課題にもあったように，成人期以降はある意味で喪失に適応していかねばならない。その喪失の中にはいわゆる認知機能の低下も含まれている。

高齢者の認知機能の低下を検討するときには，一般的には，3つの枠組み（モデル）が提起されている。簡単に説明すると，1つ目は，加齢に伴い反応速度が低下してしまい，それがさまざまな認知機能に影響するのではないかと考えるモデル。2つ目は情報処理に器のような容量を想定して，その「器」の容量が低下してしまうと考えるモデル。3つ目は不必要な情報に注意を向けてしまい，結果的に処理の効率が落ちてしまうと考えるモデルである。それぞれのモデルについて概観する。

（1）　普遍的遅延仮説

このモデルでは，高齢者における反応時間の増加は，神経システム内での処理スピードの全般的な低下を反映したものであると考えられている（Salthouse, 1996）。このモデルの考え方は，高齢者と若年者を対象としたさまざまな研究で観測された反応時間をプロットしたグラフに反映されている。このグラフをブリンリープロット（Brinley plot）という。図5-2をみればわかるように，たとえば若年者で反応にそれほど時間がかからなかった課題については，高齢者でも比較的短時間で処理できている。しかし，若年者で1,000ミリ秒かかった課題は1,500-2,000ミリ秒かかっている。そして，このように課題ごとにグラフ上にプロットしていくと，その関係はほぼ直線（図の直線部分）的なものであることがわかる（点線部分は高齢者と若年者の反応時間が同じだった場合）。高齢者の反応時間と若年者の反応時間の関係は，グラフでいうとたんに「傾き」の問題なのであり，その影響は課題の難易度に関わらず一定の関係にあることが推察されている。

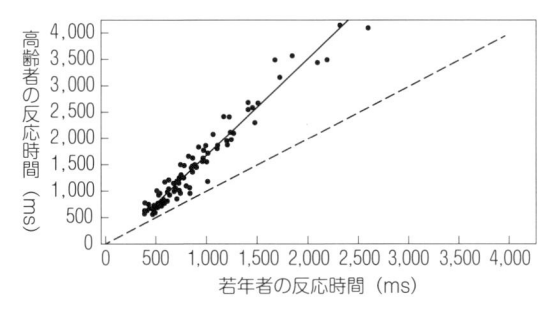

図5-2　ブリンリープロットの例
（出所）　Slawinski & Hall, 1998

普遍的遅延仮説では，このような反応の速さの遅れが他の認知機能の問題を引き起こすとも考えている。たとえば，一度に複数の課題を，限られた時間で処理しなければならないときに，特定の課題の処理の遅れで，特定の処理が未処理のまま残り，そのことが他の情報処理に影響してしまうと考えられている（Slawinski & Hall, 1998）。

（2）　処理容量低下仮説

この仮説は**処理資源**や注意の容量が年齢とともに少なくなるとするものである（Salthouse, 1991）。若年者と比較すると，高齢者では認知課題を処理するために用いられる注意資源が低下することが指摘されている。比較的単純な課題においては，注意資源をそれほど使用しないので（十分余裕があるので），高齢者でも困難を示さないが，複雑な課題においては必要とする処理資源が，高齢者のもっている処理容量を超えてしまうので，処理の効率が悪くなったり，不正確になってしまうと考えられている。

多くの研究がこの仮説を検討してきた。しかし「処理の容量」をどのように定義づけし，測定するのかという点で，あいまいであり，統一した考えには至っていない。また，注意の処理資源が年齢に伴って低下するというならば，その処理資源の限界がどのように注意の機能に影響するのか，そのメカニズムを特定するような研究の必要も指摘されている（McDowd, 1997）。

(3) 抑制機能低下仮説

抑制機能低下仮説とは，高齢者になると**抑制機能**が衰退し，指示された課題とは無関連な刺激に注意を向けてしまい，結果的に指示された課題に対する処理能力が落ちるというものである (Hasher & Zacks, 1988)。このモデルは，もともと作動記憶の問題を念頭において，提起されたものだった。抑制機能が衰退することにより，目的とは無関連な情報が作動記憶の中に入り込み，その情報を排除することができず，作動記憶の効率が落ちるというものである。

近年の研究から，抑制機能が関連していると思われるさまざまな現象の中でも，加齢の影響をうけやすいものとそうでないものがあることが示されつつある（孫，2008；土田，2005）。抑制機能は単一の機能として考えるのでなく，複数の種類があり，それらの一部が加齢の影響を受けやすいのではないかと考えられるようになった。

3 維持・発展する精神機能

バルテスらは，発達とは生涯にわたるものであり，青年期以降に止まるものではないと指摘している。さまざまな精神機能の低下がある一方で，たしかに生涯にわたって維持され，発展が期待される精神機能もある。ここでは「熟達化」と「英知」の2つの側面から考えてみたい。

(1) 熟達化

長い経験を通じて，新しい技能を獲得していくことがある。図5-3は，20歳台から70歳台のタイピストを対象とした実験結果を示している (Salthouse, 1984)。コンピューターの画面にLかRの1文字だけを呈示して，Lだったら左端のキーを，Rだったら右端のキーを打つように指示した。その結果が，図の「左右選択」である。一つひとつの点は，さまざまな年齢の実験協力者の年齢と反応時間を示している。この図をみればわかるように，個人差はあるが，全体的に，年齢が上昇するにつれて，反応時間も長くなっている。一方，タイ

5 章　成人・老年期

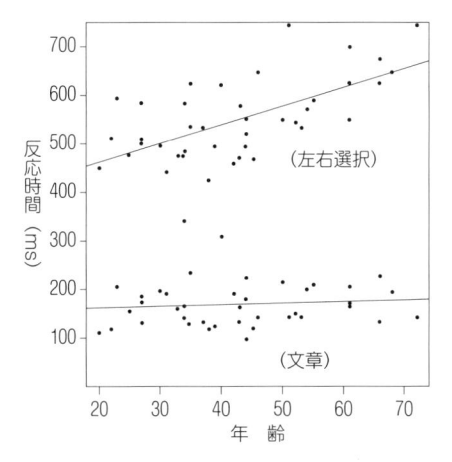

図5-3　タイプライターキー打ち反応時間
（出所）Salthouse, 1984

ピストが慣れている，一般的な文章をタイプするときの反応時間を示したものが図の「文章」のところだ。年齢の上昇にかかわらず，反応時間はほぼ一定であることがわかる。

　高齢のタイピストの，「左右選択」課題にみられるような，単純な選択反応での，瞬発力低下は明らかだ。ところが，高齢のタイピストはキーを打ちながら文章の先を読む能力が長けていくようになる。つまり，高齢のタイピストは先の文字まで視野に入れている分，若いタイピストより，時間的余裕がうまれ，瞬発力の衰えを補っている。

　これは，加齢に伴い低下してきた能力（「喪失」）を，新しい能力の「獲得」で補っていることを意味しており，補償（compensation）と呼ばれているものである。この知見を推し進めたものが，バルテスら（Baltes & Baltes, 1990）の**選択的最適化とそれによる補償**（Selective Optimization with Compensation：SOC）の理論である。加齢に伴い，一部の能力に低下がみられたとしても，限定された領域に集中して積極的に取り組み，機能低下を補うための別な手段を導入することで，能力の低下に十分対応できるという考え方である。生涯発達の視点においては，とくに重要な指摘といえよう。

(2) 英知

英知とは，「人生を上手にわたっていくための知恵，現実生活で発揮される問題解決能力」(鈴木，2008) である。具体的にいうと，人生の中で出会う，さまざまな困難な課題に対する適切なアドバイスや見解と考えられている。

英知あるアドバイスや見解については，5つの評価基準があげられている (Baltes & Staudinger, 2000; 鈴木，2008)。①事例の知識：rich factual knowledge（人間の性格や行動パターン，人生でおこる重要な出来事などの事例を豊富に知っていること）。②ノウハウの知識：rich procedural knowledge（生活の中でおこる葛藤やトラブルへの対処，目標を実現するための方法など，問題解決のための「ノウハウ」をいろいろと知っていること）。③発達環境についての知識：lifespan contextualism（家族や仕事，教育や子育て，人間関係や組織，社会といった，人が生活する環境《文脈》を構成するものについていろいろと知っていること）。④相対性の考慮：relativism（生い立ちや社会的立場などによって価値観や基本的な考え方が異なることを理解していること）。⑤不確実性への理解：uncertainty（ものごとの全体像を把握することは困難であり，また，将来それがどうなるか，不可知であることを理解していること）。

このような英知は，単純に人生経験を積むことでは獲得されない。鈴木 (2008) は，これまでの英知研究を概観した上で，たんに年齢を重ねることが英知の獲得に結びつくのではなく，「自分の生きてきた過去を回顧し，自分自身の経験を内省すること」が英知獲得に結びつくのではないかという仮説を提出している。人生経験が豊富であれば自然に英知が獲得されるのではなく，自らの経験を振り返り内省する機会を人より多くもっていることが英知獲得の要因になるのではないだろうか。

4 運動コントロールからみた加齢

この章の最後の節として，これまで（先行研究の中で）あまり検討されてこなかった領域の問題についてふれておきたい。具体的には，**運動コントロール**

（motor control）の問題である。成人期以降の精神機能の変化をみた研究は数多い。とくに認知機能の変化に関してはたくさんの知見が蓄積されてきた。記憶や注意など，数多くの理論が提出され，検討がなされてきている。一方，運動コントロールの問題に関する検討は少ない。

ローゼンバアム（Rosenbaum, 2005）は，運動コントロールの領域を心理学の「シンデレラ」と呼んでいる。ここでいう「シンデレラ」とは不当に低い評価を受けてきたものという比喩である。たしかに，記憶や注意の領域と比較すると，運動コントロールの問題から加齢の問題を検討したものは少ない。

しかし，日常生活の中では，なにをすべきかわかっていながら，誤った操作をしてしまうことが多々ある。エレベータの中で，目的の階とは違う階のボタンを思わず押してしまった経験が誰でもあるはずである。このような誤りを<u>スリップ</u>というが，高齢者においては，このようなスリップをしてしまう傾向が増加する。

高齢者が引き起こすスリップの特性をみた研究がある（Tsuchida, Morikawa, Yoshida, & Okawa, 2013）。この研究では，反応するスイッチを2種類用意した。一つは人差し指の動きだけで作動できるマイクロスイッチ。もう一つは，円筒形のグリップを掌全体で握ってスイッチを作動させるグラスプスイッチである。注視点の左右に赤色の丸がランダムに提示され，実験協力者は刺激が提示されたら，なるべく早く，正確に刺激が提示された側の反応ボタンを押す（あるいは握る）ように指示された。試行の約半数には，刺激と同時に音刺激も提示した。

このような単純な課題のもとで実験を行うと，高齢者であろうと若年者であろうと，ある程度の確率でスリップが生じる（図5-4の「スリップ出現率」を参照）。しかし，スリップが出現する傾向は若年者と高齢者で大きく異なった。若年者がスイッチの種類や音の影響をほとんど受けないのに対して，高齢者ではスリップの出現率に大きく影響していた。

ルリヤ（Luria, 1961）は，一度運動を開始すると，神経興奮が拡大（diffuse nervous excitation）することにより，運動を抑制することがより困難になるこ

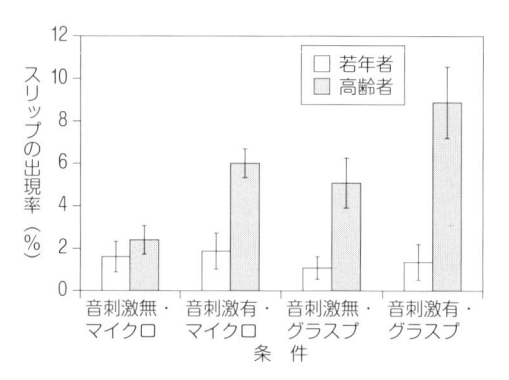

図5-4　運動コントロールに影響する加齢効果
（出所）Tsuchida et al., 2013

とを明らかにしている。次々に提示される刺激に合わせて，左右のスイッチを連続して押さなければならないような実験課題では，神経興奮が拡大しやすいことが予想される。さらに，掌全体を使い，把握してスイッチをONせねばならないグラスプスイッチ条件や，視覚刺激と同時に音刺激を提示した条件では，その神経システムの興奮を助長した可能性が高く，高齢者ではその抑制が困難であったものと思われる。

　以上のような運動コントロールの加齢効果に関する問題は，日常生活に密接に結びついていながら，まだまだ解明されていない部分が多い分野である。今後の研究の蓄積が待たれる。

〈まとめ〉

　青年期以降という年代は，発達段階からみると成人前期，成人中期，老年期（成人後期，高齢期）に分けられることが多い。そして，成人期から高齢期にかけては，その発達課題の内容が大きく変化する時期である。成人前期までの発達課題はいわゆる「獲得のための課題」であるが，成人中期からの発達課題として「喪失のための適応」が出現し始める。「適応」の意味には，加齢に伴い低下してきた能力を，新しい能力の獲得で補うことが含まれている。

　加齢に伴い，一部の能力に低下がみられたとしても，限定された領域に集中して積極的に取り組み，機能低下を補うための別な手段を導入することで，能力の低下に十分対

応できると考えられている。どのような側面で精神機能の低下が顕著となり，どのような側面で維持・発展が期待されるのか，そしてどのようなメカニズムで機能の低下を補っているのかを理解することは，発達心理学にとって重要な研究課題なのである。

〈グロッサリー〉

ライフサイクル 人生を誕生から死に至るまでの円環的なものとみなし，世代間の連続性を意味した概念。

ジェネラティビティ（generativity） エリクソンの造語で，日本語訳としては「生殖性」「生成継承性」「世代性」がある。

ライフイベント（life events） 一生の中で遭遇する出来事。身体的，家庭的，対人関係，仕事，死別，生活上の要因などに分けられる。

ブリンリープロット（Brinley plot） 一方の軸に若者の反応時間，もう一方の軸に高齢者の反応時間をとり，課題や条件ごとに反応時間をプロットしたもの。

スリップ アクションスリップともいう。なにをすべきかわかっていながら，実行段階で誤るエラー。

〈もっと詳しく知りたい人のための文献紹介〉

大川一郎・土田宣明・宇都宮博・日下菜穂子・奥村由美子（編著） 2011 エピソードでつかむ老年心理学 ミネルヴァ書房

⇨中年期から老年期のさまざまな側面に焦点を当てた本で，各節の導入部分には，関連するエピソードが紹介されている。また内容に関連するトピックスも豊富に掲載されており，成人期以降の発達心理学を概観する本として適している。

鈴木忠 2008 生涯発達のダイナミクス——知の多様性 生きかたの可塑性 東京大学出版会

⇨人の知的機能は多様であり，かつ可塑性が高いことを，最新の情報を踏まえて，わかりやすく解説している。長いスパンで，人の発達過程をみるときに，たいへん参考になる本である。

〈文 献〉

Baltes, P. B., & Baltes, M. M. (Eds.) 1990 *Successful aging : Perspective from the behavioral sciences.* Cambridge University Press.

Baltes, P. B., & Staudinger, U. M. 2000 Wisdom: A metaheuristic (pragmatic) to orchestrate mind and virtue toward excellence. *American Psychologist*, 55, 122-136.

Depp, C. A., & Jeste, D. V. 2006 Definitions and predictors of successful aging: A comprehensive review of larger quantitative studies. *The American Journal of Geriatric Psychiatry*, 14, 6-20.

Erikson, E. H. 1950 *Childhood and society*. New York: W. W. Norton（仁科弥生（訳）1977；1980　幼児期と社会Ⅰ・Ⅱ　みすず書房）

Hasher, L., & Zacks, R. 1988 Working memory, comprehension, and aging: A review and a new review. In G. Brown (Ed.),*The psychology of learning and motivation*. San Diego, CA: Academic Press. pp. 193-325.

Havighurst, R. J. 1972 *Developmental tasks and education*, Third edition. David McKay company.

McDowd, J. M. 1997 Inhibition in attention and aging. *Journal of Gerontology : Psychological Science*, 52B, 265-273.

Levinson, D. J., Darrow, C. N., Klein, E. B., Levinson, M. L., & McKee, B. 1978 *The seasons of a man's life*. Knopf.（南博（訳）1980　人生の四季——中年をいかに生きるか　講談社）

Luria, A. R. 1961 *The role of speech in the regulation of normal and abnormal behavior*. New York: Pergamon Press.

大川一郎　2011　中年期〜老年期の発達的意味——生涯発達的視点を中心に　大川一郎・土田宣明・宇都宮博・日下菜穂子・奥村由美子（編）エピソードでつかむ老年心理学　ミネルヴァ書房　pp. 2-5.

Rosenbaum, D. A. 2005 The Cinderella of psychology: The neglect of motor control in the science of mental life and behavior. *American Psychologist*, 60, 308-317.

Salthouse, T. A. 1984 Effects of age and skill in typing. *Journal of Experimental Psychology : General*, 113, 343-371.

Salthouse, T. A. 1991 *Theoretical perspectives on cognitive aging*. Hillsdale, NJ: Erlbaum.

Salthouse, T. A. 1996 The processing-speed theory of adult age differences in cognition. *Psychological Review*, 103, 403-428.

Slawinski, M. J., & Hall, C. B. 1998 Constrains on general slowing: Using hierarchical liner model with random coefficients. *Psychology and Aging*, **13**, 164-175.

孫琴　2008　認知症高齢者の抑制機能に関する研究──抑制及び関連する認知機能を中心とした検討　発達心理学研究, **19**, 275-282.

鈴木忠　2008　生涯発達のダイナミクス──知の多様性　生きかたの可能性　東京大学出版会

田中真理・大川一郎・新井邦二郎　2010　高齢者のサクセスフル・エイジングと適応との関連──「アクティブ」と「トランクウィリティ（平穏無事）」からの検討　日本心理学会第74回大会発表論文集, 1144.

土田宣明　2005　行動調節機能の加齢変化──抑制機能を中心として検討　北大路書房

Tsuchida, N., Morikawa, S., Yoshida, H., & Okawa, I. 2013 Motor inhibition in aging: Impacts of response type and auditory stimulus. *Journal of Motor Behavior*, **45**, 343-350.

山内光哉　2001　人生全体からみた青年期以後──生涯発達の段階　山内光哉（編）　発達心理学　下　青年・成人・老年期　第2版　ナカニシヤ出版　pp. 9-22.

6章　教育と学び
——自立的な学びの支援

山 本 博 樹

1　子どもの自立的な学びを支援する教育

(1)　問題発見者としての視座

　「よい教師」と呼ばれる人々は，問題（つまずき）を見過ごすことをせず，むしろ問題の発見者になると言われている（Merrell, Ervin, & Gimpel, 2006）。たとえば，「伝説の教師」と称された東井（1979）は，子どもの自立的な学びのつまずきをあえて汲み取り，これを中心に据えて授業を組み立てたことは有名である（表6-1）。

　他方で，教育心理学者も子どもの学びのつまずきを捉えてきた。たとえば，子どもの思考のつまずきを捉えて認知発達理論を提出したピアジェ（Piaget, J.）が，もっとも知られるところである。彼は，有名な液量保存の実験で，前操作期（4章参照）の子どもが自己中心性のために惑わされるとした（Piaget & Inhelder, 1966）。ただ，彼は本質的に認知発達が学校教育によって影響を受けないと考えたので，その消極的な教育観は批判されていく。

　批判の急先鋒はヴィゴツキー（Vygotsky, L. S.）であった。彼も，就学前児の独り言を捉えた点はピアジェと同じだが，これを先の自己中心性に基づき非社会的言語行為として解釈したピアジェに反論した。彼は発話が他者伝達から自己伝達へと発達するときの現象であるとし，発達の源は広い意味での教育（大人との相互作用）にあるとしたのである（Vygotsky, 1962）。ここに至り，発達水準には，大人から支援を受けずに自力で達成できる水準と，支援を受けて達成できる水準があることになる。そして，この開きにこそ教育が向かうべ

表6-1 「伝説の教師」が出会った子どものつまずき

> 東井は，5年の国語の授業で子どものつまずきに出会う。教材は小泉八雲の「稲むらの火」。津波が押し寄せてきたことを覚った庄屋の五兵衛は村人が苦労して刈り取った稲むらに一つ残らず点火し，浜で豊年祭りに興じる村人を丘にあげて命を救う物語。子どもの読みとり方を確かめるために，わかったことをノートにまとめさせたところ，「稲むらのすべてに火をつけ終わった五兵衛は，たいまつを投げ捨てると，じっと沖を見つめていた」というクライマックスの読解で，S君のつまずきに気づく。S君は「稲をみんな燃やしてしまって，惜しいことをしたと思いながら沖を見ている」と，がっかりするような誤読である（以下，東井（1979）より抄録）。
>
> 東井：「S君，君の読みとりをみんなに知らせてやってくれないかな」
> →S君が上記の読みとりを発表する。
> 子どもたち：「おかしいぞ」，「五兵衛さんはそんな人じゃないと思うんだけどなあ」
> →このつぶやきを熱のあるものにするために，東井はS君の味方をする。
> 東井：「だって，豊年でたくさんとれた稲に，みんな火をつけてしまったんだから，惜しいことをしてしまった，と思っているに違いないと思うんだがな」
> 子どもたち：「先生，でも，五兵衛さんはそんな人じゃないと思います」
> 東井：「君たちは勝手にそう思っておればいいじゃないか。豊年でたくさんとれた稲に，みんな火をつけてしまったんだぞ。惜しいことをしたと思っているに違いないわい」
> 子どもたち：「でも，先生，五兵衛さんはそんな人じゃありません」
> 東井：「えらいしつこいんだな。じゃあ，こういうふうに読んでいけない証拠でもあるんかい？」
> →子どもたちは証拠を得るために，真剣に読み返しを始める。その後，教室一丸となって思考した結果，S君の提示したつまずきが解消されていく。

き領域（**発達の最近接領域**）があると訴えた。

　この後，教育重視を鮮明に打ち出すのが，ピアジェ理論に影響を受けたブルーナー（Bruner, J.）であったが，彼も子どもの思考のつまずきを捉える点は同じである。ただし，**学校教育**の影響を重視する点でピアジェと大きく異なる（Bruner, 1961）。アフリカのセネガルに住む子どもに行った液量保存の実験から（図6-1），学校教育を受けた都市（ダカール）の子どもや学校教育を受けたブッシュの子どもは，欧米の子どもと同様に保存反応を示したが，学校教育を受けていないブッシュの子どもは11-13歳の時点でこれを示さないままだとした（Bruner, Oliver, & Greenfield, 1966）。学校教育が子どもの認知過程の出現に本質的な影響を持つと強調したのである。

　上記で見たように，問題発見者の視座から教育の実践や研究が積み上げられてきたことに注目しつつ，この視座から本章では教育と学びについて教育心理

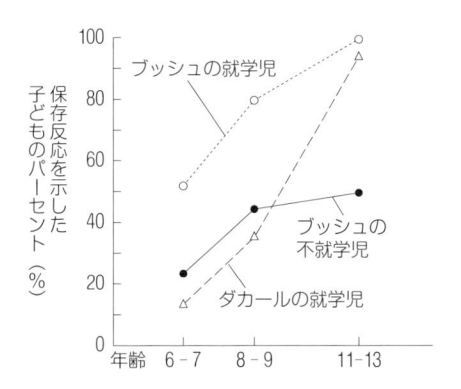

図6-1 ブッシュの子どもの保存反応
（出所） Bruner et al., 1966

学的に論じていきたい。

(2) 子どもの論理に基づく学びの支援

　それでは，子どものつまずきを捉えることが教育の本質とどうつながるのか。この問いに対して，吉田・ディコルテ（2009）の「**子どもの論理**」を基に考えたい。たしかに教育では「**教科の論理**」が重視される。たとえば，算数では，その論理体系である。他方で，子どもが学びに利用する知識，思考過程，学習方略を，子どもの論理と呼ぶ。子どもが学びでつまずくのなら，ひとまず子どもの論理で捉えよという発想である。たとえば，分数を学び始める時点ですでに，「一枚のチョコレートを3人で等しく分けるときと5人で分けるとき，どちらが多いか」を小学3年の86％は知っていたという。事前に子どもは子どもなりの豊かな知識を持っているのだが，知識を活用する段でつまずくと考えるのである。

　この解釈は，学べば理解が高まるはずなのに，分数を学ぶ前の方が適切に理解している子どもが86％と多く，むしろ学びの後には少なくなり，その後また増えるというV字型の結果から導き出された。同様の結果は，運動法則を学ぶ際にも見られる（Kaiser, McCloskey, & Proffitt, 1986）。幼児から大学生までに図6-2の「曲がった管の問題」を提示し，ボールが飛び出す軌跡を尋ねた。

第Ⅱ部　時間の中の人間発達

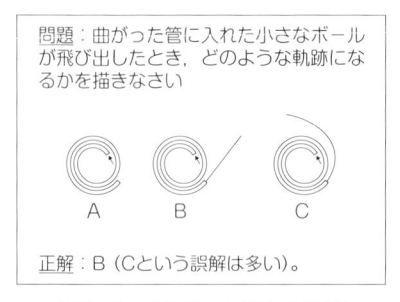

図6-2　「曲がった管」の問題
（出所）　Kaiser et al., 1986

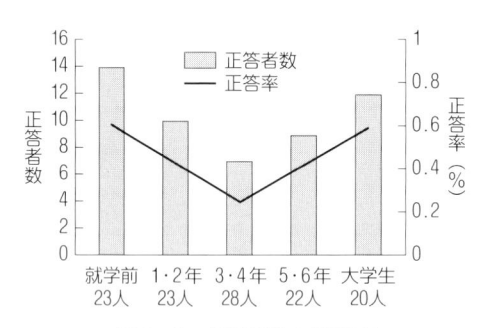

図6-3　正答者数と正答率
（出所）　Kaiser et al., 1986

結果は，幼児より学びの進んだ3年と4年で誤解が多いというもので，このV字型の結果は先の吉田・ディコルテ（2009）と対応する（図6-3）。ここからも，3年や4年が運動の法則を学ぶ際に，すでに経験に基づいて形成した豊かな知識（**素朴概念**）を持っており，子どもがこの知識を活用する段でつまずいたことがわかる。

　上記の解釈を採れば，子どものつまずきは，うっかりの類ではないことになる。むしろ，自立性の発露となりはしないか。だとすれば，冒頭で示した「よい教師」のように，子どもの論理に基づいて自立性の発露するつまずきを汲み取ることから始めて，子どもがつまずきを自立的に克服するように，その学びを手助けすること（**学習支援**）が大切になることに気づかされる。こう考える

ときに教育の本質とつながるのである。そして，教えるということは，教師の独り相撲ではなく，教師と子どもの両者が相互に関連しあって展開する総合的な過程（**教授学習過程**）だともわかる（Mayer, 2008）。次節では，効果的な学習支援を実現するために，教師，教材，子どもが担うべき役割を考えたい。

2　効果的な学習支援の遂行

（1）教師が担うべき役割

　教師の役割は，問題発見者の視座を持ちつつ効果的な学習支援を行うために適切な教授法を用いることであると考えたい。教授法としては，子どもの学びに対して統制度の強い**有意味受容学習**，統制が中程度の**発見学習**，統制度の低い**児童生徒中心法**，と続く。従来はこのように，教師による統制度の違いによって教授法を特徴づけることが多かったが，下記のように支援のあり方の違いとして捉えることが重要である。

　第1の有意味受容学習は，丸暗記のような機械的学習にならないように，子どもが自らの既有知識と関係づけ「意味あるもの」として受容することを重視する（Ausubel & Fitzgerald, 1961）。ただ，子どもはこの既有知識との関係づけにつまずくから，これを支援するために，学習項目と既有知識の違いに着目して関係づける事前情報（**先行オーガナイザー**）を提供する教授法である。ポイントは，この教授法では，子どもを支援を受容するだけの存在と捉える点にある。

　第2の発見学習は，子どもを研究者に見立て，自らの発見によって，学びを進めさせる（Bruner, 1961）。これは，課題の把握，仮説の設定，仮説の検証，まとめ，と進むもので，内発的動機づけの喚起や内容の長期的な保持に効果がある。ここでは，子どもの発見を保証する**カリキュラム**や**学習環境**の整備も大事だが，子どもが発見につまずいた場合には教師が介入し支援する点がポイントになる。

　第3の児童生徒中心法は，教師が子どもとの人間関係を基盤につまずきを汲

第Ⅱ部　時間の中の人間発達

図6-4　学習意欲の低下する子どもへの4種類の学習支援
（出所）茨城県教育研修センター教育相談課，2000

み取り，一貫して支援の提供に徹する教授法である（杉原・海保，1986；Merrell et al., 2006）。支援には，**ソーシャル・サポート**の考え方に基づいて（House, 1981），情報的支援（説明の提供），道具的支援（教具等の提供），情緒的支援（安心等の提供），評価的支援（評価の提供），がある（小野瀬，2010）。昨今，「学ぶ意欲」が懸念される小中高生に，この教授法が用いられている（図6-4）。この際，学校心理士との連携がポイントになっている（コラム参照）。

（2）教材が担うべき役割

　教材とは「教育の目的を達成するために授業や学習に使う材料」（辰野，1992）をいう。ならば，授業に供するだけでなく，学習にも供する必要がある。しかし，教材はそのままでは学習の役には立たない。教科書でさえそうであると言うと驚かれるかもしれないが，そうなのである。あえて教材に「する」プロセス（**教材化**）を経なければ，そのままでは学習の役に立たないからである（山本，2010）。なぜなら，作制者は豊富な知識を持つゆえに，「わかっているはず」と子どもの認識を「捏造」した上で，教材をこしらえるからである。

　よって，教材化の初歩としては，子どもの「認識の論理」に適合させた表現にすることが大事になる（Lohr & Gall, 2008）。これを教材の学習者中心デザインと呼ぶ。ちなみに，「認識の論理」とは子どもの年齢や経験の違いによる知り方や捉え方の差についての原理をいう。今日では「認識の論理」の解明は進み，踏まえるべき理論としては，二重符号化理論（Paivio, 1990），認知的負荷理論（van Merriënboer & Sweller, 2005），作動記憶理論（Baddeley, 2000），など幅広い。

　これまで学習に役立つ教材化の初歩を述べたが，教材化の極意は，本章で繰

コラム　授業における学校心理士の役割

　教師が授業において学習者の援助ニーズをくみ取り効果的な援助サービスを提供するためには学校心理士との連携が重要だ。学校心理士とは，一般社団法人学校心理士認定運営機構が認定する資格で，大学院で指定の科目を履修し資格試験に合格することで授与される。すでに約5,500名の学校心理士が活躍している。

　子どもを援助するためには，子どもが何に困っているのかを把握することが大切である。しかし，子どもは自分のニーズを客観的に把握することが難しい。さらに自分の困り感を言語化する能力も乏しい。教師は子どもの授業中の行動（授業態度や質問など）から，子どもの援助ニーズに気づき，適切な援助を提供することが求められる。教師のこうした活動を側面から支援したり，教師とともに教室に入り援助ニーズの高い子どもの発見と援助が学校心理士に求められる役割である。

　教室にはさまざまな子どもがいる。本章にもあるように教師が効果的にかかわらないために，子どもの理解が進まないことがある。さらにまた，子どもの個別的な要因が影響していることもある。たとえば，学習障害やADHDなど，学習活動に影響が大きい発達障害を疑う場合，学校心理士は心理検査などのアセスメントデータ，教師・保護者からの聞き取りなどをもとに，教師・保護者と協力しながら個別の支援計画を立案する。そして援助が子どもに届くように工夫する。現在，学校現場には教師として勤務しながら，学校心理士の資格を活かし援助を提供している人が数多くいる。教師の立場を理解している学校心理士が，学校教育の中核的営みである授業に積極的に関与し，適切な援助を提供していくことで，教室外の問題行動（たとえば，登校渋りや反社会的行動）にも好影響を及ぼすであろう。

（水野治久）

り返してきた通り，子どもの学習支援に尽きる（Mayer, 2001）。要するに，子どもの学習支援のために教材化を行うという姿勢を持ちたいのである。このための具体的な手法としては，教材の要素に注目を向ける過程の支援（選択支援），要素間の関係を構築する過程の支援（体制化支援），既有知識との関係を構築する過程の支援（統合支援），が大事になる。

（3）　子どもが担うべき役割

　教授学習過程の参加者でもある子どもに目指して欲しいのは，とりもなおさ

表6-2 さまざまな学習方略

カテゴリー	具体的方法
リハーサル	逐語的に反復する，模写する，下線を引く，明暗をつける，など
精緻化	イメージや文を作る，言い換える，要約する，質問する，ノートを取る，類推する，記憶術を用いる，など
体制化	グループに分ける，順に並べる，図表を作る，概括する，階層化する，記憶術を用いる，など
理解監視	理解の失敗を自己監視する，自問する，一貫性をチェックする，再読する，言い換える，など
情緒・動機づけ	不安を処理する，注意散漫を減らす，積極的信念を持つ（自己効力感・結果期待），生産的環境をつくる，時間を管理する，など

（出所）辰野，1992; Weinstein & Mayer, 1986

ず自立した学習者である（市川，1998; 北尾，1991）。**自己学習力**の確立と言うこともできる。その第1のポイントは**動機づけ**である。動機づけの基礎にある欲求には，知的好奇心のように，欲求満足の対象（誘因）を外側に求めないものがある。これに基づく動機づけを内発的動機づけと呼ぶが，これを促してほしい。このためには，子ども自らの自己決定が鍵になる（Deci & Ryan, 2002）。

第2に，**学習方略**である。これは表6-2の「下線を引く」のように，学習効果を高めるために子ども自らが意図的に行う学習方法である（辰野，1992; Weinstein & Mayer, 1986）。もとより学習方略の使用は複雑で，フラベル（Flavell, J.）は2つの状態に分けている（Flavell, 1970）。教えても使えない状態と（**媒介欠如**），教えれば使えるが自発的には使えない状態である（**産出欠如**）。学習方略はつねに自発的に使えるような習慣化が望ましいことは言うまでもない（北尾，1991）。

第3は，**メタ認知**である。これは，理解のつまずきを自ら知り（モニタリング），それを改善する力をいう。学習者の自立には欠かせない要素である。しかし，小学生に文中の矛盾を検出させてみると，モニタリングは苦手である。このため，小学生のモニタリングの支援には工夫が必要だろう。中高生になると，自身に向けた説明（自己説明）によりモニタリングの促進も期待できるようだ（市川，1998）。

第4は，自信である。これは，あるレベルまで学び遂げることができるという自己効力感にあたる（Bandura, 1977）。人間が行動を始発する際に抱く「出来そう」という認識である。自己効力感が高いと，たとえ困難な課題であっても，継続して学習に取り組むことができるからである。

次節では，自立的な学びに向かう子どもが，3R's（読解，作文，算数）と呼ばれる基礎教科の学習で発露するつまずきとそれへの学習支援を見ていく。

3 教科学習に対する支援

（1） 読解に対する支援

表6-1でみたように，子どもには読解のつまずきがよく生じる。読み手がつくる表象の違いに着目すると，読解には，文と文のつながり（**結束性**）を構築し文章の意味表象を作る段階（**テキストベースの形成**）と，意味表象を統合化し問題解決場面などで活用可能な知識とする段階（**状況モデルの形成**）とがある（Kintsch, 1994）。ここで，テキストベースの形成として読解を捉えると，物語文より説明文の読解の方で子どものつまずきが見られやすい。

なぜなら，もともと物語文の読解では，主人公が登場し，問題を解決するという定型的な知識構造（物語文法）を用いやすいからである。小学生でも，この知識を用いながら一貫した表象を構築しやすいために，処理負担は軽減され，次に起こる出来事の予期も容易になる（Stein & Glenn, 1979）。一方，説明文では，同様の知識構造を活用することが容易でない。これは，説明文の構造が「原因結果」や「問題解決」などと複数であり，明確な単一構造を持たないこともある（Meyer & Poon, 2001）。このため，読解で説明文の構造を利用できる者は中学の終わりごろになっても少ないのである。

このように，説明文読解の難しさは，線状でしか概念を提示し得ない説明文から，非線状の構造（階層構造など）を読み取らなければならない点にある（McNamara, Ozuru, Best, & O'Reilly, 2007）。けれども，読解に長けた中学生は，図6-5のような豊富な読解方略を体系的に用いて対応していく。読解に

第Ⅱ部　時間の中の人間発達

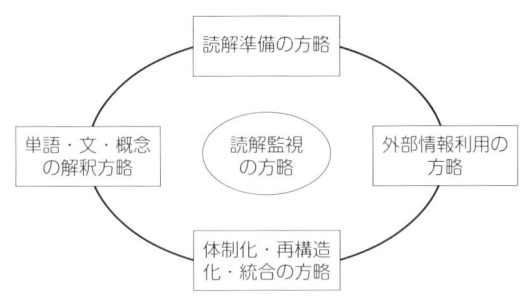

図6-5　読解方略の体系
（出所）　McNamara et al., 2007

長けた読み手は見出しや余白などの合図（標識）を利用しながら構造を同定し，その構造を用いて，一貫した表象を構築していくのである。これは，図6-5の「体制化・再構造化・統合の方略」に分類される構造方略と呼ばれる方略の働きである（Meyer & Poon, 2001）。この構造方略を支援するために，見出しを目立ちやすくする方法がとられている（その他の読解方略の支援方法については，山本（2010）を参照）。

(2)　作文に対する支援

作文でつまずく子どもも多い。ヘイズ（Hayes, J.）とフラワー（Flower, L.）による作文の認知過程モデルに基づけば，このつまずきは，**構想**（構想をまとめて構成を考える），**翻訳**（紙の上に言葉を産み出す），**推敲**（読み返し修正する）の認知過程で現れることがわかる（Hayes & Flower, 1980）。その後の改訂モデルでも（Hayes, 1996），上記の過程が基礎となるので，これらに沿って考えていく。

まず，構想過程である。小学生はまとまった構成を考えることが苦手である（Bereiter & Scardamalia, 1987）。6年で可能となるようだが，十分にできるのは高校以降と遅い。そこで，6年が構想の段でつまずく際に，「思い浮かぶ特徴は…」や「その原因は…」のような手がかりの書かれたカードを与え，これを利用して再考する訓練を行わせたところ，作文の質が向上した（Scardamalia, Bereiter & Steinbach, 1984)。ここでの支援は構想の立て方を直接に教えるのではなく，解決のヒントである。このような支援を**足場かけ**と呼ぶ（Wood, Bruner, & Ross, 1976）。

次に，翻訳過程のつまずきである。たしかに，子どもは綴りや文法などの表記でつまずく。ただ，こうした表記も大事だが，作文で重要なのは，「相手を意識した」効果的な表現である。しかし，日本の作文指導では効果的な表現の指導は決定的に不足している。これまでの**リテラシー**概念を拡張するとともに，「相手を意識した」作文指導の高度化が望まれる。

最後に，推敲過程のつまずきである。子どもはこうした過程を大変苦手とする。中学生でも，主語述語関係や照応表現（先行詞と代名詞の関係）のような初歩的な表記ミスを見逃してしまう。ただ，推敲の訓練を受ける機会を持つことで，6年の推敲が改善した報告もある（Fitzgerald & Markman, 1987）。

(3) 算数に対する支援

入学直後の子どもでも，単純な足し算や引き算なら，就学前に獲得している「数え上げ」を用いて難なくできる。しかし，繰り上がりや繰り下がりが登場すると「数え上げ」では難しくなり，2年や3年になると，誤ったやり方で計算する子どもは約2割から3割になると言われている（吉田，1996）。ただ，3年では分数や割合も登場するから混乱が特別に増したように思うが，実は計算は6年間を通じて少しずつ難しくなっていく側面がある。

ところが，突然出現するつまずきもある。それは**文章題**である。小学校の高学年になると，計算につまずかない子どもでも，頭を抱えている場面に出くわす。メイヤー（Mayer, R. E.）の主張する文章題を解決するための4つの認知過程に基づいて考えてみたい（Mayer, 2004）。ちなみに，それらは，**変換**（文を読んで心的表象に変換する），**統合**（一貫した表象を構築し，問題状況を理解する），**プラン**（問題解決のプランを考案し有効性をたえず監視する），**実行**（プランを実行する），である。

概して文章題でつまずく子どもは，変換と統合という最初の過程を軽視しが

ちである（吉田，1996）。教師も「問題をしっかり読みなさい」と繰り返すだけの指導となりがちである。子どもも教師も，変換と統合という問題状況の理解過程を軽視するため，文章題の解決が進まないということになる。たとえば，「Bに対するAの割合を求める文章題」では，「A」と「B」という2つの数の関係を表現した文の理解が大事になる（石田・多鹿，1990）。文章題の解決支援は，問題状況の理解支援が中心になることを確認し，図解等の活用を考えるべきである。

どうも以上から窺えてくるのは，冒頭述べた「よい教師」とは異なり，子どものつまずきを見過ごし，適切な支援を与えない教師の姿である。これは，算数に限らないだろう。やはり，子どもの自立性が発露するつまずきを汲み取り，その学びを支援することが，教育の本質につながるように思われるのである。

〈まとめ〉

本章に込めた願いは，教師が子どもの自立的な学びを支援すべきというスタンダードなものである。この願いに立って，教育と学びについて概観してきた。

1節では，子どもの学びを支援することが教育の本質につながることを論じてみた。教師は問題発見者として，子どもが発露するつまずきを汲み取り，子ども自らが克服に向かうように支援することが大事なのである。

2節では，子どもに対してどのように効果的な学習支援を行うことで，教授学習過程を構築していけばよいかを考えてみた。教師，教材，学習者のそれぞれに，担うべき役割があるのである。

3節では，基礎教科である，読解，作文，算数において，子どもがどのようなつまずきを発露するかを示しながら，支援方法を考えてみた。

〈グロッサリー〉

学び　教育心理学でいう学習に相当するが，本章では以降，学習者の自立性を強調する際にこの語を用いる。

発達の最近接領域　今まさに発達しつつある領域のこと。後に，協働学習の理論化に影響を与えた（Brown, 1997）。

学習支援　つまずいている学習者への支援の提供。情報的，道具的，情緒的，評価的な支援がある。

自己学習力 主体的に学ぶ意思，態度，能力。「生きる力」の基礎。自己調整学習（Zimmerman & Schunk, 2001）と関連が深い。

足場かけ 学習者自らが問題を解決するためのヒントや手がかりを手助けの意味で提供すること。

リテラシー 元来は仮名・漢字の読み書き能力をさす。近年は種々の記号やメディアを用いた情報の理解や伝達の能力を含む。

〈もっと詳しく知りたい人のための文献紹介〉

高垣マユミ（編） 2010 授業デザインの最前線II――理論と実践を創造する知のプロセス 北大路書房
  ⇨本書は，授業研究で活躍する執筆陣が理論と実践の乖離を克服しようと挑んだ貴重な足跡である。ここから，教師と子どもが織りなす授業の動的な様相を学び，「実践知」と「理論知」の見事な融合を味わってほしい。

日本教育心理学会（編） 2003 教育心理学ハンドブック 有斐閣
  ⇨日本教育心理学会が総力をあげて企画・編集した本書より，昨今の研究動向，教育実践とのかかわり，学校心理士資格までを，多面的に知ることができる。日本の教育心理学の進化と深化を知るには最適であろう。

Mayer, R. E. 2008 *Learning and instruction,* 2nd ed. Upper Saddle River, NJ: Pearson Merrill Prentice Hall.
  ⇨教授学習過程の研究を牽引してきた著者が，エビデンスに基づいて，丹念にわかりやすく解説している。世界の教育心理学研究の現状を知るためには，研究者にとっても実践者にとっても，必読の一冊である。

〈文　献〉

Ausubel, D. P., & Fitzgerald, D. 1961 The role of discriminability in meaningful verbal learning and retention. *Journal of Educational Psychology,* 52, 266-274.

Baddeley, A. D. 2000 The episodic buffer: A new component of working memory? *Trends in Cognitive Science,* 4, 417-423.

Bandura, A. 1977 Self-efficacy: Toward a unifying theory of behavioral change. *Psychological Review,* 84, 191-215.

Bereiter, C., & Scardamalia, M. 1987 *The psychology of written composition.*

Hillsdale, NJ: Lawrence Erlbaum Associates.

Brown, A. 1997 Transforming schools into communities of thinking and learning about serious matters. *American Psychologist*, **52**, 399-413.

Bruner, J. 1961 *The process of education*. Cambridge, MA: Harvard University Press.（鈴木祥蔵・佐藤三郎（訳） 1963 教育の過程 岩波書店）

Bruner, J., Oliver, R. R., & Greenfield, P. M. 1966 *Studies in cognitive growth*. New York, NY: John Wiley & Sons.（岡本夏木・奥野茂夫・村川紀子・清水美智子（訳） 1976 認識能力の成長 下 明治図書）

Deci, E. L., & Ryan, R. M. 2002 *Handbook on self-determination research: Theoretical and applied issues*. New York, NY: University of Rochester Press.

Fitzgerald, J., & Markman, L. 1987 Teaching children about revision in writing. *Cognition and Instruction*, **41**, 3-24.

Flavell, J. 1970 Developmental studies of mediated memory. In W. Reese & L. Lipsitt（Eds.）, *Advances in child development and behavior*. New York, NY: Academic Press. pp. 181-211.

Hayes, J. 1996 A new framework for understanding cognition and affect in writing. In C. M. Levy & S. Ransdell（Eds.）, *The science of writing: Theories, methods, individual differences, and applications*. Mahwah, NJ: Lawrence Erlbaum Associates. pp. 1-27.

Hayes, J., & Flower, L. 1980 Identifying the organization of writing processes. In L. Gregg & E. Steinberg（Eds.）, *Cognitive processes in writing*. Hillsdale, NJ: Lawrence Erlbaum Associates. pp. 3-30.

House, J. S. 1981 *Work stress and social support*. Reading, MA: Addison-Wesley.

茨城県教育研修センター教育相談課 2000 授業に生かすカウンセリング実践事例集 研究報告書（別冊資料編），**37**, 1-58.

市川伸一（編） 1998 認知カウンセリングから見た学習方法の相談と指導 ブレーン出版

石田淳一・多鹿秀継 1990 子供の算数文章題の生成および理解に関する研究 日本教科教育学会誌，**14**, 95-102.

Kaiser, M. K., McCloskey, M., & Proffitt, D. R. 1986 Development of intuitive theories of motion: Curvilinear motion in the absence of external forces. *Developmental Psychology*, **22**, 67-71.

北尾倫彦　1991　学習指導の心理学——教え方の理論と指導　有斐閣

Kintsch, W. 1994 Text comprehension, memory, and learning. *American Psychologist,* 49, 294-303.

Lohr, L. L., & Gall, J. E. 2008 Representational strategies. In J. M. Spector, M. D. Merrill, J. V. Merriënboer & M. P. Driscoll (Eds.), *Handbook of research on educational communications and technology,* 3rd ed. Mahwah, NJ: Lawrence Erlbaum Associates. pp. 85-110.

Mayer, R. E. 2001 *Multimedia learning.* New York, NY: Cambridge University Press.

Mayer, R. E. 2004 Teaching of subject matter. *Annual Review of Psychology,* 55, 715-744.

Mayer, R. E. 2008 *Learning and instruction,* 2nd ed. Upper Saddle River, NJ: Pearson Merrill Prentice Hall.

McNamara, D., Ozuru, Y., Best, R., & O'Reilly, T. 2007 The 4-pronged comprehension strategy framework. In D. McNamara (Ed.) 2007 *Reading comprehension strategies: Theories, interventions, and technologies.* Mahwah, NJ: Lawrence Erlbaum Associates. pp. 465-496.

Merrell, K. W., Ervin, R. A., & Gimpel, G. A. 2006 *School psychology for the 21st Century: Foundations and practices.* New York, NY: Guilford Press.

Meyer, B., & Poon, L. 2001 Effects of structure strategy training and signaling on recall of text. *Journal of Educational Psychology,* 93, 141-159.

Paivio, A. 1990 *Mental representations: A dual coding approach,* 2nd ed. New York, NY: Oxford University Press.

小野瀬雅人　2010　カウンセリングと授業　高垣マユミ（編）2010　授業デザインの最前線II——理論と実践を創造する知のプロセス　北大路書房

Piaget, J., & Inhelder, B. 1966 *La psychologie de l'enfant.* Paris: Presses Universitaires de France.（波多野完治・須賀哲夫・周郷博（訳）1969　新しい子ども心理学　白水社）

Scardamalia, M., Bereiter, C., & Steinbach, R. 1984 Teachability of reflective processes in written composition. *Cognitive science,* 8, 173-190.

Stein, N., & Glenn, C. 1979 An analysis of story comprehension in elementary school children. In R. Freeedle (Ed.) 1997 *New directions in discourse processing* (Vol. 2). Norwood, NJ: Ablex. pp. 53-120.

杉原一昭・海保博之（編） 1986 事例で学ぶ教育心理学 福村出版
辰野千寿 1992 教材の心理学 学校図書
東井義雄 1979 子どもの何を知っているのか 明治図書
山本博樹 2010 教材学習と授業 高垣マユミ（編） 2010 授業デザインの最前線Ⅱ――理論と実践を創造する知のプロセス 北大路書房
van Merriënboer, J. J. G., & Sweller, J. 2005 Cognitive load theory and complex learning: Recent developments and future directions. *Educational Psychology Review*, **17**, 147-177.
Vygotsky, L. S. 1962 *Thought and language*. Cambridge, MA: MIT Press.（柴田義松（訳） 2001 思考と言語 新訳版 新曜社）
Weinstein, C. E., & Mayer, R. E. 1986 The teaching of learning strategies. In M. Wittrock（Ed.） 1986 *Handbook of research on teaching*. New York, NY: Macmillan. pp. 315-327.
Wood, D., Bruner, J., & Ross, G. 1976 The role of tutoring in problem solving. *Journal of Child Psychology and Psychiatry*, **17**, 89-100.
吉田甫 1996 数概念の発達と算数・数学の学習 大村彰道（編） 教育心理学Ⅰ――発達と学習指導の心理学 東京大学出版会
吉田甫／エリック・ディコルテ（編） 2009 子どもの論理を活かす授業づくり――デザイン実験の教育実践心理学 北大路書房
Zimmerman, B. J., & Schunk, D. H.（Eds.） 2001 *Self-regulated learning and academic achievement : Theoretical perspectives*. Mahwah, NJ: Lawrence Erlbaum Associates.

7章　人間関係
——家族・友人・恋人を中心として

宇都宮　博

1　家族関係

(1) 親子関係の発達的変化

　発達初期の子どもたちにとって，養育者とはどのような存在なのであろうか。乳幼児期の親子関係について，たとえばマーラーら（Mahler, Pine, & Bergman, 1975）は，「**分離個体化理論**」を提唱している。分離個体化のプロセスは，「未分化期」，「分離個体化期」，「情緒的対象恒常性の確立期」に大別される。このうち，「未分化期」は，胎児期の名残で，自己と外界の識別がなく，幻覚的な全能感に満たされている「正常な自閉期」（0～1か月）と，母親を二者単一体ととらえ，同じ共生圏で融合していると感じている「正常な共生期」（1～5か月）で構成される。「分離個体化期」は，母親を非自己として認識し，母親と他者を見比べるようになる「分化期」（5～9か月），母親を基地として外界への探索を行う反面，母親不在に敏感で，情緒的応答性を重要とする「練習期」（9～14か月），再び接近する（しがみつく）ことで見捨てられないことを確認できるものの，飲み込まれる不安が生じるため，再度外界に飛び出すといった行動の中で，母親に矛盾した感情（両価性）を抱く「再接近期」（14～24か月），自律的な自我機能を獲得し，母親不在の分離不安に対して耐性が備わるようになる「個体化期」（24～36か月）からなるとしている。そして，自己への表象と他者への表象が恒常性を持ち，内在化される「情緒的対象恒常性の確立期」（36か月以降）を迎える。

　マーラーの「分離個体化理論」は，親子（とくに母子）関係の変容を示すと

ともに，親子関係によって人間関係の基盤が形作られることを示唆している。この他，ボウルビィ（Bowlby, 1969, 1973）の**愛着理論**やエリクソン（Erikson, 1950）が乳児期の心理社会的課題として提示している**基本的信頼感**の概念なども，やはり発達初期の親子関係の重要性を示唆するものである（4章参照）。

　さて，幼児期以降になると，養育者の影響を色濃く受けながらも，保育所や幼稚園，習い事の場などを通して，徐々に社会関係を広げていく。そして，児童期から思春期へと移行するころになると，いわゆる親離れが加速していく。図7-1は小学生と中学生の親との関係についてのデータである。性別による違いはあるが，男女ともに思春期を通して子どもと親との心理的距離が広がっていく様子がうかがわれる。その背景には，親への脱理想化や仲間関係の相対的な重要度の高まりが指摘される。

　一方，落合・佐藤（1996）は，ホリングワース（Hollingworth, 1928）の**心理的離乳**の概念を用いて，青年期における親子関係の変化過程を検討している。その結果，親からの心理的離乳は，以下の5つの段階を経過していくことを報告している。すなわち，「第1段階：親が子どもを抱え込む親子関係／親が子と手を切る親子関係」，「第2段階：親が外界にある危険から子どもを守ろうとする親子関係」，「第3段階：子どもである青年が困った時に，親が助けたり，励まして子どもを支える親子関係」，「第4段階：子どもが親から信頼・承認されている親子関係」，「第5段階：親が子どもを頼りにする親子関係」である。彼らは，中学生と大学生以降とで親子関係が対照的であった点をふまえ，この間に質的な転換ともいえる大きな変化が生じている可能性を示唆している。

（2）　子どもの親に対する感情や心理的適応を左右する要因

　子どもの親とのかかわり方には，共通した変化の方向性（発達的変化）がみられる一方で，個人差があるのも確かである。その一因として，親の養育態度や養育スキルの違いが挙げられる。たとえば，養育態度では，酒井・菅原・菅原・木島・眞榮城・詫摩・天羽（2003）によると，学校段階（小学生・中学生）を問わず，父母共通して養育態度が暖かいと認知している子どもほど，親に対

7章　人間関係

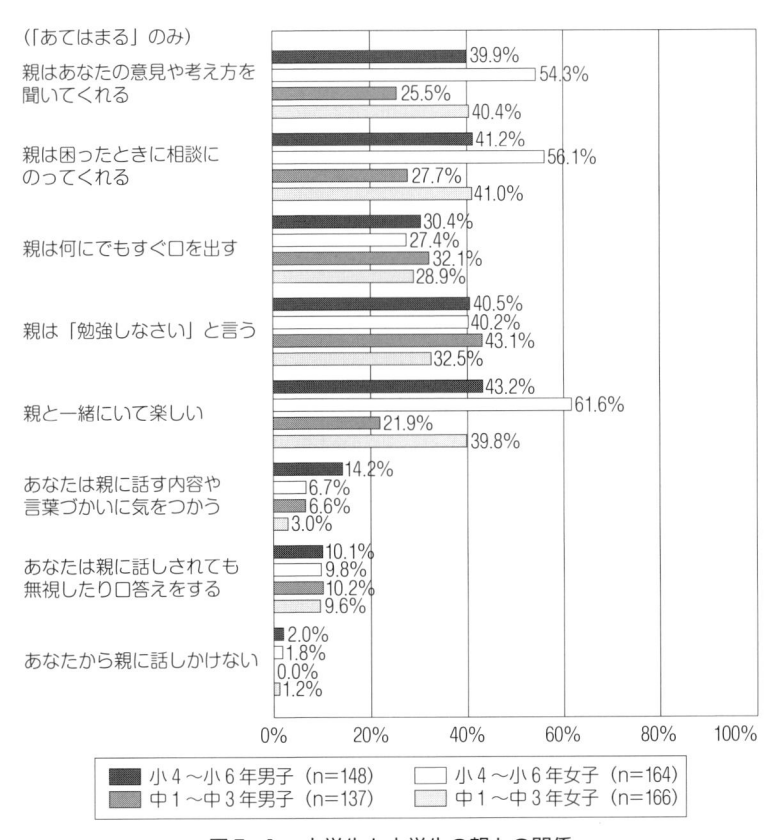

（「あてはまる」のみ）

項目	小4〜小6男子	小4〜小6女子	中1〜中3男子	中1〜中3女子
親はあなたの意見や考え方を聞いてくれる	39.9%	54.3%	25.5%	40.4%
親は困ったときに相談にのってくれる	41.2%	56.1%	27.7%	41.0%
親は何にでもすぐ口を出す	30.4%	27.4%	32.1%	28.9%
親は「勉強しなさい」と言う	40.5%	40.2%	43.1%	32.5%
親と一緒にいて楽しい	43.2%	61.6%	21.9%	39.8%
あなたは親に話す内容や言葉づかいに気をつかう	14.2%	6.7%	6.6%	3.0%
あなたは親に話しされても無視したり口答えをする	10.1%	9.8%	10.2%	9.6%
あなたから親に話しかけない	2.0%	1.8%	0.0%	1.2%

■ 小4〜小6年男子（n=148）　□ 小4〜小6年女子（n=164）
▨ 中1〜中3年男子（n=137）　▫ 中1〜中3年女子（n=166）

図7-1　小学生と中学生の親との関係

（出所）　SUNTORY次世代研究所, 2006

する対人的信頼感が強く示されている。さらに，やはりどちらの学校段階においても，母親の過干渉傾向が強い場合，子どもの母親への対人的信頼感は低いレベルにあることを明らかにしている。

一方，養育スキルに関しては，渡邉・平石・信太（2009）が中学生を対象とする調査を行い，男女ともに，子どもの母子相互信頼感の低さが，彼らの不適応（心理的な不安や悩み）の高さに結びついていること，そして母親が養育スキルの構成要素である「理解・関心スキル」を有することで，子どもの母親への信頼感が増進し，結果として子どもの心理的適応を促進する働きがあること

を示唆している。

　また，青年期への移行とともに，子どもは親のことをたんに「親として」とらえるだけでなく，「一個人として」包括的に理解するようにもなる。若原（2003）は，親に対して「愛情」と「力」を感じている青年ほど，その対象への同一視が強いことを明らかにしている。また，「愛情」と「力」を感じる対象は，母親に顕著であることも報告している。

　子どもの発達と家族関係については，親との二者関係だけでなく，**家族システム論**に立脚した研究も近年活発に行われている。これらは，「全体としての家族」の特性に着目した研究と，「両親の夫婦サブシステムおよびそれへの介入や巻き込まれ」に焦点を当てた研究に分けられる（宇都宮，2014）。前者の指標には，「家族機能」，「家族風土」，「家族分化」，「家族集合的効力感」などが挙げられる。一方，後者は，「両親間葛藤」を中心に展開されており，何らかの媒介要因を通して子どもに影響するという間接的プロセスの解明が主流である。具体的には，子どもの視点を重視した「認知・文脈的枠組み」（Grych & Fincham, 1990），「情緒的安定性理論」（Davies & Cummings, 1994），「モデリング」（Bandura, 1977）などに立脚した研究である。

　個人の発達とともに家族システムも発達を遂げていく。システムの構成員である子どもが青年期を迎えるころになると，家族システムは子どもの巣立ちに向けて，次のステージに向けた再組織化の準備が求められる。そうした変化への対応を前に，家族システムがそれまでに棚上げしてきた問題が顕在化することも少なくない。とりわけ機能不全に陥った家族では，システムを安定化させるために，子どもの自立が阻害されることが懸念される。必然的に，家族システムの機能性は，子どもの社会関係の拡充をも左右する重要な一因といえよう。

2　友人関係・恋愛関係

(1)　友人関係

　子どもにとっての社会関係とは，多くの場合，仲間関係であり，友人関係で

表7-1　仲間関係の発達段階

レベル	年齢	視点取得能力	対人交渉方略
0	3-6	未分化, 自己中心性	腕力, 衝動的戦闘・逃走
1	5-9	分化, 主観	一方向的パワー（命令・服従）
2	7-12	双方向, 自己内省	共同的交換, 相互依存（説得・追従）
3	10-15	相互, 第三者	相互的歩み寄り
4	12-	親密, 綿密, 社会（一般他者）	関係力動の協調的統合

（出所）Selman, 1980

あろう。中澤（2001）は，仲間関係をもつことの発達的な意義について，次の4点を挙げている。すなわち，①「仲間がいることで交流や遊びの楽しさが味わえ，お互いに支えあい情緒的な安定を与えあう」，②「仲間との交流において，自分の欲求を適切に表出するためのさまざまな社会的スキルを獲得したり，互いの欲求を調整するための社会的ルール，協力や強調，共感の能力を身につける」，③「仲間との活動を通して認知的な発達を相互に促しあう」，④「同性の仲間との交流を通して性役割を学習する」である。また，そうしたかかわりを通して，友情にもとづく親密な関係対象である（中澤，2001），友人を見出すことが可能になるものと考えられる。このように，子どもたちは仲間関係の中で，さまざまなことを体験し，学び，生きていく上で必要とされる諸能力を獲得していく。

　では，仲間関係の発達は，具体的にどのように展開していくのであろうか。このことに関して，セルマン（Selman, 1980）は，ピアジェ（Piaget, J.）の**認知発達理論**を基盤として，発達段階説を提起している。焦点となるのは，表7-1に示すように「**視点取得能力**」とそれによって規定される「**対人交渉方略**」のあり方である。対人交渉方略には「対人志向性」が反映され，他者に変化を求める傾向と自己に変化を求める傾向とがある。これら5つのレベルは，幼児期から青年期にかけてたどるとされるが，各レベルに提示された年齢は厳密ではなく，重要なことはそれぞれの質的な違いとレベル間の順序性であるという。このような発達は，自分の要求に応じてくれる親との関係では促進されにくく，

互いの要求により葛藤が生起しやすい仲間同士のつながりの中でこそ，その解決のための見方を形成していけると考えられる（小石，2000）。

ところで，現代の青年たちは，友人に対してどのような感情を抱き，かかわっているのであろうか。榎本（1999）は中学生から大学生までを対象とした調査から，青年の友人関係をめぐる感情を明らかにしている。すなわち，①友人を信頼し，その友人との間で安定した肯定的感情を抱く「信頼・安定」，②友人との存在を意識するあまり不安を感じる「不安・懸念」，③友人に対して自分の言いたいことをきちんと伝え，一緒にいるときも自分を確立している「独立」，④友人をライバルであるとみなす「ライバル意識」，⑤友人に自分のやっていることや思いを伝えられずに，友人との間で自分を確立できないでいる「葛藤」の5つの性質であった。

一方，岡田（2007）は，大学生の友人関係の取り方について，類型化を行い，「第1クラスター（内面的友人関係を取る傾向が高い青年）」，「第2クラスター（友人関係から回避し，自分にこもる傾向を有する青年）」，「第3クラスター（自他共に傷つくことを回避しつつ，円滑な関係を志向する青年）」を抽出している。さらに，従来の青年像と合致する第1クラスターの青年と，現代的友人関係とされる第2クラスターおよび第3クラスターの青年の違いを比較検討し，第1クラスターの青年において，全体的に適応的な特徴がみられたと報告している。これらの研究は，青年期の発達や適応との関連を考える上で，友人の数や交流の頻度，時間といった量的側面だけでなく，どのようなかかわりをもっているのかといった質的側面についても慎重に取り扱う必要があることを示唆している。

（2） 恋愛関係

思春期に差し掛かると，異性への関心や特定の対象への**恋愛意識**が芽生えることで，異性と交際する者が増えてくる。日本性教育協会（2013）の最新の調査報告によると，中学生の4人に一人（男子24.8％，女子22.0％），高校生の6割（男子53.8％，女子58.9％），大学生の8割（男子77.3％，女子77.3％）の者が

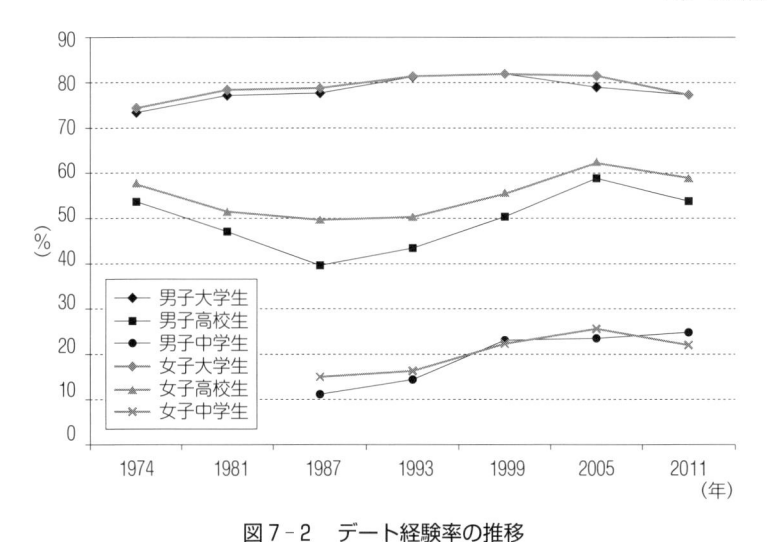

図7-2 デート経験率の推移
(出所) 日本性教育協会，2013

デートを経験していた（図7-2）。また大学生を対象とした研究（髙坂，2009，2010）から，青年が恋愛を通じてさまざまな影響を受けていることや，恋人への期待の大きさなどが報告されている。青年期以降，恋愛関係は友人関係とともに非常に重要な対人的文脈であると考えられる。

恋愛に関する研究は，これまでさまざまなアプローチが用いられてきた。代表的なものに，リー（Lee, 1977）の「**色彩理論**」がある。これは，その名の通り，恋愛を色のように彩りとしてとらえたものであり，恋愛へのスタイルには6つの性質（「エロス（美への愛）」，「ストルゲ（友愛的な愛）」，「ルダス（遊びの愛）」，「マニア（熱狂的な愛）」，「アガペー（愛他的な愛）」，「プラグマ（実利的な愛）」）があるとしている。またスターンバーグ（Sternberg, 1986）は，「**愛の三角理論**」を提唱している。この理論において，愛は「親密性」，「情熱」，「コミットメント」という3つの要素から構成され，それらが三角形の頂点に位置づけられている。三角形の大きさや各要素の相対的な強さによって，さまざまな愛の形が説明される。さらに，ハザンとシェーバー（Hazan & Shaver, 1987）の**成人愛着理論**も，今日の恋愛研究の発展に大きく貢献している。この

理論は，ボウルビィによって提唱された愛着理論を青年期・成人期の人間関係に発展させた枠組みである。すなわち，乳幼児とその養育者との関係と，青年期・成人期の恋愛や夫婦の関係との間に共通点を見出し，幼児期と同様に「安定型」「アンビバレント型」「回避型」という3つの愛着スタイルの違いに着目している。

　上記に紹介した諸理論は，恋人とのかかわりや恋愛への志向性が個人によって異なり，多様であることを示唆している。その一方で，恋愛関係の発達的な変化に着目した取り組みもみられる。たとえば，ブラウン（Brown, 1999）は，発達的な文脈に注目し，青年期を通して展開される恋愛関係の発達過程を提示している。彼によれば，以下の4つの時期に分けられる。まず①青年前期にみられやすい「開始期」は，異性への関心と短期間で終わる交際を特徴とする。この時期で焦点が向けられるのは，恋愛関係そのものではなく，恋愛を通しての自己概念の拡大や自己確信である。②青年前期から中期にかけて顕著な「地位期」には，仲間に認めてもらえる「正しい相手」と交際することに重きが置かれる。所属集団での地位を左右する点に留意した恋人選びがなされる。③青年後期にみられやすい「愛情期」には，交際のあり方そのものの重要度が高まる。仲間集団からの影響力は弱まり，交際はより個人的なものとなる。相手へのコミットメントやケアの水準が高まる。そして，④青年後期や成人前期に生じやすい最終段階の「きずな期」になると，長期に及ぶコミットメントが熟考されるようになる。そのため，③「愛情期」と同様に深い関係が持続される一方で，将来を見据えて実利的な展望も高まっていく。

　ところで，恋愛と結婚は，どのような関係にあるのであろうか。とくに成人期になると，恋愛の究極的なかたちとして「結婚」を位置づける向きもみられる。しかしながら，結婚（あるいは結婚生活の継続）にとって愛情は絶対条件ではないため，必ずしも結婚が恋愛の究極のかたちとは言い切れない現実がある。また，我が国の晩婚化の背景として交際期間の長期化が挙げられるが，その状況からも両者の関係がそれほど単純ではないことがうかがわれる。いずれにしても，夫婦を「永続的な関係」と考え，実際に結婚の意思決定を行うので

コラム　結婚生活が長続きしている夫婦の背景にあるもの：コミットメント志向性の視点から

　結婚当初は，誰しも「死が二人を分かつまで添い遂げたい」と願っているのではないだろうか。実際に多くの夫婦は，どちらかに死が訪れるまで結婚生活を継続している。ただし，そのことは，パートナーとの関係の親密さや適応性を意味するものではない。

　宇都宮（2010）は，「コミットメント志向性」から結婚生活の継続の質をとらえる必要性を指摘している。コミットメント志向性とは，「ある時点において，個人がどのようなコミットメントの様態を志向しているのかに着目した分析枠組み」である。それによると，結婚生活の継続への基本姿勢には，結婚生活の継続の意味に目を向けようとする「探求ルート」と，継続の意味を問題としない「非探求ルート」が存在する（宇都宮，印刷中）。

　「探求ルート」は，求める性質の違いによって，「制度維持」レベル（結婚生活を続けたい），「平穏維持」レベル（円満な結婚生活を続けたい），「探求維持」レベル（関係性を問い続けたい）のいずれかに位置づけられる。この3つのレベルは，質的にかなり異なる面をもつが，自己と配偶者とが異なる他者であること（「他者性」）に自覚的という点で共通している。

　一方，「非探求ルート」は，関係が破綻しないのは自明であるとの前提（有限性の無自覚）に立ち，配偶者に対する他者性の視点が曖昧な「無自覚」レベルに該当する。配偶者がいるのがあまりに当然すぎて，相手の存在を普段意識することがなくなっているという場合は，このレベルに当てはめられる。

　このように個々人にとっての結婚生活の継続の意味は，大きく異なるといえる。ただし，コミットメントは，不変の固定的なものというよりも，関係が成立している限り，流動的に変容し続けるダイナミックな性質といえる。日常生活または夫婦関係に危機をもたらす何らかのライフイベントを通して，「探求ルート」と「非探求ルート」の間もしくは「探求ルート」内での移動が繰り返される可能性もあると考えられる。

あれば，交際相手が本当にかけがえのない存在であるかを吟味しつつ，別個の人格を持つ存在であることを意識する必要があり，アイデンティティの問題が浮上するといえよう（Brown, 1999）。

第Ⅱ部　時間の中の人間発達

3　人間関係の生涯発達

　これまで青年期までの子どもを中心に，家族や友人，恋人との関係について取り上げてきた。しかしながら，人間関係は成人期以降も継続して重要な意味を持つと考えられる。成人期や老年期においてどのような対人的なつながりをもつかは，それまで築いてきた人間関係の歴史が反映される。また，個人にとって大切な人のうち，自分より年上世代の対象（たとえば，両親や祖父母など）は，通常自分よりも先立っていくために，老年期に近づくほど同世代や年下世代の人々に対象を移行させることを余儀なくされる。

　こうした人生にわたる人間関係の構造的変化をとらえる上で，アントヌッチら（Antonucci, 1990 ; Kahn & Antonucci, 1980）の「コンボイ（護送船団）モデル」は有益な示唆を提供する。このモデルによると，人は**対人的ネットワーク**に守られた状態で，人生という大海原を航海していく。その構成員は，さまざまな出来事を契機に増減し，生涯にわたり入れ替わり続ける。このモデルでは，個人を中心とする3つの同心円が描かれる（図7-3）。中心部に近い円に布置されている者ほど，親密である状態を意味するが，社会的地位の近さ（遠さ）

・水準1：役割関係に直接結びついており，役割の変化にもっとも影響を受けやすいコンボイの成員

・水準2：役割といくらか関連があり，時間の経過につれて変化する可能性があるコンボイの成員

・水準3：長期にわたり安定し，もはや役割に依存しないコンボイの成員

図7-3　コンボイの構成

（出所）　Kahn & Antonucci, 1980

が即コンボイの水準を規定するわけではない。たとえば、あるきょうだいはもっとも近い円に入るかもしれないが、別のきょうだいは一番外側の円に位置づけられるかもしれない。職場での同僚や上司，部下であっても，社会的な役割関係を超えた付き合いへと発展すれば，もっとも内側の円に布置される可能性もある。

　一方，高橋（2010）は，高齢者がネットワークの中核に誰を位置づけているかについて検討している。その結果，女性ではさまざまな対象に分散していたり，複数名を挙げる傾向がみられたのに対し，男性では大部分が妻を挙げ，妻頼みの人間関係となっていることが示された。男性が女性よりも平均寿命が短く，男性が年上の結婚が主流であることからすると，女性は配偶者に依存しすぎることはリスクが高いのかもしれない。ネットワークの豊かさは，自分にとって大事な人を失ったとしても，喪失への適応につながる<u>ソーシャル・サポート</u>を受領しやすい環境にあると考えられる。ただ，男性が先立つ保証はなく，死の順序が逆になった場合，彼らに深刻な事態が生じることが懸念される。特定の人と深い関係を構築していく一方で，ある程度ネットワークの広がりも大切にしていく姿勢が求められるのかもしれない。その一方で，とくに老年期にあっては，存命していない人物であっても，心の支えとなるような中核的な対象となり得る（高橋，2010）ことを，我々は真摯に受けとめる必要があるだろう。

〈まとめ〉

　我々は誕生とともに社会的な存在となる。すなわち，親との間柄では，「子ども」という地位が付与される。祖父母がいれば「孫」という地位も同時に保有することとなる。個々人における地位の構成要素は成長にともない変化していき，次第に出生家族の枠を超えたさまざまな組織や個人との間で成立する地位が重要となってくる。

　本章では，まず子どもたちが最初に経験する人間関係であろう家族（とくに親）との関係を取り上げた（1節）。親子関係の文脈とともに，親の一個人のあり方や家族システムの影響力にも着目した。続いて，家族を超えた社会的なつながりの典型として，友人関係と恋愛関係について扱った（2節）。主に思春期から青年期にかけての

発達と関連づけて論じた。そして最後に，成人期や老年期を視野に入れ，対人的ネットワークの観点からみた人間関係の生涯発達について考察した（3節）。今後一層，成人期以降の人間関係に関する理論的，実証的研究の蓄積が待たれるところである。

〈グロッサリー〉

基本的信頼感 「自己」と「他者（環境）」の双方に向けられた信頼の感覚をいう。エリクソンは，その対極に「不信」を位置づけている（4章参照）。

心理的離乳 青年期における家族からの自立を指す。必ずしも関係を断ち切るのではなく，成人期に向けて新たな関係へと修正する取り組み。

認知・文脈的枠組み 両親の葛藤に曝された際の，子どもの認知のあり方に注目する。葛藤に関する原因帰属やコーピング能力などが挙げられる。

情緒的安定性理論 ボウルビィ（Bowlby, 1969, 1973）の愛着理論を基盤にし，両親の葛藤による情動喚起の自己調整能力や愛着形成などへの否定的影響を問題とする。

ソーシャル・サポート 社会的支援のこと。「情緒的‐道具的」，「公的‐私的」，「提供的‐受領的」，「肯定的‐否定的」などの観点によって分類される。

〈もっと詳しく知りたい人のための文献紹介〉

相川充・高井次郎（編）2010 コミュニケーションと対人関係 誠信書房
⇨変動する社会の中での対人関係をめぐる諸問題について，基本的事柄から具体的な文脈まで幅広く網羅されており，充実した内容となっている。社会心理学の立場からわかりやすく解説されており，研究方法を学ぶ上でも好著といえる。

高橋恵子 2010 人間関係の心理学——愛情のネットワークの生涯発達 東京大学出版会
⇨人とのかかわりを「愛情のネットワーク」という視点からとらえる。各章において，さまざまな理論や実証的データが盛り込まれ，充実した内容となっている。生涯発達における社会・文化的影響を考える上でもおすすめの一冊である。

〈文　献〉

Antonucci, T. C. 1990 Social supports and social relationships. In R. H. Binstock & L. K. George (Eds.), *Handbook of aging and the social sciences*, 3rd edition. San Diego, CA: Academic Press. pp. 205-226.

Bandura, A. 1977 *Social learning theory*. Englewood Cliffs, NJ: Prentice-Hall.

Bowlby, J. 1969 *Attachment and loss, Vol. 1: Attachment*. New York: Basic Books.（黒田実郎・大羽蓁・岡田洋子・黒田聖一（訳）1991　母子関係の理論Ⅰ　愛着行動　新版　岩崎学術出版社）

Bowlby, J. 1973 *Attachment and loss, Vol. 2: Separation: Anxiety and anger*. New York: Basic Books.（黒田実郎・岡田洋子・吉田恒子（訳）1995　母子関係の理論Ⅱ　分離不安　新版　岩崎学術出版社）

Brown, B. B. 1999 "You're going out with who?": Peer group influences on adolescent romantic relationships. In W. Furman, B. B. Brown & C. Feiring (Eds.), *The development of romantic relationships in adolescence*. New York: Cambridge University Press. pp. 291-329.

Davies, P. T., & Cummings, E. M. 1994 Marital conflict and child adjustment: An emotional security hypothesis. *Psychological Bulletin*, **116**, 387-411.

榎本淳子　1999　青年期における友人との活動と友人に対する感情の発達的変化　教育心理学研究，**47**，180-190.

Erikson, E. H. 1950 *Childhood and society*. New York: W. W. Norton.

Grych, J. H., & Fincham, F. D. 1990 Marital conflict and children's adjustment: A cognitive-contextual framework. *Psychological Bulletin*, **108**, 267-290.

Hazan, C., & Shaver, P. 1987 Romantic Love conceptualized as an attachment process. *Journal of Personality and Social Psychology*, **52**, 511-524.

Hollingworth, L. S. 1928 *The psychology of the adolescent*. New York: D. Appleton and Company.

Kahn, R. L., & Antonucci, T. C. 1980 Convoys over the life course: Attachment, roles and social support. In P. B. Baltes & O. Brim (Eds.), *Life-span development and behavior*, Vol. 3. New York: Academic Press. pp. 253-286.

小石寛文　2000　仲間関係を通してみた社会性の発達　塩見邦雄（編）社会性の心理学　ナカニシヤ出版　pp. 21-41.

髙坂康雅　2009　恋愛関係が大学生に及ぼす影響と，交際期間，関係認知との関連　パーソナリティ研究，**17**，144-156.

髙坂康雅　2010　大学生における同性友人，異性友人，恋人に対する期待の比較　パーソナリティ研究，**18**, 140-151.

Lee, J. A. 1977 A typology of styles of loving. *Personality and Social Psychology Bulletin*, **3**, 173-182.

Mahler, M. S., Pine, F., & Bergman, A. 1975 *The Psychological birth of the human infant.* NY: Basic Books.

中澤潤　2001　仲間関係から受容性をはぐくむために　倉戸ツギオ（編）臨床人間関係論――豊かな人間関係をはぐくむために　ナカニシヤ出版　pp. 93-106.

日本性教育協会（編）　2013　「若者の性」白書――第7回青少年の性行動全国調査報告　小学館

落合良行・佐藤有耕　1996　親子関係の変化からみた心理的離乳への過程の分析　教育心理学研究，**44**, 11-22.

岡田努　2007　大学生における友人関係の類型と，適応及び自己の諸側面の発達の関連について　パーソナリティ研究，**15**, 135-148.

酒井厚・菅原ますみ・菅原健介・木島伸彦・眞榮城和美・詫摩武俊・天羽幸子　2003　子どもによる親への対人的信頼感――児童・思春期の双生児を対象とした人間行動遺伝学的検討　発達心理学研究，**14**, 191-200.

Selman, R. L. 1980 *The growth of interpersonal understanding : Developmental and clinical analyses.* New York: Academic Press.

Sternberg, R. J. 1986 A triangular theory of love. *Psychological Review*, **93**, 119-135.

SUNTORY次世代研究所　2006　現代親子調査　第2回レポート「消費，情報・コミュニケーション」　http://www.suntory.co.jp/culture-sports/jisedai/active/report/party/index2.html　（最終アクセス日：2014年2月21日）

髙橋惠子　2010　人間関係の心理学――愛情のネットワークの生涯発達　東京大学出版会

宇都宮博　2010　夫婦関係の発達・変容――結婚生活の継続と配偶者との関係性の発達　岡本祐子（編）成人発達臨床心理学ハンドブック――個と関係性からライフサイクルを見る　ナカニシヤ出版　pp. 187-195.

宇都宮博　2014　家族関係　日本青年心理学会（企画）後藤宗理・二宮克美・高木秀明・大野久・白井利明・平石賢二・佐藤有耕・若松養亮（編）新・青年心理学ハンドブック　福村出版　pp. 339-351.

宇都宮博　印刷中　高齢期夫婦の関係性　柏木惠子・平木典子（編）日本の夫婦

――幸福・葛藤・危機（仮題）　金子書房
渡邉賢二・平石賢二・信太寿理　2009　母親の養育スキルと子どもの母子相互信頼感，心理的適応との関連　家族心理学研究，**23**, 12-22.
若原まどか　2003　青年が認識する親への愛情や尊敬と，同一視および充実感との関連　発達心理学研究，**14**, 39-50.

第Ⅲ部　実験で知る心の機能

8章 生　理
——脳を知り心を知ろう

櫻 井 芳 雄

1　脳はどのように作られるのか

　脳は，血管組織，脂肪組織，脳脊髄液，グリア細胞，**神経細胞**（ニューロン）などからできている。その中でもニューロンは，多数連なることで神経回路網を作り（図8-1），多様な情報を表現して処理し，その結果，私たちの心が存在している。それでは，そのようなニューロンと神経回路網から成る脳は，私たちの頭蓋骨の中でどのように発生し作られてきたのであろうか？　また，どのように整備され，巧妙な働きをするようになるのであろうか？　心を生み出す脳の形成と整備についてまず解説する。

（1）　出生前のニューロンの増殖と脳の形成
　細胞の基となる細胞を**幹細胞**という。これから分裂し特定の細胞になる能力を備えた未分化の細胞であり，とくにニューロンが発生する基となる幹細胞を**神経幹細胞**と呼ぶ。胎児の脳にはその神経幹細胞が豊富に含まれており，出生までに多数のニューロンが作られていく。
　脳の原形が最初にできるのは受精後18日ごろと言われている。このころの胎児（まだ**胚子**と呼ばれる段階）の全長はせいぜい1ミリであるが，そこに**神経板**という組織が作られ，それが次第に形を変え脳の基本形態が作られていく。受精後2か月までは形態が刻々と変化し，脳の各部分の原形ができてくるのに対し，それ以降は，主に容積，とくに大脳の容積の急速な増大が起こる。この急速な大きさの変化は，主にニューロンの増殖によるものであり，その数は受

第Ⅲ部　実験で知る心の機能

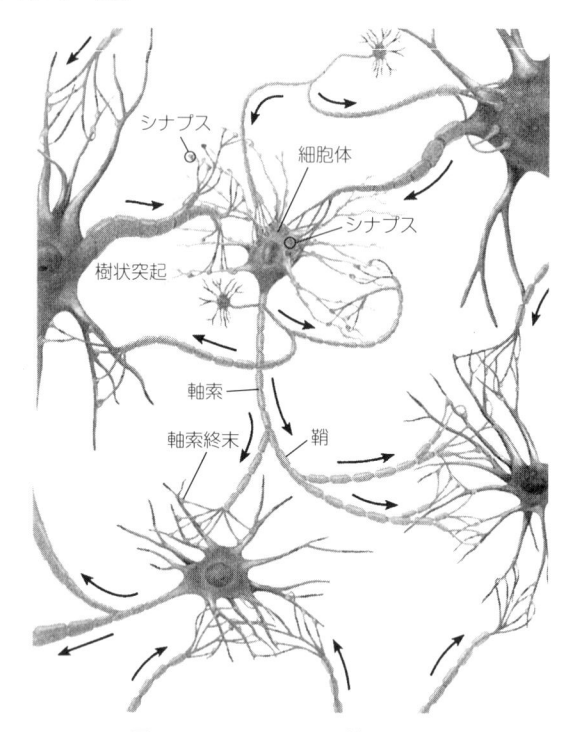

図8-1　ニューロンと神経回路網
（注）　ニューロンは，本体部分である細胞体，他のニューロンへ信号を送るための軸索，他のニューロンから信号を受け取るための樹状突起を持つ。細胞体一つにつき樹状突起は多数あるが，軸索は一本だけであり，ふつうは樹状突起よりも長く，髄鞘（ずいしょう）を持つことでより速い信号の伝達が可能である。軸索は先端で細かく枝分かれし，それぞれの末端部（軸索終末）で他のニューロンの樹状突起や細胞体へとつながるが，その接点はほんのわずか離れており，そこをシナプスと呼ぶ。
（出所）　Carlson（1998）を改変

精後20週ごろ（妊娠中期）に最多となる。このころ，**大脳**と**小脳**など，脳のマクロな基本構造の区分もほぼできあがる。そして妊娠期の約9か月にわたり，新生児の体重の約14パーセントを占めるまで脳が育っていく（図8-2）。出生時の胎児の脳が持つニューロンの数は，成人とほぼ同じ（約1000億）である。

8章 生　理

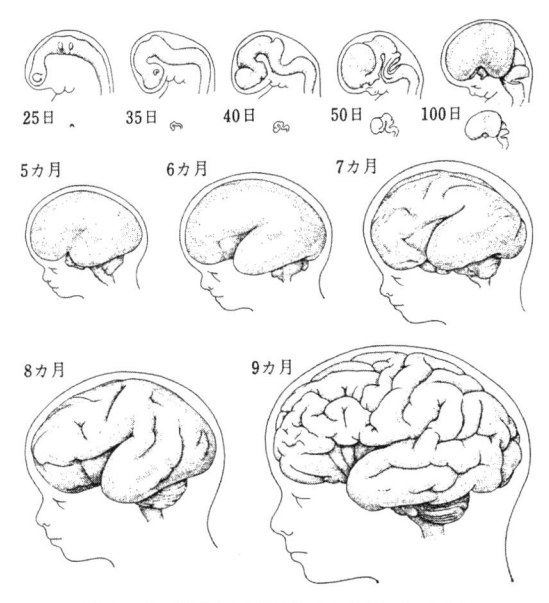

図8-2　胎児の脳が形成されるプロセス
（注）　数字は受精後の日数または月数である。受精後25日から100日までの大きさは，それ以降と異なる倍率で示してあるが，同じ倍率での大きさも，それらの図の下に小さく示してある。
（出所）　Cowan, 1979

（2）　出生後のニューロンと神経回路の増減

　ニューロンは出生後に少しずつ死滅し，成長期には著しい減少はないが，成人となってからは毎日多数のニューロンが死んでいく。減少する数は明確ではなく，脳の部位によって，また毎日の経験や環境変化によって，大きく変動する。しかし，たとえ1日10万個減少するとしても，80歳までに失うニューロンは22億個程度にすぎない。もともと備わっている約1000億という数に比べれば，減少率はたった約2パーセントであり，98パーセントのニューロンは生き続ける。それらのほとんどが出生時から備わっていることを考えれば，ニューロンという細胞は長寿である。また，出生後のニューロンは減るだけではなく，部位によっては新たに生まれており（ニューロン新生，neurogenesis），それは成人や老人になっても生じることがわかっている。

ニューロンは互いにつながり神経回路網を作ることではじめて働くことができる。神経回路網の基本構造は胎児期に作られる。胎児の脳内でニューロンは急激に増殖し，成長し移動しながら標的となる別のニューロンに軸索を伸ばしシナプスを作ることで（図8-1を参照），神経回路網を次々と形成していく。出生後の神経回路網の変化はやや複雑で，シナプスのゆるやかな生成による回路網の増大 → 過剰なニューロンの大量死による回路網の減少 → シナプスの大量生成による回路網の急激な増大 → 過剰なシナプスの大量死とニューロンのゆるやかな死滅による回路網の減少，となる。このように神経回路網は増大と減少を繰り返し整理されることで，無駄のない効率的な形に作り変えられていく。

（3）　生後経験による神経回路網の整備

　神経回路網の形成と整備は，まず遺伝情報に基づき実行される。しかしヒトの脳の神経回路網には，10の15乗にも及ぶシナプスつまり接続箇所があると推定されている。一方，ヒトの遺伝子を構成する塩基配列は10の9乗の組み合わせ，つまり情報しか持っていない。そのため，遺伝情報のみから全てのシナプスを形成し神経回路網を整備することは不可能である。そこで，まず遺伝情報によりラフスケッチとでも言うべき大まかな神経回路網が作られ，その上で，出生後にさまざまな外部環境にさらされて多彩な経験をすることにより，効率的で有用な神経回路網が整備されていくと考えられている。

　環境や経験による神経回路網の整備を可能にするメカニズムとして，ニューロン間の信号の伝達に寄与したシナプスはより強固になり，寄与しないシナプスは弱体化したり消えるという仕組みがあり，それを**シナプス競合**（synaptic competition）と呼ぶ。たとえば，外部環境から何らかの刺激が脳に入ることにより，あるニューロンでスパイク（2節で後述）が発生し，それが次のニューロンのシナプスへ到着したとする。その信号を受け取ったニューロンがそこで発火すれば，信号は伝達されたことになり，伝達に役立ったそのシナプスは強化される。逆に，信号が到着してもそれを受け取ったニューロンが無反応であ

8章 生 理

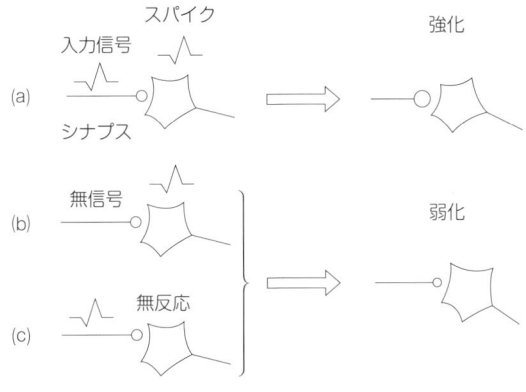

図8-3 ヘッブ・シナプスによるシナプス競合
(出所) 津本, 1986

ったり，あるいは，信号が到着しないにもかかわらず次のニューロンが発火したりすると，それらのシナプスは信号伝達には寄与しなかったことになり，弱化したり消え去る（図8-3）。ちなみに，このシナプス競合というメカニズムは現在ほぼ実証されているが，心理学者ヘッブ（Hebb, D. O.）は約60年前にそれを予言しており（Hebb, 1949），それ以来，**ヘッブ・シナプスのメカニズム**と呼ばれている。

2　脳の活動とは何か

　胎児期から出生にかけて作られた脳は，一瞬たりとも休むことなく活動を続け，心を生み出している。ここではそのような脳の活動を，ニューロンと神経回路網の活動に焦点をあて解説する。

（1）　ニューロンの活動と信号伝達
　脳の活動は神経回路網の活動であり，それはニューロンの活動から成り立っている。ニューロンの細胞体は，他のニューロンからの信号をシナプスを介して受け取ると，普段はマイナスであるその内部電位（**膜電位**）が一時的に少し

第Ⅲ部　実験で知る心の機能

コラム　脳研究と心理学の関係

　心理学を専攻する学生が脳について学び始めると，ある不安を感じることがあるらしい。それは「脳がわかれば心は全てわかるのだから，脳の研究以外の心理学など不要になってしまうのではないか？」という不安である。たしかに心が脳の活動であることは自明であり，脳がなければ心は存在し得ない。しかし，心理学の基礎に脳研究があるわけではなく，また，脳がわからなければ心は何もわからない，あるいは，脳が解明されればおのずと心はわかってしまう，ということもない。事実，たとえば短期記憶と長期記憶に代表される異なる記憶の存在は，脳研究者がそれら記憶と前頭連合野や海馬のかかわりを指摘する遙か以前にわかっていたし，プリズム眼鏡による視覚の逆転に対する適応現象は，脳研究が視覚野における神経回路の可塑性を指摘するよりもずっと前に示されていた。むしろそれらは心理学的研究が脳の研究を進展させた好例であり，そのような心理学から脳研究への貢献は枚挙にいとまない。

　もちろん，記憶はどのような実体として存在し形成されるのか，あるいは，視覚の逆転を再変換する具体的メカニズムは何か，という問題に答えるためには，脳の中で生じている現象と物質過程を明らかにせねばならない。また，さまざまな精神疾患の根本治療や知覚・運動障害の改善には，脳の中で起きている現象の理解と，薬物や外科手術による脳に対する働きかけが必須となる。

　このように脳研究と心理学の関係は，基礎から応用へ，あるいはミクロ（細胞と神経回路）からマクロ（個体の行動）へという一方向ではなく，互いに異なる役割を持ちながら，必要なときには協調し助け合う関係と理解すべきであろう。

だけプラス側へと変動する。シナプスからの入力信号が短時間の間に多数到達することで，このプラス側への変動がある大きさ（閾値）以上になると，きわめて短い時間だけ（0.5～1ミリ秒）内部電位がゼロあるいはプラスへと変化する。この一過性の電位変化がニューロンの活動すなわち**スパイク**である。スパイクは大きさをあまり変化させず軸索上を伝わっていき，**軸索終末**つまり次のニューロンへとつながるシナプスに到達すると，終末の内部にあるシナプス小胞から**神経伝達物質**（neurotransmitter）という多様な化学物質を放出し，それが次のニューロンへの入力信号となる。シナプスには次のニューロンの活動を促すもの（興奮性）だけではなく，逆に活動させにくくさせるもの（抑制性）

もあり，この興奮性シナプスと抑制性シナプスの組み合わせにより，バランスのとれた複雑な信号伝達が可能となる。興奮性と抑制性の区別は，主にシナプスで放出される神経伝達物質の種類によるが，同一のニューロンが異なる伝達物質を放出することも可能であり，それが信号伝達をさらに複雑にしている。

また，細胞体で発生したスパイクは出力側の軸索上を終末に向かい伝わるだけでなく，入力側の樹状突起へも伝わることがあり，これを**逆方向伝搬**（back propagation）という。これは，一つのニューロンの複数箇所でスパイクが発生し異なる方向へ伝わることを意味する。さらには，スパイクが次のニューロンへ作用するシナプスには，神経伝達物質を介した化学的シナプスだけではなく，電気的にほぼ接合することで，スパイクがきわめて高速に次のニューロンへ伝搬できる**電気的シナプス**（gap junction）もある。

これらに加え，シナプスを介して伝達物質つまり信号を受け取る細胞体の膜電位は，短時間に多くの信号を受け取ると，その後長時間にわたり電位を変化させつづけ，信号への感受性を変えることがわかっており，それを**長期増強**（long-term potentiation）と呼ぶ。これは一種のメモリー機能と考えられる。つまりニューロン一つひとつは，メモリー機能を備えた複雑な信号発生制御装置と言える。

（2） 超集積回路とニューロン集団の活動

このようなニューロンがつながった脳全体の神経回路網は，膨大で緻密である。ヒトの脳では推定で1000億程度のニューロンがあり，その一つひとつに数千から1万ものシナプス，つまり他のニューロンからの接続がある。総計すると，1000億×1万，すなわち1000兆（10^{15}）近い接続をもつ神経回路網が存在している。そのように膨大な超集積回路を作るニューロンの活動，つまりスパイクを直接見る方法がある。先端が1〜20ミクロン程度の細い電極を脳に刺し，ニューロンの近傍まで近づけ，スパイクを増幅する測定法である（図8-4）。これを**細胞外記録法**（extracellular recording）と呼ぶ（脳は痛覚が無いため，無麻酔で電極を刺しても痛むことはない）。

第Ⅲ部　実験で知る心の機能

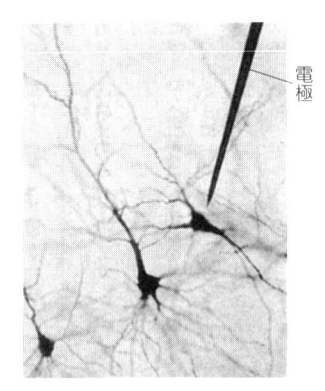

図8-4　ニューロン活動（スパイク）の測定
（注）ニューロンの細胞体の直径は約20ミクロン，電極先端部の直径は約1ミクロンである。
（出所）Fritz Goro 撮影, Scientific American, 241, 1979 掲載写真を転載

細胞外記録法で多くのニューロンの活動を記録すると，動物が特定の刺激を知覚したり，特定の行動をしているときに活動するニューロンが見つかる。つまり，脳が特定の情報を表現したり処理しているとき，特別に強く活動するニューロンが存在している。しかし単一のニューロンは活動が不安定であり，死滅することもあるため，ニューロンは集団で協調して活動することにより，脳の中で情報を表現したり処理していることがわかっている。そのような協調して活動するニューロン集団をセル・アセンブリ（cell assembly）と呼ぶ。セル・アセンブリは，先のヘッブ・シナプスと同様に，心理学者ヘッブが60年ほど前に仮説として唱えた脳の機能的な単位であるが，現在それが実体として存在していることが確かめられている（Sakurai, 1999；櫻井，2008）。

(3) マクロな活動を表す脳血流の変化

　ニューロン集団であるセル・アセンブリの機能はそれぞれ異なっており，それが脳の多様な情報表現と情報処理を実現している。また，セル・アセンブリから成る神経回路網がさらに集まった大きな部位や領域についても，機能的には一様でないことがわかっており，そのような部位や領域のマクロな活動は，脳血流の変化で測定することができる。ニューロン集団が活動すれば，エネルギー消費と酸素濃度の変化により，血流量と血中酸素の状態が変化するからである。測定法としてはfMRI（機能的磁気共鳴画像）とNIRS（近赤外分光法）
がよく知られている。
　これらの方法は非侵襲的計測法と総称され，脳に直接触れずに頭蓋骨の近くから測定できるという利点を持つ。そのため人間の心理実験ではよく使われる。

たとえば，人が記憶課題を行っているとき，海馬と呼ばれる部位全体が強く活動していることなどがわかっている（図8-5）。しかしこのような非侵襲計測のデータは，ある特定の部位（この例では海馬）だけが活動していることを意味しているのではなく，その部位が他の部位よりもやや強く（数パーセント程度）活動していることを示していることに注意する必要がある。

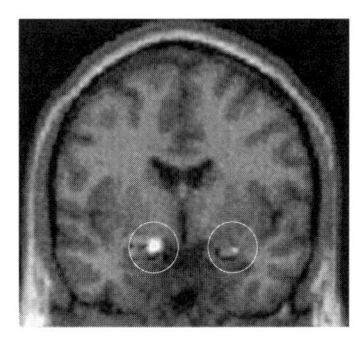

図8-5 記憶課題中に活動している海馬
（注）非侵襲のfMRIで計測したデータである。正面から見た断層写真で白い部分（丸で囲んでいる）が活動している海馬である。
（出所）Giovanello, Schnyer, & Verfaellie, 2004

3 脳は変化をくりかえす

活動し続けることで心を働かせている脳は，機械のように安定することはなく，環境や経験によりつねに変化している。それは回路網という構造の変化でもあり，また回路網が生み出す活動の変化，すなわち機能の変化でもある。最後に，そのような脳の変化について解説する。

(1) 学習や経験で増減するニューロンと回路網

生後の経験により神経回路網は整備されるが（1節），そのような変化は年齢を問わずつねに生じており，成体の脳でも学習経験の有無でニューロンが増殖したり死滅したりする。たとえば海馬は記憶の形成にかかわる重要な部位であるが，ラットの海馬では1日あたり数千のニューロンが新たに作られており，しかも何らかの学習課題を訓練するとその数が増え，訓練を止めると減少し，それは神経回路網の増減にもつながっていることがわかっている（van Praag, Schinder, Christie, Tonl, Palmer, & Gage, 2002）。

経験によりニューロンと神経回路網が増減すると，その集団としての活動も変わる。そして活動が変わることで，シナプス競合（1節）などにより，他の

第Ⅲ部　実験で知る心の機能

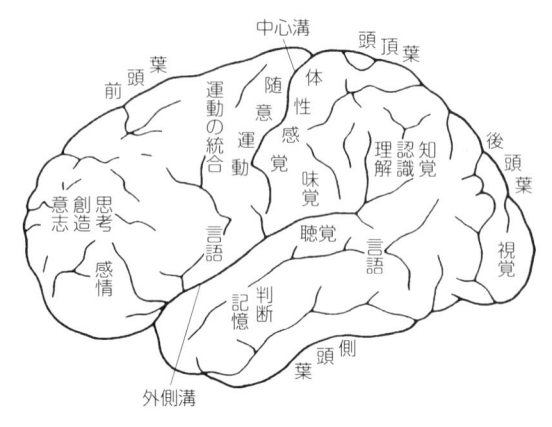

図8-6　脳の機能地図の例
(注)　大脳新皮質上の大きな区分と機能局在を記載している。さらに詳細な機能局在を記載したものや，脳の内部に関する機能地図もある。
(出所)　伊藤，1986

ニューロンとの結合も変わり，神経回路網がさらに変化する。このように，神経回路網の変化とニューロン活動の変化，すなわち構造と機能の変化が，脳の中ではくりかえし起きている。

(2)　広範な機能地図の変化

　脳はいくつかの部位や領域に大きく分かれており，それぞれが異なる機能を持っているが，それを**機能局在**（functional localization）と呼ぶ。また，機能局在をまとめて表した図を**機能地図**（functional map）と呼ぶ（図8-6）。そして経験による神経回路網の変化は，機能地図全体に及ぶことも多い。たとえば，点字読解の訓練を受けた視覚障害者は，**点字**を触っているとき，人差指の触覚を担当する体性感覚野の活動が，言語野がある左半球においてとくに拡大していた。さらに，視覚を使わず指先で字を読んでいるにもかかわらず，視覚野も強く活動していた（Sadato, Pasual-Leone, Grafman, Ibanez, Delber, Dold, & Hallett, 1996）。点字読解の訓練により，視覚野の役割が変化したのである。

　また，相手の口の動きだけを見て話を理解する**読唇**（silent lip-reading）の

8章 生 理

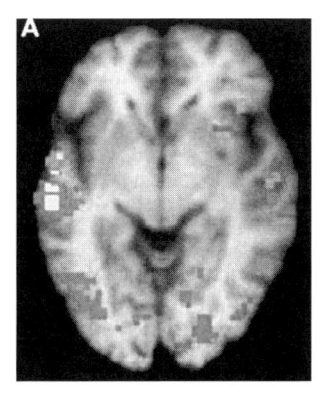

図8-7 読唇中に活動する聴覚野
(注) 脳を上から見た断層写真であり上部が前頭部。白い部分が読唇中に血流が変化した一次聴覚野である。
(出所) Calvert et al., 1997

技術を身に付けた人は，実際に読唇しているとき，視覚野だけでなく聴覚野も大きな活動を示す（図8-7，Calvert, Bullmore, Brammer, Campbell, Williams, McGuire, Woodruff, Iversen, & David, 1997）。これは，視覚だけを働かせ音を聞いていないときでも聴覚野が働くということであり，読唇という技術の学習により，聴覚野の働きが変わったことを意味する。このような脳の広範な変化を，神経回路網の**機能的再編成**（functional reorganization）と言う。

(3) 新たな感覚野を作る

脳の機能地図を完全に書き換えることも可能であり，聴覚野を視覚野に変えてしまった実験も報告されている（Sharma, Angelucci, & Sur, 2000; von Melchner, Pallas, & Sur, 2000）。聴覚入力を最初に受け取る一次聴覚野には，特定の高さや強さの音に反応するニューロンが並んでいる。一方，視覚入力を最初に受け取る一次視覚野には，特定の傾きを持つ線分に反応する（**方位選択性**）ニューロンが並んでおり，同じ傾きの線分に反応するニューロンは縦方向に集団を作っている（**方位選択性コラム**）。そして，生後すぐのフェレット（イタチの一種）の脳に外科的な操作をし，網膜からの視覚入力が一次視覚野では

なく一次聴覚野へ届くように神経線維の経路を変えるという実験が行われた。すると一次聴覚野のニューロンは，あたかも一次視覚野のニューロンのように，傾きを持つ線分の提示に反応し，ほぼ明確な方位選択性を示した。しかもそのようなニューロンは縦方向に集団を作っており，一次視覚野のような方位選択性コラムが形成されていた。さらに，このような新たに作られた「視覚野」と繋がっている網膜部位に光刺激を提示すると，その刺激を実際に見たときと同じ行動をフェレットは示した。聴覚野から作られた「視覚野」はたしかに刺激を見ていたのである。この結果は，経験による変化というよりは外科的な操作から生じた変化であるが，脳の各部位が持つ役割はもともと固定されておらず，そこへの入力が変化すれば役割も容易に変わることを示している。

脳の機能地図は固定されておらず，刺激入力などの変化により大きく変わり得る。そのような変化しやすい神経回路網の性質を**可塑性**（plasticity）と呼ぶ。脳は可塑性に富み，つねに変化をくり返しており，それが心の柔軟性と個性を生み出していることは間違いない。

〈まとめ〉

　脳は胎生期から出生時にかけて次第に形成され，ニューロンとシナプスが増減をくり返すことで神経回路網も次第に整備されていく。出生後は，主に経験により神経回路網がさらに整備され，その中でニューロンが集団となり活動することで心を生み出し働かせていく。

　また成体となった後も，脳は経験により変化し続け，神経回路網という構造の変化が，ニューロン集団の活動という機能を変化させ，それがまた神経回路網を変化させるというプロセスがくり返されている。経験による神経回路網の変化は広範囲に及ぶこともあり，機能地図を大きく変えてしまうこともある。脳は，機械のように特定の部位が特定の役割を持ち続けることはなく，つねに変化をくり返しており，それは心が柔軟であり個性的であることの証である。

〈グロッサリー〉

　大脳　脳の大半を占める構造で，感覚から運動に至るほぼ全ての高次機能を担っており，人間でとくに発達している。

<u>小脳</u>　脳の後方に位置する構造で，主に運動の自動制御を担っているが，認知的な機能にもかかわるという説もある。

<u>神経伝達物質</u>（neurotransmitter）　シナプスに放出され信号伝達にかかわる物質であり，ドーパミンやアセチルコリンなどが知られている。その他数十種類あると推定されており，全てがわかっているわけではない。

<u>fMRI</u>（機能的磁気共鳴画像）　強く活動している脳の部位を血流中の還元ヘモグロビンの変化から推定する方法である。時間分解能は低いが，空間分解能は比較的高い。高磁場の装置内に入る必要がある。

<u>NIRS</u>（近赤外分光法）　強く活動している脳の部位を血液量の変化から推定する方法である。空間分解能は fMRI よりも低いが，安全性が高く乳幼児にも使用できる。

<u>海馬</u>　主に生得的な機能にかかわる大脳辺縁系という領域にあり，記憶（とくに空間の記憶）の形成にかかわるとされているが，不明なことも多い。

〈もっと詳しく知りたい人のための文献紹介〉

ピネル，J. P. J.　佐藤敬・若林孝一・泉井亮・飛鳥井望（訳）　2005　ピネル バイオサイコロジー——脳—心と行動の神経科学　西村書店
　⇨アメリカの大学や大学院で使用されている定評ある神経科学（脳の科学）のテキストの翻訳本である。脳について詳しく解説するだけでなく，心理学にかかわるテーマを取り上げ，脳との関係を詳細に説明している。心理学を専攻し，さらに神経科学の基礎知識もしっかり身に付けたいと考える学生には最適である。

原一之　2005　人体スペシャル 脳の地図帳　講談社
　⇨本章では詳しく触れることができなかった脳の構造や区分について勉強したい人に最適である。イラストが豊富でわかりやすく解説されている。

ヘッブ，D. O.　鹿取廣人・金城辰夫・鈴木光太郎・鳥居修晃・渡邊正孝（訳）　2011　行動の機構——脳メカニズムから心理学へ（上・下）　岩波書店
　⇨本章でも何度か登場した心理学者ヘッブによる古典的名著 "The Organization of Behavior" の新訳である。脳と心理学を結ぶその視点は現在でも斬新であり，多くの示唆を含んでいる。セル・アセンブリやヘッブ・シナプスが仮説としてはじめて紹介された本でもある。

櫻井芳雄　2013　脳と機械をつないでみたら—— BMI から見えてきた　岩波書店
　⇨心すなわち脳の活動で機械を操作する BMI（ブレイン—マシン・インタフ

ェース）の研究を紹介しながら，まだ謎にみちている脳の実態を，最新の知見を取りまぜ解説している。脳研究が社会に及ぼす影響や，今後の脳研究がめざす目標などについても考察している。

〈文　献〉

Calvert, G. A., Bullmore, E. T., Brammer, M. J., Campbell, R., Williams, S. C. R., McGuire, P. K., Woodruff, P. W. R., Iversen, S. D., & David, A. S. 1997 Activation of auditory cortex during silent lipreading. *Science*, **276**, 593-596.

Carlson, N. R. 1998 *Physiology of Behavior*, 6th ed. Allyn and Bacon.

Cowan, W. M. 1979 The development of the brain. 天野武彦（訳）脳の発生サイエンス，**9**, 68-81.

Giovanello, K. S., Schnyer, D. M., & Verfaellie, M. 2004 A critical role for the anterior hippocampus in relational memory: Evidence from an fMRI study comparing associative and item recognition. *Hippocampus*, **14**, 5-8.

Hebb, D. O. 1949 *The organization of behavior: A neuropsychological theory*. New York: Wiley.

伊藤正男　1986　脳のメカニズム　岩波書店

Sadato, N., Pasual-Leone, A., Grafman, J., Ibanez, V., Delber, M., Dold, G., & Hallett, M. 1996 Activation of the primary visual cortex by Braille reading in blind subjects. *Nature*, **380**, 526-528.

Sakurai, Y. 1999 How do cell assemblies encode information in the brain? *Neuroscience and Biobehavioral Reviews*, **23**, 785-796.

櫻井芳雄　2008　脳の情報表現を見る　京都大学学術出版会

Sharma, J., Angelucci, A., & Sur, M. 2000 Induction of visual orientation modules in auditory cortex. *Nature*, **404**, 841-847.

津本忠治　1986　脳と発達　朝倉書店

van Praag, H., Schinder, A. F., Christie, B., Tonl, N., Palmer, T. D., & Gage, F. N. 2002 Functional neurogenesis in the adult hippocampus. *Nature*, **415**, 1030-1034.

von Melchner, L., Pallas, S. L., & Sur, M. 2000 Visual behaviour mediated by retinal projections directed to the auditory pathway. *Nature*, **404**, 871-876.

9章　感覚・知覚
——心の入り口を科学する

北 岡 明 佳

1　感覚・知覚とは何か

　知覚（perception）とは，生物としての人間が外界から情報を取り入れたときの見え，聞こえ，香り，肌触り，寒暖，痛みなどのことである。外界に対する意識の内容とも言える。知覚は**感覚**（sensation）と厳密に区別できるものではないが，感覚は末梢（目・耳・皮膚など）の感覚受容器の生理学的な活動との直接の対応が想定されるのに対して，知覚は中枢（脳）の情報処理の結果得られた分析的で統合的な心的イメージとみなされる。心的イメージが得られるという点では知覚は記憶像に似ているが，知覚は外的刺激によって生起したものを指す。

　ただし，この定義には例外もある。たとえば夢は記憶像であるが，夢を見ることは主観的には記憶の想起と言うよりは知覚である。ということは，知覚とは「外発感の伴う意識の内容」というべきかもしれない。また，感覚と知覚は自動的で変容しにくいことにも特徴があり，学習や思考によって変容できる心的イメージは**認知**（cognition）に含められる。

　とは言うものの，感覚・知覚・認知の間の境界はあいまいな場合も多い。たとえば，専用の感覚受容器を特定できない感覚，すなわち中枢の情報処理によって生成されると考えざるをえない感覚がある。「くすぐったい」という感覚が一例である。学習によって変容する知覚もある。繰り返し特定の刺激を受けることによって知覚の一部が鋭敏になることは，**知覚学習**（perceptual learning）と呼ばれる。また，物体の知覚や顔の知覚はそれぞれ「物体認知」や

「顔認知」と呼ばれることが多いが，それらは経験，情動，動機づけ，構えといった高次の要因の影響を受けやすいからである。

2　知覚されるものは何か（恒常性）

全身の感覚器を通して外界から入ってくる情報は，(1)ノイズが多く（必要な情報以外のものが含まれる），(2)不十分であり（必要な情報が不足する），(3)不安定である（情報の入り方が変動する）。(1)については信号検出力を高めることで，(2)については足りない情報を補う能力を高めることで，いわば機械的な力ずくで対応可能とも言えるが，(3)の性質がある限り，同一の対象を異なる対象であると誤知覚することを完全には防げない。たとえば，自分の母親が髪型を変えたら母親とわからなくなるかもしれない。そういったことはあまり起きないのであるが，その理由は，知覚システムは入力情報の変動に対抗して知覚を一定に保てる仕組みを備えているからである。それを「**恒常性**」（constancy）と呼ぶ。

色の恒常性（color constancy）を例にとって説明しよう。図 9-1（口絵）の右の写真は立命館大学衣笠キャンパスにおいて，立命館大学の赤いロゴののぼりを撮影したものである。色フィルターを通してこの写真を観察すると，フィルターの強さにもよるが，ある程度元の画像の色を知覚することができる。図9-1の左の画像を見ると，水色のフィルターを通して見た赤いロゴは，鮮やかさは少ないものの赤く見える。しかし，物理的な色は写真の下の円内に示した通り，灰色か青緑色なのである。灰色が周囲の水色の反対色の赤色に見えるという点に注目すれば「色の対比」という色の錯視なのであるが，フィルターを通して背後の対象の「本当の色」が知覚できるという側面を取り上げるなら，色の恒常性という現象である。

明るさ知覚にも恒常性がある。照明の強弱にかかわらず，白いものは白く，黒いものは黒く見えることを，**明るさの恒常性**あるいは明度の恒常性（lightness constancy）と呼ぶ。たとえば，図 9-2 では床のタイルに明るいものと暗

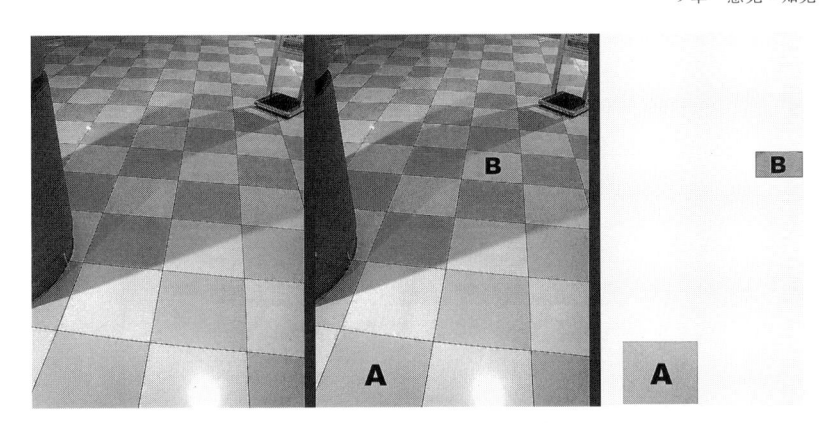

図 9-2 明るさの恒常性のデモ
(注) 左図の写真では，A のタイルは B のタイルより暗く見える（中央の図）が，部分だけ取り出してみれば，輝度（光の強度）は A の方が高い（右図）。

いものがあり，一見するとすべての明るいタイルは暗いタイルよりも光を多く**網膜**（目の中の光受容器）に投射しているように見えるが，影のかかったところにある明るいタイル（B）は照明の当たった暗いタイル（A）よりも弱い光を発しているのである。このことからわかるように，「ある対象から飛来する光が強ければその対象は白く見え，弱ければ黒く見える」わけではない。つまり，「心理量は物理量に単純に比例する」わけではない。人間の視覚系は，対象の表面の反射率の高いものが白く見え，低いものが黒く見えるようにできている。すなわち，照明の強弱とは独立に，対象の表面の反射率を知ることができるようになっている。

3　知覚されるものは対象の物理的特性の通りか（恒常仮定）

人は直感的に「刺激はその物理的な性質の通りに見える」ものだと考えるが，必ずしもそうではない。その直感的な考え方は，「**恒常仮定**」（constancy hypothesis）と呼ばれる。「恒常仮定」は名称の点で正反対の概念である「恒常性」と紛らわしいので，ギルクリスト（Gilchrist, A. L.）は「**局所的決定主義**」

第Ⅲ部　実験で知る心の機能

図 9-3　エイムズの部屋
（注）　部屋の左隅に立つ人は小さく見え，右隅に立つ人は大きく見える。被写体は本稿執筆当時の大学院生。

(doctrine of local determination) と呼ぶことを提唱している (Gilchrist, 2006)。恒常仮定あるいは局所的決定主義は，多くの人にとって批判的に内省することのない無意識的な常識でもあるため，恒常性や錯視を表現したデモの一部は「ふしぎな絵」あるいはだまし絵 (trompe l'oeil) として人気を博している。

代表例として，**エイムズの部屋** (Ames room) がある。図 9-3 のような部屋で，部屋の左隅に立つ人物は小さく見え，右隅に立つ人物は大きく見えるというからくり部屋である。体の大きさが違って見えるのは，観察者から対象までの距離が異なるという物理的原因による。左隅に立つ人物は右隅の人物よりも実際は遠くにいるが，同じ距離にいるように見える。つまりこの部屋はいびつな形をしているのだが，一見すると直方体の形状をした普通の部屋のように見える。

エイムズの部屋の説明として「普通の部屋の形は直方体だから」という経験

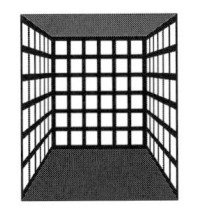

図9-4 形の恒常性の説明の図

(注) 図の灰色の台形は前額平行面に描かれた台形に見える（左図）か，奥行き方向に傾いた長方形の床として知覚される（形の恒常性，中図）。チョコレートの一片のように手前に出っ張って見える場合の側面として位置づけられた場合には，形の恒常性が働かないこともある（右図）。長方形は前額平行面にあるように知覚される（それも形の恒常性）。

説が通用しているが，この状況でもっとも有効に働いているのは**形の恒常性**（shape constancy）と考えられる。形の恒常性とは，たとえば対象の網膜像（目に映った像）が台形の場合は，奥行き方向に傾いた長方形として知覚しようとする性質のことである（図9-4）。視覚系は対象を「よい」形に見ようとする。「よい」形とは，正方形，長方形，円のことである。このため，像が長方形の場合は，対象は前額平行面（視線と垂直な面）に位置しているように知覚される。このため，ある面が物理的にはいびつな形をしていても，その網膜像が長方形になるならば，その面は前額平行面にあると知覚される。エイムズの部屋はこのメカニズムを逆手に取り，その面の手前に立つ人物までの距離を錯覚させ，続いて人物の大きさの知覚を誤らせるのである。

4 三次元空間を人間はどのように知覚するか（空間知覚）

エイムズの部屋のような特殊な状況でなければ，人間はいろいろな手がかりを用いて，空間を比較的正しく知覚することができる。本章で説明するのは視覚の話であるが，聴覚にも同様の働きがある。また，空間知覚においては，筋運動と連動した体性感覚（触覚・圧覚・温度感覚・痛覚）の果たす役割は大きい。

空間知覚においては，形の恒常性だけでなく，大きさの手がかりも有力であ

る。**大きさの恒常性**（size constancy）というものがある。対象までの距離が異なって網膜に映った像の大きさは違っていても，知覚された対象の本当の大きさは一定に保つという現象である。たとえば友人の網膜像が小さくなった場合，友人の身体が縮小したのだとは考えず，友人は遠くに移動したのだと判断することである。このように，大きさの恒常性が働くときは，対象の大きさを基準として対象までの距離の知覚が変更される。

これに関連して，対象の網膜像の大きさが一定のとき，その対象の大きさと対象までの距離の比が一定に保たれるという「仮説」を視覚系は持っており，これを「**大きさ・距離の不変仮説**」（size-distance invariance hypothesis）という。たとえば，青色のものをしばらく眺めた後で目を他の場所に移すと，青色を見ていた視野部位に黄色の**残像**（afterimage）が見える。残像を近くの壁に投影したときと遠くの壁に投影したときの残像の大きさを比べると，後者が大きく見える（エンメルトの法則）。

もう一つ関連して，遠くのものは近くのものよりも，網膜像が少し大きく見えるという現象がある（図9-5：口絵）。これは大きさの恒常性の表れとして研究されることがある。なぜなら，対象の網膜像の大きさが一定でも，大きさ・距離の不変仮説によって遠くにあるものは大きいと知覚されるから，それに伴ってみかけの大きさも少し大きく見えると考えられるからである。一方，この現象を，**錯視**（visual illusion），とくに大きさの錯視のカテゴリーに入れることもできる。大きさの錯視とは，2つあるいは複数の対象の物理的な長さや面積は同じなのに，周囲の刺激配置によって異なって見える現象である。ミュラー＝リヤー錯視（図9-6）やエビングハウス錯視（図9-7）が有名である。

5 対象を立体物として見る（立体視）

網膜は曲面なのだが，対象は立体的に見える。もっとも有力な手がかりとして，**重なり**の要因がある。これは，**T接合部**（T-junction）を分析することで得られる奥行き知覚である。物体の輪郭がT状に交わるところでは，Tの形

9章 感覚・知覚

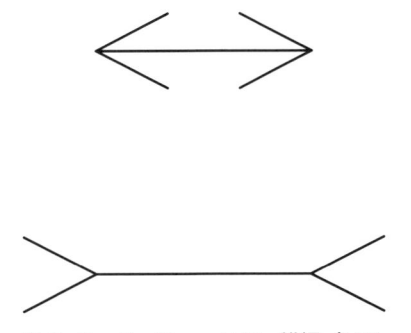

図9-6 ミュラー＝リヤー錯視（Müller-Lyer illusion）
（注） 水平線分は上下同じ長さであるが，両端に内向きの矢羽を付けた上の線分は短く見え，外向きの矢羽を付けた下の線分は長く見える。

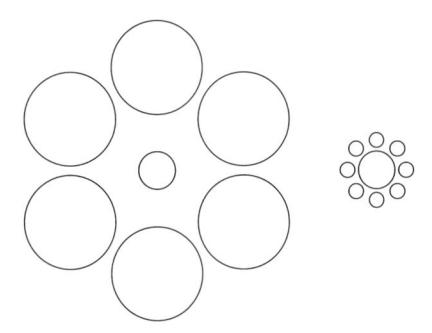

図9-7 エビングハウス錯視（Ebbinghaus illusion）
（注） 大きい円の環と小さい円の環に囲まれた左右の円は物理的には同じ大きさであるが，右の方が大きく見える。名称に混乱があり，ティチェナー錯視と呼ばれることも多い。

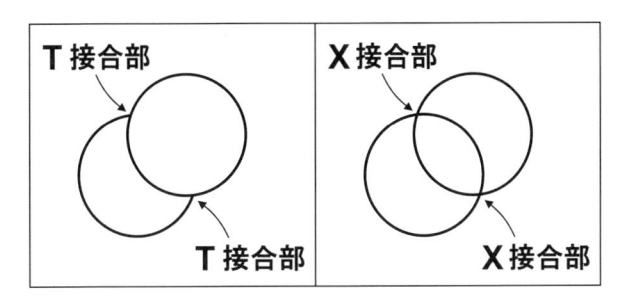

図9-8 T接合部とX接合部による奥行き知覚
（注） 2つの輪郭がT接合部で連結されていると，あるオブジェクトが別のオブジェクトを一部遮蔽しているという重なりの知覚が生じる。一方，2つの輪郭がX接合部で連結されていると，一方の輪郭がもう一方よりも手前あるいは奥にあるように見える知覚が生じる。

の縦棒の輪郭がある側はTの形の横棒の上部の領域よりも奥にあり，前者の一部は後者によって遮蔽されていると知覚される（図9-8左）。一方，X接合部（X-junction）がある場合は，ある輪郭は別の輪郭の手前あるいは奥のどちらかにあるように見える多義的な知覚が生じる（図9-8右）。ただし，X接合

第Ⅲ部　実験で知る心の機能

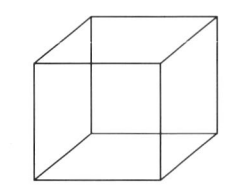

図 9-9　ネッカーの立方体
(注)　奥行き反転図形の一つ。左下の正方形が手前で右上の正方形が奥の立方体に見える場合とその逆に見える場合が反転する。

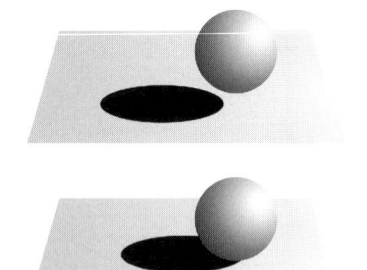

図 9-10　空間知覚における影の重要性
(注)　上下の図は影の位置以外は同一であるが，上の図では球は床から浮いているように見え，下の図では球は床に接しているように見える。

部だけではどちらの輪郭が手前にあるかということは決定できないので，X接合部を描くと奥行きの反転が起こる刺激図形が得られやすい。たとえば，**ネッカーの立方体**（Necker cube）（図 9-9）はこの例である。

　陰影は対象の位置や形状を知る有力な手がかりである。図 9-10は**影**（シャドー）の重要性を示したもので，描かれた影の位置が異なるだけで物体の空間的な配置が異なって見える。図 9-11は**陰**（シェード）の重要性を示したもので，凹凸の知覚がシェードに大きく影響されることがわかる。一般的には，対象の上部が明るく下部が暗ければ凸に見え，その逆であれば凹に見える（クレーター錯視）。

　人間の目は 6 センチメートルほど水平に離れて 2 つあるので，両眼に写る像は対象の奥行きの位置によって水平方向に少し異なる（図 9-12）。これは**両眼視差**（binocular disparity）あるいは両眼網膜像差と呼ばれている。両眼視差の情報を用いて奥行き情報を得ることを**両眼立体視**（binocular stereopsis）という。図 9-12下のように右目用と左目用の画像を用意して，何らかの方法（補助装置であるステレオスコープの使用あるいは**裸眼立体視**）でそれぞれ独

9章 感覚・知覚

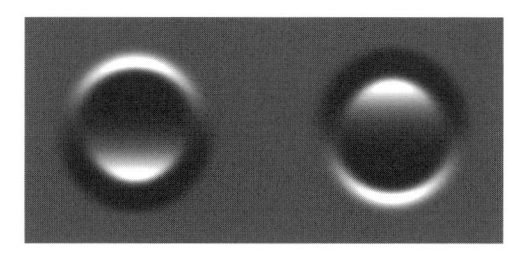

図9-11 クレーター錯視
(注) 左のパターンは中央が凹み，その周囲が環状に盛り上がっているように見える。一方，右のパターンは左のパターンを上下反転させたものであるが，中央が出っ張って見え，その周りに環状の堀があるように見える。

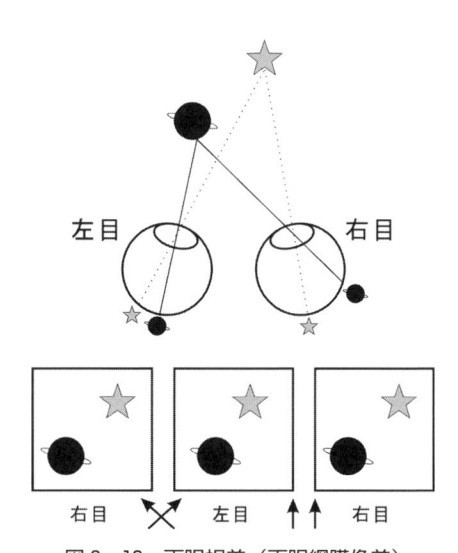

図9-12 両眼視差（両眼網膜像差）
(注) 上の図：観察者から見て奥行きの異なる2つの対象から投影される網膜像の位置の関係を上から見下ろした水平断面図。下の図：左右の目に映る2つの対象を図示したもの。網膜上の左右と見えの左右は逆転することに注意。この奥行き配置では，左目に映る2つの対象の水平方向の間隔は右目に映るそれよりも短い。下の図はステレオグラムになっており，右目で左端の図を，左目で中央の図を見ると（交差法），「土星」は「星」よりも手前に見える。右目で右端の図を，左目で中央の図を見ても（平行法）同じ結果が得られる。

135

立に見ることで画像が立体的に見える絵を，**ステレオグラム**（stereogram）と呼ぶ．図 9-13（口絵）に例を示した．3D 映画では，右目用と左目用の映像を高速で交互にスクリーンに映し出し，メガネを使って観客には片方ずつしか見せなくすることで両眼立体視を起こさせている．

6　物理的世界は心理的世界にどのように変換されるか

　たとえば，放射線は感知できない．超音波もわからない．有毒ガスのいくつかは無味無臭である．しかし，一定の範囲内においては，物理的次元に対応した心理的次元が用意されている．たとえば，音波の振幅には音の大きさが対応し，音波の周波数には音の高さが対応する．光も波動の性質を持つが，その振幅には明るさが対応し，その周波数には色相が対応する．

　光（電磁波）のうち波長が約380〜780 nm（ナノメートル：10億分の1メートル）の帯域（スペクトル）が知覚できる（個人差がある）．これを**可視光**と呼ぶ．可視光よりも少し波長が長いものは赤外線，短いものは紫外線と呼ばれ，いずれも視覚としては知覚できない．可視光の各波長成分が偏りなく刺激として与えられると白あるいは無彩色が見えるが，特定の波長に偏ると色が知覚される．波長の短い方から，紫・青・緑・黄・橙・赤が知覚される．とは言え，色のそれぞれに対応した感覚受容器があるわけではなく，ヒトでは感覚受容器はわずか3種類の**錐体**（網膜にある視細胞）であって，入力された光の波長に対する3錐体の応答特性を神経系が分析することによって，色を感じる．

　光が弱すぎれば光を感じない．感覚が生じ始める刺激の最小の強さを，**閾**（いき）（threshold）あるいは刺激閾という．感覚を生じさせる刺激は閾上刺激（suprathreshold stimulus）と呼ばれる．さらに，閾上刺激が2つあって，その強さの差があまりに小さければ2つの刺激を弁別（区別）できない．弁別でき始める刺激の最小の差を，**弁別閾**（discriminative threshold）という．弁別閾は刺激の強さに比例することが知られている（**ウェーバーの法則**）．

図9-14 隠し絵の一種（上図）と視覚的補完による「『脱』隠し絵」（下図）
（注）上図は何と書いてあるのかわかりにくいが，下図のように切れ目の上に図形を乗せてやると，"LITTLE" と書かれていたことが容易にわかる。

7 物理的にはないものから知覚を構成する（補完）

テレパシーや透視などの**超感覚的知覚**（extrasensory perception）は，知覚という名称はついているが，**超心理学**（parapsychology）の扱う領域として本章の話題には含めない。なお，超心理学はオカルトではなく，厳格な実験心理学である。

人間は，超感覚的知覚を用いなくても，欠損した物理的手がかりを復元して，ある程度正しく知覚できる。このような能力を**補完**（completion）という。聴覚の場合は，ターゲットとなる音声が途切れ途切れになっていても，途切れた部分に広帯域（含まれる周波数の範囲（帯域）が広い）で十分な強度のノイズが入っていれば，途切れた音声を比較的よく復元できる。この現象を，**連続聴効果**（auditory continuity illusion）という。連続聴効果に対応する視覚的補完としては，図9-14の隠し絵とその解法を例として挙げることができる。図9-14上は何と書いてあるのかわかりにくいが，図9-14下のように切れ目の上に図形を乗せてやると，"LITTLE" と書かれていたことが容易にわかる。これは，T接合部が与えられたことによって，その背後に**アモーダル補完**（amodal

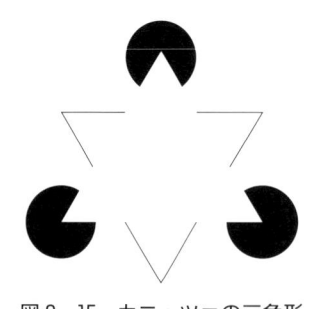

図9-15 カニッツァの三角形
（注） 3つの黒い円の中心を頂点とした白い三角形が描かれているように見えるが、「白い三角形」はその輪郭の半分以上は物理的には存在しない。「黒い円」も物理的には完全な円ではない。視覚的補完の好例である。

completion）が起きたためである。

アモーダル補完とは、「補完線の存在は意識はできるが目には見えるわけではない補完」という意味である。アモーダル補完は遮蔽物の背後に起こるものなので、図9-14上のようにL接合部（黒い塊の角の部分）だけであると、遮蔽物が安定して知覚されないため補完は生じない。一方、図9-15のカニッツァの三角形では、「遮蔽するものは三角形であり、遮蔽されるものは切り欠きのある3つの円である」と安定して知覚されるため、黒い円は実は不完全なのであるが、アモーダル補完によって円として知覚される。一方、遮蔽する側の三角形もじつは不完全なのであるが、その欠損した輪郭は補完によって知覚される。この場合、補完線の存在が意識できるだけでなく目にも見えるというので、**モーダル補完**（modal completion）と呼ばれる。なお、この「見える」輪郭は、**主観的輪郭**（subjective contour）と呼ばれる。

〈まとめ〉

　知覚はいわば意識の内容であるから、知覚心理学は意識の心理学でもある。また、知覚心理学は神経科学やアートとの関係でも重要な基礎科学である。知覚は外界のたんなるコピーではなく、人間が生きていく上で必要な情報を取捨選択し、加工し、足りない部分は補うことで、積極的に構成されたものである。いわば「知覚は作品」である。

　発達心理学や社会心理学には同一性という概念があるが、それに対応する知覚心理学の用語は恒常性である。恒常性を実現するために、知覚システムは外界の物理的刺激に一対一対応する単純な受容器としては振舞わず、ゲシュタルト要因やいろいろな跳躍的トリックを駆使して、知覚を「知的に」構成する。補完や図地分離といった働きもそれらのトリックに含まれる。錯視や他の錯覚のいくつか（あるいはすべて）は

9章　感覚・知覚

☕ コラム　錯視研究の展開

　静止画が動いて見える錯視というものがある。図9-16（口絵）はそのうちの最適化型フレーザー・ウィルコックス錯視群の最新型で，明るい照明下ではどの円盤も時計回りに回転して見える。ただし，見つめた円盤は錯視が弱い，すなわち中心視では錯視が少ないという特徴がある。また，この図の錯視は特定の色の配列に依存していて（赤→暗い赤紫→赤紫→明るい赤紫→赤の方向に動いて見える），この画像をモノクロに変換すると錯視は失われる。ここまでは2010年にはわかっていたが，2013年になって，この錯視は暗いところで見ると錯視の方向が逆転するということがわかった。この図を暗いところで観察すると，どの円盤も反時計回りに回転して見えるのである。このコラムの執筆時には，この現象の発見と，プルキンエ現象（暗いところでは赤よりも青が明るく見えること）との関係の考察を始めたところである。本書を読者の皆さんが手にするころには，この研究はどう展開しているだろうか。

トリックの副作用で生じると考えられる。

〈グロッサリー〉

網膜　視覚の入り口となる光刺激受容器で，眼球の内面にある。網膜にある視細胞には色覚に関係する錐体と，暗いところで感度のよい杆体がある。

錯視（visual illusion）　対象の物理的特性からズレていると認識された知覚のことである。幾何学的錯視（形の錯視），明るさの錯視，色の錯視，運動視の錯視などがある。

裸眼立体視　観察者の訓練によって目を寄り目にしたり（交差法），離れ目にしたり（平行法）することで，ステレオスコープを使わず平面画像から立体像の知覚を得る手法である。

ゲシュタルト要因　知覚の体制化を引き起こす刺激の要因である。近接，類同，閉合，よい連続，共通運命などの要因が知られている。

図地分離　2次元画像である網膜像から，2つの対象の前後関係および遮蔽・被遮蔽関係を知覚すること。手前にあると知覚された対象を「図」と呼び，図に一部を遮蔽された対象を「地」と呼ぶ。

第Ⅲ部　実験で知る心の機能

〈もっと詳しく知りたい人のための文献紹介〉

北岡明佳（編著）　2011　いちばんはじめに読む心理学の本⑤　知覚心理学——心の入り口を科学する　ミネルヴァ書房
　⇨この本は，当代の最先端の中堅研究者が結集し，渾身の力をこめて最新の知見も盛り込んで執筆した知覚心理学の概説書である。内容はやや高度な部分もあるが，平易に書かれており，じっくり取り組めば知覚の研究がよくわかる。

北岡明佳　2010　錯視入門　朝倉書店
　⇨錯視研究の専門書であるが，錯視という視点から見た知覚心理学の入門書でもあり，本章で紹介された内容の多くをカバーしている。

松田隆夫　2000　知覚心理学の基礎　培風館
　⇨一人の著者の執筆による知覚心理学の概説書である。内容は標準的で，過不足のない好著である。

〈文　献〉

Gilchrist, A. L. 2006 *Seeing black and white*. New York: Oxford University Press.

10章　注意・記憶
——経験の統合と知識の獲得

星野祐司

1　注意を向ける

　周囲に存在する情報は無数である。その中から適切な情報が選ばれて判断に利用されている。たとえば，雑踏の中で多くの人の話し声が聞こえるような騒がしい場面であっても，私たちは会話を続けることが可能である。**カクテルパーティ現象**と呼ばれるこのような現象は聴覚の選択的注意のはたらきを示す。話声の物理的特性（話者の性別，声の質，場所）を利用して，聞き分けを行っていると考えられる。右耳と左耳のそれぞれに別のメッセージを流しても，聞き手は片方の耳から聞こえてくるメッセージを聞いて復唱することができる。このとき，注意を向けていない耳から流れるメッセージが外国語に代わっても聞き手はしばしば変化に気づかなかった（Cherry, 1953）。

　ブロードベント（Broadbent, 1958）は，感覚的に処理された外界の情報がいったん保持された後，選択のためのフィルターを経て意識されると仮定した（**フィルター説**）。復唱を行う実験では，一方の耳に「256」を，反対の耳に「193」を同時に聴覚的に提示すると，多くの実験参加者は「256193」と報告する。「215963」のように混合されて報告されない。両方の耳に入った情報は感覚的な情報としていったん保持され，片方の耳から入った情報が優先されて意識的に処理されている。情報の物理的特性に基づいて選択を行うフィルターを仮定することは，注意していない情報が処理されずにほとんどが忘れられる現象や，意識的処理には同時に扱うことができる情報の量に限界がある点などと整合すると考えられた。しかし，会話や作業に集中している最中に，思いが

けず自分の名前が呼ばれると，その方向に注意を向け直すことを私たちはしばしば経験する。また，復唱を行う実験では，片方の耳に「Who 6 there?」，もう片方の耳に「4 goes 1」を同時に提示すると，「Who goes there?」か「4 6 1」のように意味的な一貫性に基づいて復唱が行われる。これらの現象は注意を向けていない情報についても意味的処理が行われていることを意味し，ブロードベントの説とは一致しない。

　トレイスマン（Treisman, 1960）はブロードベントのフィルター説に代わり，注意を向けていない経路に関する処理の減衰を仮定するモデルを提案した。注意を向けていない情報は完全に処理が行われないわけではなく，ある程度の意味的処理がなされることを説明するには部分的な処理を認めるモデルのほうが適切であろう。トレイスマンの**減衰説**以外にも，注意を向けていない情報に対する処理を仮定するモデルが提案されている。注意の**横滑り説**では，聞き手が一方の耳に注意を向けていても，聞き手の意図とは別に，ときどきもう一方の耳にも注意が向いてしまうことがあると仮定される（Lachter, Forster, & Ruthruff, 2004）。

2　感覚的な情報の保持

　感覚的な情報が一時的に保持されていることを明らかにするために，スパーリング（Sperling, 1960）は**部分報告法**を用いて視覚的**感覚記憶**の研究を行った。実験ではアルファベットの子音と数字から選んだ12文字をごく短い時間（50ミリ秒）提示した。文字はカード上に3行に分けて（各行に4文字）書かれた。部分報告法では，カードの提示後，音が報告の合図として実験参加者に提示された。高い音ならば一番上の行の文字を，中ぐらいの高さの音ならば真ん中の行の文字を，低い音ならば下の位置の行の文字を報告することが求められた。提示された文字のすべてではなく一部分を報告することで，実験参加者が報告している間に文字を忘れてしまうという問題を解消しようとした。実験の結果，カードの提示終了後からの経過時間が300ミリ秒以内であれば正答率が50％を

上回るが，1秒後には40％近くまで低下することが示された。1秒後の成績はカード全体の報告を直後に求めたときの成績に近い結果であることから，部分報告法を用いることで1秒より短い間に視覚的な感覚情報が保持されていることが明らかになったといえる。

　スパーリングが用いた部分報告法によって**アイコニック・メモリー**と呼ばれる視覚的感覚記憶が示された。部分報告法を用いて，**エコニック・メモリー**と呼ばれる聴覚的感覚記憶についても検討されている。ステレオのヘッドフォンを用いれば，右耳，左耳，中央にそれぞれ異なるメッセージを提示することが可能なので，視覚的な合図によって部分的な報告を求めることができる。外界に存在する視覚的あるいは聴覚的パターンを文字や数字あるいは物体などと関連する情報として認識するためには高度な処理が必要であるため，感覚記憶の現象が顕在化すると考えられる。

3　短期的な記憶のはたらき

　外部から取り込まれた情報は感覚記憶を経由して**短期記憶**に貯蔵され，さらに，短期記憶に貯蔵された情報の一部が**長期記憶**に貯蔵されるとするモデルが20世紀後半に広く知られるようになった。記憶を，感覚記憶，短期記憶，長期記憶の3つに区分することを仮定するモデルである。たとえば，アトキンソンとシフリン（Atkinson & Shiffrin, 1971）による記憶モデルでは，感覚記録装置，短期貯蔵庫，長期貯蔵庫が仮定されている（図10-1）。

　短期記憶を測定する方法として**記憶範囲**の実験がある。無作為な順序に並べられた数字の列（たとえば，「5，7，2，9，4」）が読み上げられた直後に，実験参加者は聞いた通りの順序で数字の列を復唱することが求められる。このような課題では数字の数が増加するほど復唱が困難になることから，短期記憶の利用には限界があることがわかる。

　短期記憶に蓄えられた項目を維持できる時間はどの程度なのか。ピーターソンとピーターソン（Peterson & Peterson, 1959）は，子音3文字（たとえば，

第Ⅲ部 実験で知る心の機能

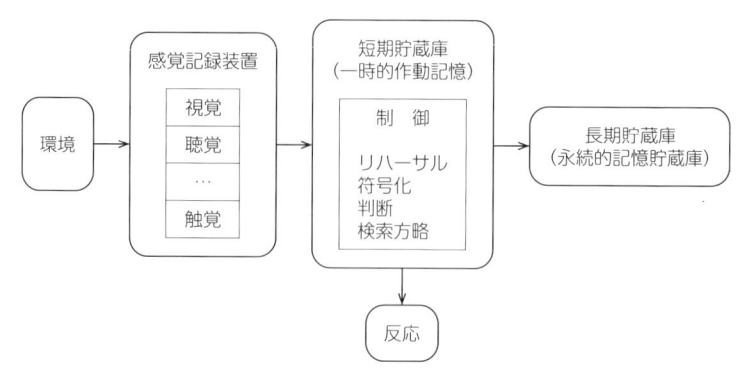

図10-1 アトキンソンとシフリンによる記憶モデル
(出所) Atkinson & Shiffrin, 1971

「CHJ」)を提示し，次に3桁の数字(「506」)を提示した。実験参加者は合図が示されたときに最初の文字列を思い出すことが求められた。合図が示されるまで，一定の時間，数字から3ずつ引いた数字を1秒ごとに答えた。こうすることで実験参加者が最初に提示された文字列を心の中で繰り返し唱えること（リハーサル）を妨げることができると考えられる。文字列を正しく思い出せた割合は，3秒後であれば5割以上であったが，6秒後，9秒後，12秒後と急激に下がり，15秒後には1割以下までになった。

　短期記憶に保持できる情報の量は関連する知識の組織化に依存することが知られている。チ（Chi, 1978）はチェス盤上の駒の配置を10秒間見た直後に，配置を再構成する課題を用いて，10歳前後の子どもたちと大学院生の成績を比較した。駒の配置はチェスの実戦で中盤に現れるものであった。子どもたちは大学院生たちよりもチェスの知識が豊富であった。チェスの配置を再構成する課題では子どもたちの正答率が大学院生たちよりも高くなった。一方，10個の数字を用いた直後の再生課題では大学院生たちの成績が子どもたちを上回った。子どもたちは，チェスの知識を用いて駒の配置を意味のあるまとまり（チャンク）にすることが可能であったため，大学院生よりも成績が良くなったと考えられる。

　重い癲癇(てんかん)を治療するために，海馬傍回と扁桃体，そして海馬の2/3を切除す

10章　注意・記憶

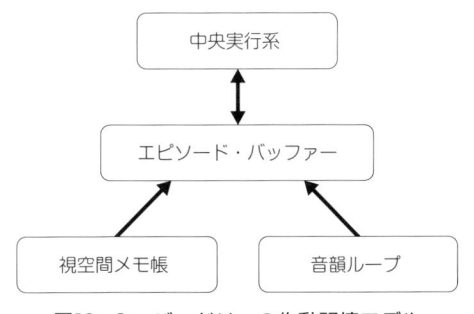

図10-2　バッドリーの作動記憶モデル
（出所）Baddeley, 2012

る手術を受けた患者（HM）は，手術後，新しく経験したことを覚えられない深刻な順向性健忘症を示すようになった（Shimamura, 1989）。言語能力やIQのテストには問題が見られなかったが，どの感覚から得られた情報に関する記憶も損なわれていた。新しい語彙を獲得することもできなかった。短期記憶は正常であり，一時的に情報を貯蔵することは可能であるのだが，注意が移ったり，短期記憶の容量を超えたりすると情報は二度と思い出すことができなかった。しかし，新しい技能については学習が可能であった。たとえば，鏡を見ながら星の形をなぞる鏡映描写の課題でHM氏は良好な成績を示した（4節の(3)で述べる潜在記憶と顕在記憶の解説を参照）。

　情報は短期間保持されるだけなく，思考や理解の過程で利用されると考えられる。能動的な記憶システムとして**作動記憶**（working memory）のモデルが提案されている。バッドリー（Baddeley, 2012）による作動記憶は，**音韻ループ**，**視空間メモ帳**，**エピソード・バッファー**，そして**中央実行系**の4つの要素から成る（図10-2）。

　音韻ループは言語の習得や理解の場面で利用されていると考えられる。母語や新しい言語を学習するときに，単語に含まれる音韻構造を聞き取るために音韻ループが利用される。視空間メモ帳では視覚的イメージの操作が行われる。たとえば，最初に大文字のJを想像し，次に大文字のDを90度左に回転し，Jの上に置くと何になるかを実験参加者に尋ねる課題（Finke & Slayton, 1988）

では，視空間メモ帳が利用されていると考えられる。

エピソード・バッファーは作動記憶の各要素に貯蔵されている情報や，長期記憶に貯蔵されている情報を結びつける機能を持つと考えられる。たとえば，文を記憶する材料として記憶範囲の課題を行った場合には，音韻ループのみのはたらきでは説明できないであろう。文法的な知識と文の意味によって単語の順序が制約を受けるため，文に含まれる単語を提示順序通りに再生することが容易になると考えられる。

中央実行系は記憶システムでなく，注意を制御するシステムである。自分が行っていることを監視して，進行中の課題に集中し，周囲の出来事に気を取られないようにすることが中央実行系のはたらきと考えられる。作動記憶のモデルは，短期記憶の機能を注意や意識のはたらきと結びつけて検討できる点で注目されている。

4　長期的な記憶のはたらき

「10分前に，この実験室でモニター上に提示される単語を見た」というように時間や場所を特定できる記憶は**エピソード記憶**と呼ばれる。一方，単語の連想語を想起したり，物体の名前や用途を思い出したりするときに利用される知識は**意味記憶**と呼ばれる。

(1)　エピソード記憶

長期記憶には経験した出来事あるいは習得した知識や技能などが貯蔵されている。長期記憶の情報は意識されていない状態であるが，何かのきっかけによって一部が意識にのぼってきたり，判断を導いたりする。出来事の記憶に関する実験室的研究では，覚えるべき項目（たとえば，単語）が一つひとつ提示され，すべてが提示された後に項目を思い出すこと（**再生記憶**テスト），あるいは項目が以前に提示されていたかどうかを判断すること（**再認記憶**テスト）が実験参加者に求められる。再生記憶テストでは項目が提示されていた状況（場

所や時刻，一緒にいた人，あるいはそのとき考えたことなど）を手がかりにして，実験参加者は提示された項目を思い出す。再認記憶テストでは項目が示されるので，それが以前に提示されていたかどうかを区別する判断が求められる。これらの課題での記憶成績は，多くの場合，学習時に項目が提示されている時間に依存する。覚えるべき項目に接する時間が長ければ記憶の成績は良くなることが予想される。また，記憶の成績は，最後の項目が提示されてからテストが始まるまでの遅延時間（あるいは保持期間）の長さに依存する。記憶の成績はテストまでの時間が長ければ長いほど低下することが予想される。

　興味深い内容については意外とよく覚えているというような経験をすることがある。記憶課題での成績については，項目をどのように処理するかが後の記憶成績に影響を及ぼすことが知られている。クレイクとロックハート（Craik & Lockhart, 1972）は，短期記憶に保持されている情報に対する処理に水準があり，より深い水準の処理を施された項目は長期記憶に残りやすいと考えた（**処理水準説**）。クレイクとタルヴィング（Craik & Tulving, 1975）は，5文字からなる単語を実験参加者に一つずつ提示し，その都度，その単語の文字が大文字か小文字かの判断，単語の読みを比較する判断，あるいは単語を文の一部に当てはめることが可能かどうかの判断のいずれかを実験参加者に求めた。すべての単語が提示された後の記憶テストでは，文字の判断を行った単語についての成績がもっとも悪く，音韻についての判断を行った単語が次に続き，文に当てはまるかどうかの判断を行った単語についての成績がもっとも良い成績であった。

　音韻の処理は浅い処理であり記憶に有利にはたらくことはないと結論できるのだろうか。フィシャーとクレイク（Fisher & Craik, 1977）は音韻の処理が後の再生テストで有利に作用することを示した。彼らは，単語の学習時に実験参加者が音韻的処理を行う条件と意味的処理を行う条件を比較した。その後の記憶テストでは，**検索**の手がかりになる語を提示し，学習した単語を思い出すことを求めた。手がかり語が学習語の同韻語（読みの一部が同じ）である条件と学習語の連想語である条件が比較された。手がかり語が同韻語であるテスト

第Ⅲ部　実験で知る心の機能

> ☕ **コラム　初頭効果と新近効果**
>
> 　20個ほどの単語を一つずつ提示した後，実験参加者に単語を自由な順序で思い出すことを求めると，最初に提示したいくつかの単語と最後に提示したいくつかの単語の再生率は中間部分の単語より高くなることが多い。学習単語リストの初めの部分の成績が良くなることを**初頭効果**，終わりの部分の成績が良くなることを**新近効果**と呼ぶ。初頭効果については心的リハーサルの回数と成績が関連することが明らかになっている（Rundus & Atkinson, 1970）。実験参加者が提示された単語を覚えようとして，心の中で繰り返し唱えるために学習が進行し，長期記憶に貯蔵されやすくなると考えられる。新近効果については，リスト提示後，参加者が挿入課題を暫く行うと消滅することから，短期記憶に保持されていた情報が新近効果をもたらすとみなされた（Glanzer & Cunitz, 1966）。しかし，新近効果は長期記憶を扱っていると考えられる実験でも現れることが確認されている。
>
> 　新近効果に関する実験から，学習時に単語を提示する時間間隔（t）と記憶テストまでの保持期間（T）との比（t/T）が大きいほど新近効果が大きくなるという法則性が見出された（Glenberg, Bradley, Stevenson, Kraus, Tkachuk, Gretz, Fish, & Turpin, 1980）。この法則は保持期間が長くても学習時の提示間隔が長ければ新近効果が現れることを予測する。この予測は新近効果と短期記憶を結びつける説と矛盾するのであるが，予測と一致する実験結果が示された。
>
> 　順向性健忘の症状を示す患者は新たな経験を長期記憶に貯蔵できないが，短期記憶のはたらきは保たれている。順向性健忘の患者に自由再生を求めた実験では，学習リストを提示した直後であれば新近効果が見られるが初頭効果が示されず，保持期間が長く長期記憶と関連する課題では新近効果が健常者と比べて小さくなることが示された（Carlesimo, Loasses, & Caltagirone, 1996）。このような結果は，初頭効果と新近効果を，それぞれ長期記憶と短期記憶に結びつける説と矛盾しない。最近の出来事が思い出されやすい傾向である新近効果は，現在とかかわる見当識を支えていると考えられるが，複数の要因が関係しているのかもしれない。

条件では，学習時に音韻の処理を行った単語のほうが，学習時に意味的処理を行った単語よりも成績が良くなる結果が示された。浅い処理と考えられる音韻処理が記憶テストで有利にはたらくことから，クレイクらの処理水準説には問題点があるといえる。

処理水準説の問題点として，何が浅い処理で，何が深い処理なのかについて基準が存在しないという点が指摘された。むしろ，記憶の維持に有効なのは，意味的な精緻化であったり，単語をひとまとまりの項目として処理することであったりすると考えられるようになった（Craik & Tulving, 1975）。また，学習時の符号化と記憶テストで利用される情報が一致するほど有利であると考えられる（Fisher & Craik, 1977）。

（2）　意味記憶

　意味記憶は世界に関する知識であり，物事を認識するための概念でもある。意味記憶には**スキーマ**あるいは**スクリプト**と呼ばれる物事の関係を表す知識も含まれる（14章も参照）。スキーマは物事の意味的関係を表している。たとえば，教室には4つの壁があり，一面の壁に大きな黒板が取り付けられ，椅子と机が置かれていて，着席した人が黒板を見やすいように配置されている可能性が高いといった関連を表す。スクリプトは物事の順序関係に関する知識で，朝起きたときにすること（たとえば，服を着替えて，顔を洗い，歯を磨くなど）や，レストランで食事をするときの手順などに関する知識である。私たちは幼児のころから長い時間をかけて意味記憶，すなわち知識を獲得してきたと考えられる。したがって，大学生が保持している知識の構成と，幼児が獲得した知識の構成では大きく異なることが予想される。大学生では意味的な関係に基づく知識（スキーマ）が充実しているが，幼児は意味的な情報よりも時間的順序に基づくまとまり（スクリプト）や対象の大きさ，形の類似性などの影響を受けやすい。知識の違いは私たちの認識や判断の発達的変化を説明する要因の一つであると考えられる。

　意味記憶は体験したことの整理や文章の理解に補完的・促進的にはたらくと考えられるが，ときには記憶の不正確さを助長することもある。たとえば，心理学の実験に参加するために，大学の小さな部屋でしばらく待機することになったとしよう。実験室に移ると，これまで待機していた部屋に何があったかと尋ねられる。多くの実験参加者は椅子，机，壁，ポスター，棚などを答えた。

これらは実際に部屋にあったものであり，同時に大学の研究室にありそうなものであった。実際には置かれていなかったがその部屋に置いてありそうな本を報告する人もいた。一方，その部屋には置いてありそうにない小さな頭蓋骨が実際には置かれていたのだが，そのことを報告した人は少なかった。ブリュアとトレヤンズ（Brewer & Treyens, 1981）によるこの実験の結果は印象的ではないかもしれない。しかし，日常生活では些細な記憶の誤りが重大な問題を引き起こす場合が考えられる（たとえば，事件に関する証言を求められたとき）。

（3） 潜在記憶

　過去の出来事であるという意識をともなわずに，過去の経験の蓄積が私たちの行動や判断に影響を与えることも知られている。自転車に乗ることを考えてみよう。練習を積んで自転車に乗れるようになったのだが，いつ，どこで練習したのかを覚えていなくても，自転車に乗ってみれば倒れずに操作することが可能である。自転車の乗り方のように技能と結びついている記憶は内容を述べて説明することが難しい。このような記憶は**手続き的記憶**あるいは**潜在記憶**と呼ばれている。一方，エピソード記憶や意味記憶は語ることができる記憶であり，**宣言的記憶**あるいは**顕在記憶**と呼ばれる。

　断片完成テストを用いてタルヴィングら（Tulving, Schacter, & Stark, 1982）は潜在記憶の性質について検討する実験を行った。実験ではあらかじめ一連の単語を一つずつ提示し，再認記憶テストと断片完成テストを1時間後と1週間後に行った。断片完成テストでは，たとえば「か＿れ＿ぼ」のように単語の一部が示されるので，実験参加者は空白部分を埋めて一つの単語を完成させることが求められた。断片完成テストを行う前に単語（「かくれんぼ」）が提示されていると，断片から単語を完成させることができる割合が高くなること（**プライミング効果**）が知られている。タルヴィングらの実験では，潜在記憶を測定していると考えられる断片完成テストの成績が1週間後にほとんど低下しなかったが，顕在記憶と関連すると考えられる再認記憶テストの成績は1週間後に大きく低下することが見出された。これらの結果から，潜在記憶と顕在記憶は

性質が大きく異なることがわかる。

5　日常的な記憶

　記憶がどのような性質を持っているのか，あるいは，自分自身の記憶に関する判断（**メタ記憶**）を私たちは利用している。たとえば，約束したことを忘れてしまいそうであればメモを利用しようと考える。あるいは，知っているはずなのだが思い出せないだけであるとか，自分はその事柄についての知識を持っていないなどのような判断が可能である。

　駅に行く途中で手紙を郵便ポストに投函する，あるいは5分後にオーブンの様子を確認するといった計画や約束に関する記憶は**展望的記憶**と呼ばれる。適切な時期にやるべきことを思い出すためには，周囲の環境にある手がかりや時間的推移を意識する必要がある。展望的記憶には，適切な時期に思い出すことができるかという要素と，思い出すのはどんな内容であったかという要素が含まれている。

　現在に至るまでの自分自身についての記憶は**自伝的記憶**と呼ばれる。自伝的記憶には，過去の経験を再体験するような感覚や，思い出したことは本当に経験したことであるとする信念をともなうことがある。ルビン（Rubin, 2005）は，視覚的記憶を中心にして自伝的記憶が形成されていると主張する。日常的な経験に関する記憶には感覚や感情や信念など多くの要素とそれらの関係が含まれているのであろう。自伝的記憶は，自己を確立し，社会生活を送るために重要な役割を担っていると考えられる。

〈まとめ〉
　注意については聴覚的な選択的注意のはたらきについて述べた。記憶については3つの段階（感覚記憶，短期記憶，長期記憶）を仮定するモデルに基づいて関連する研究を紹介した。感覚記憶については部分報告法を用いた研究を取り上げ，短期記憶については制約を示す研究を取り上げた。また，作動記憶のモデルについて述べた。情

報が短期記憶から長期記憶に移り，貯蔵されることで学習が成立するので，学習と関連すると考えられる要因について検討した。長期記憶は宣言的記憶と手続き的記憶に分かれる。宣言的記憶の内容は意味記憶とエピソード記憶に区別される。記憶の日常的な利用では記憶に関する知識を利用することもある。約束や計画についての記憶は展望的記憶と呼ばれる。経験したことや知識は自分自身を中心に組織化され，自伝的記憶を構成すると考えられる。

〈グロッサリー〉

<u>チャンク</u>　よく知っているひとまとまりのもの（たとえば，単語）をチャンクと呼ぶ。短期記憶の容量を考えるときの単位として提案された（Miller, 1956）。

<u>順向性健忘症</u>　記憶障害が発症した後の経験が長期記憶に残らないこと。一方，発症前の記憶が損なわれることを逆向性健忘症と呼ぶ。

<u>検索</u>　記憶内の情報を引き出してくることを意味する。符号化と検索の段階で，周囲の環境が一致すると再生記憶の成績が一致しない条件より良くなることが報告されている（たとえば，Godden & Baddeley, 1975）。

<u>符号化</u>　学習時（記銘時）の心的処理を意味する。たとえば，単語を音韻的に符号化することもあれば，意味的に符号化することもある。

<u>プライミング効果</u>　先行する経験が課題や作業の遂行に影響を及ぼすこと。意味的な関係による意味的プライミングと項目全体または一部の先行提示による直接プライミングがある。

〈もっと詳しく知りたい人のための文献紹介〉

日本認知心理学会（監修）太田信夫・厳島行雄（編）　2011　現代の認知心理学 2　記憶と日常　北大路書房

Baddeley, A., Eysenck, M. W., & Anderson, M. C. 2009 *Memory*. Psychology Press.

　⇨上記 2 冊は記憶に関するテキストである。基本的な現象，日常的な記憶，記憶の異常など広い範囲の研究が紹介されている。

Eysenck, M. W., & Keane, M. T. 2010 *Cognitive psychology : A student's handbook*. Psychology Press.

　⇨認知心理学のテキストである。注意と記憶に関する研究も詳しく記述されている。

〈文　献〉

Atkinson, R., & Shiffrin, R. M. 1971 The control of short-term memory. *Scientific American*, **225**, 82-90.

Baddeley, A. 2012 Working memory: Theories, models, and controversies. *Annual Review of Psychology*, **63**, 1-29.

Brewer, W. F., & Treyens, J. C. 1981 Role of schemata in memory for places. *Cognitive Psychology*, **13**, 207-230.

Broadbent, D. E. 1958 *Perception and communication*. Oxford: Pergamon.

Carlesimo, G. A., Loasses, M. A., & Caltagirone, C. 1996 Recency effect in anterograde amnesia: Evidence for distinct memory stores underlying enhanced retrieval of terminal items in immediate and delayed recall paradigms. *Neuropsychologia*, **34**, 177-184.

Cherry, E. C. 1953 Some experiments on the recognition of speech with one and two ears. *Journal of the Acoustical Society of America*, **25**, 975-979.

Chi, M. T. H. 1978 Knowledge structures and memory development. In R. S. Siegler (Ed.), *Children's thinking*. Hillsdale, NJ: Erlbaum. pp. 73-96.

Craik, F. I. M., & Lockhart, R. S. 1972 Levels of processing: A framework for memory research. *Journal of Verbal Learning and Verbal Behavior*, **11**, 671-684.

Craik, F. I. M., & Tulving, E. 1975 Depth of processing and the retention of words in episodic memory. *Journal of Experimental Psychology : General*, **104**, 268-294.

Finke, R. A., & Slayton, K. 1988 Explorations of creative visual synthesis in mental imagery. *Memory & Cognition*, **16**, 252-257.

Fisher, P. R., & Craik, F. I. M. 1977 Interaction between encoding and retrieval operations in cued recall. *Journal of Experimental Psychology : Learning, Memory, and Cognition*, **3**, 701-711.

Glanzer, M., & Cunitz, A. R. 1966 Two storage mechanisms in free recall. *Journal of Verbal Learning and Verbal Behavior*, **5**, 351-360.

Glenberg, A. M., Bradley, M. M., Stevenson, J. A., Kraus, T. A., Tkachuk, M. J., Gretz, A. L., Fish, J. H., & Turpin, B. A. M. 1980 A two-process account of long-term serial position effects. *Journal of Experimental Psychology : Human Learning and Memory*, **6**, 355-369.

Godden, D. R., & Baddeley, A. D. 1975 Context-dependent memory in two natural environments: On land and underwater. *British Journal of Psychology*, **66**, 325-331.

Lachter, J., Forster, K., & Ruthruff, E. 2004 Forty-five years after Broadbent (1958): Still no identification without attention. *Psychological Review*, **111**, 880-913.

Miller, G. A. 1956 The magical number seven, plus or minus two: Some limits on our capacity for processing information. *Psychological Review*, **63**, 81-97.

Peterson, L. R., & Peterson, M. J. 1959 Short-term retention of individual verbal items. *Journal of Experimental Psychology*, **58**, 193-198.

Rubin, D. C. 2005 A basic-systems approach to autobiographical memory. *Current Directions in Psychological Science*, **14**, 79-83.

Rundus, D., & Atkinson, R. C. 1970 Rehearsal processes in free recall: A procedure for direct observation. *Journal of Verbal Learning and Verbal Behavior*, **9**, 99-105.

Shimamura, A. P. 1989 Disorders of memory: The cognitive science perspective. In F. Boller & J. Grafman (Series Eds.), L. Squire & G. Gainotti (Vol. Eds.), *Handbook of neuropsychology*, Vol. 3. Amsterdam: Elsevier. pp. 35-73.

Sperling, G. 1960 The information available in brief visual presentations. *Psychological Monographs : General and Applied*, **74**, 1-29.

Treisman, A. M. 1960 Contextual cues in selective listening. *Quarterly Journal of Experimental Psychology*, **12**, 241-248.

Tulving, E., Schacter, D. L., & Stark, H. A. 1982 Priming effects in word-fragment completion are independent of recognition memory. *Journal of Experimental Psychology : Learning, Memory, and Cognition*, **8**, 336-342.

11章　思考・推論
——考えることの心理学

服部 雅史

1　なぜ問題が解けないのか

(1)　問題解決とは

　私たちは，毎日何らかの問題に遭遇していると言っても過言ではない。問題の解決とは，すぐには達成されない目標の達成を指す。たとえば，遅刻しそうなときに急いで走るとすれば，そこには「時間に間に合う」という目標があるだろう。あるいは，もし走るのをあきらめて相手に電話するなら，その目標は相手の信頼を損なわないことかもしれない。目標を達成したら問題は解決したと言える。

　問題解決の困難さは何によって決まるのだろうか。たとえば飛行機の操縦のように，解決するために特別な知識やスキルが必要とされる問題もある。しかし，必ずしも知識の量は，解決の可否や思いつく解の「よさ」と関係あるわけではない。そのことは，次のような例からもわかる。

　いま，「車」「電気」「回転」のいずれとも結びつく語を考えてみてほしい。たとえば，「ブルー」「フォンデュ」「ケーキ」の場合は「チーズ」が正解である（「ブルー〜」「〜フォンデュ」「〜ケーキ」のように結びつく）。ここで，1〜2分読むのをやめて考えてほしい。答えはわかっただろうか。もしこの問題の答えがすぐに思い浮かばないとしても，それは知識が足りないからではない。その証拠に，答えを聞けばすぐに納得がいくはずである（これは**遠隔性連想検査**と呼ばれる問題の一つで，答えは「椅子」である）。つまり，われわれは，解決に必要な知識はすべて持っているのに，その知識へのアクセスに失敗するこ

第Ⅲ部　実験で知る心の機能

> 左の棒に刺さった3枚の円盤を右の棒に移動してください。ただし，円盤は一度に1枚ずつしか動かせません。また，小さな円盤の上に大きな円盤を載せることはできません。

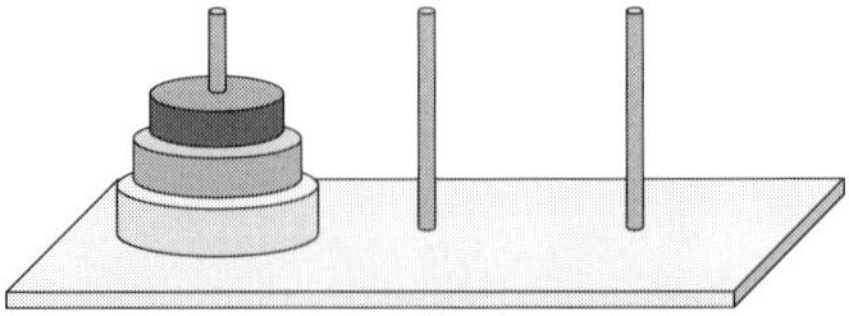

図11-1　「ハノイの塔」問題

とがある。このような現象こそが問題解決の不思議であり，この領域の研究が明らかにするべき課題である。

（2）良定義問題と洞察問題

　心理学や認知科学では，人間の一般的な問題解決過程について調べるために，特定の知識やスキルに依存しない問題が使われてきた。「ハノイの塔」（図11-1）はその好例である。この問題は，最初の状態（初期状態），目標とする状態（目標状態），解決までの間に適用可能な手（オペレータ）と不可能な手（制約条件）がすべて明確に定められている。このような問題は，**良定義問題**と呼ばれる。良定義問題は，初期状態から到達することができるすべての状態（**問題空間**または**状態空間**と呼ばれる）を書き出すことができる（図11-2）。つまり，良定義問題の解決過程は，問題空間の探索と等価になる。重要なのは，人間はコンピュータのように「しらみつぶし」式に探索することはせず，「直感」に従って目標に向かうという点である。人間の直感を科学的に解明するために，問題空間による問題表現は有効である。

　しかし，問題がある。現実場面で実際にわれわれが直面する問題の多くが良定義問題ではないことである。そこで，**洞察問題**と呼ばれる別のタイプの問題が使われることがある。洞察問題とは，いわゆる「ひらめき問題」である。最小限の知識で解けるが，解決に必要な知識へのアクセスへの失敗が生じやすい最大限にシンプルな問題である（図11-3参照）。

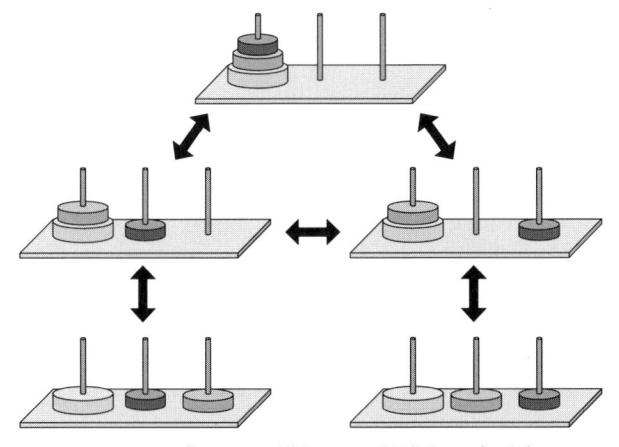

図11-2 「ハノイの塔」問題の状態空間（一部）

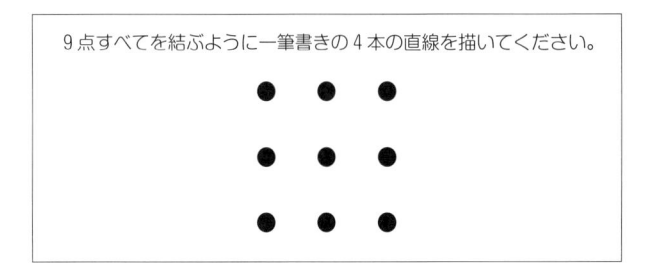

図11-3 9点問題

　洞察（ひらめき）は「突然やってくる」ので，「アハ」（"aha"）体験と呼ばれることがある。メトカーフとウィーブ（Metcalfe & Wiebe, 1987）は，洞察問題解決中に「解にどれくらい近いと思うか」を15秒毎に判断させたところ，解決直前の15秒前でも解に近づいているという実感がほとんどないことを明らかにした。洞察の突発性は，ときに神秘的な感覚を引き起こす。しかし，洞察問題がハノイの塔のような非洞察問題と質的に異なるかどうか，洞察問題解決過程を特別視すべきかどうかについては議論がある。ワイズバーグとアルバ（Weisberg & Alba, 1981）によれば，9点問題のような問題は，線の引き方があまりにも多く問題空間が膨大になり過ぎるだけで特別扱いをする必要はな

い。実際，メトカーフらが示したのは，解が一瞬で形成されたということではなく，解の近くにいてもそのことに気づかなかったというだけのことである。つまり，解決のプロセスが無意識的であり得るとすれば，この議論に決着はつかないことになる。

洞察問題解決に関しては，**孵化効果**と呼ばれる不思議な現象も知られている。孵化効果とは，問題が解けなくて行き詰まったとき，一時的に問題から離れることによって，むしろ解決が促進されることを指す。実証研究は乏しいが，逸話的・経験的にはなじみ深い現象である。孵化効果のしくみについては明らかになっていないが，この効果の存在は，問題から離れている間も無意識的に問題解決がなされている可能性を示唆する。また，不適切なやり方を忘却することによって，適切な方法が思い出されやすくなるとも考えられている。

2　なぜ論理的に考えられないのか

(1)　演繹とは

「思考」とは考えを巡らせることに他ならないが，そのもっともわかりやすい例は，論理的な推論（**演繹**）ではないだろうか。論理的に考えることが大切であることは誰もが知っているが，私たちはつねに論理的に考えられるわけではないこともわかっている。それはなぜであろうか。

素朴に考えると，論理的推論に失敗する理由は2つ考えられる。第1は，論理的推論の方法を知らない場合である。すなわち，論理の知識やスキルが不足しているために論理的推論ができないということが考えられる。知らないからできないのは当然であろう。ただ，論理的推論をするために，論理学の知識は必ずしも必要ではないことには留意する必要がある。これは，文法を知らなくても言語を話せるのと似ている。

第2は，他の要因が論理的推論を妨げる場合である。たとえば，つい感情的になったり，余計なことを考えてしまったりする場合がこれに相当する。この論点こそ心理学が扱うべき重要な課題である。しかし，より興味深いのは，以

11章 思考・推論

> 片面に文字，もう片面に数字が書かれたカードがあります。実験者は「カードの片面が母音ならば裏面は偶数である」と主張していますが，実験者が嘘をついているかどうかを確かめたいと思います。そのために裏返すべきカードはどれでしょうか。

| E | K | 4 | 7 |

図11-4　ウェイソン選択課題［オリジナル版］
（出所）　Wason（1966）に基づいて作成

下に紹介するように，他の要因がなくても論理的に考えられない場合があり，さらに，他の要因があるために却って論理的に考えられる場合すらあることである。ではここで，先を読むのを中断して，図11-4の問題を考えて自分の答えをメモに書き出してみてほしい。

（2）　論理と意味

　図11-4は，「もし A ならば B である」という形式の文（**条件文**と呼ばれる）に関する推論の課題である。心理学では有名な課題で，**ウェイソン選択課題**（Wason, 1966），または **4枚カード問題** と呼ばれる。論理的推論に比較的なじみ深いと考えられる大学生でも，この課題に正答できるのは，通常ほんの1割程度である。正解は次のように考えるとよい。E（母音）は，裏に奇数があると規則が誤りであることになるので裏返す必要がある。同様に，7（奇数）は，裏に母音があると規則が誤りであることになるので裏返す必要がある。しかし，規則は偶数には言及していないので，偶数の裏は母音でも子音でもよい。よって，4は裏返す必要がない。つまり，正解は「Eと7」である。ところが，多くの実験参加者は「Eと4」や「E」だけを裏返すと答える。

　当初，ウェイソン選択課題が難しいのは，課題が抽象的で意味がわかりにくいからだと考えられた。そこで，ジョンソン゠レアードら（Johnson-Laird, Legrenzi, & Legrenzi, 1972）は，図11-5のような具体的な材料を用いた課題を用いて実験を行った。その結果，9割近くの参加者が正解した。封筒版課題

第Ⅲ部　実験で知る心の機能

> あなたは郵便局で手紙を仕分ける仕事をしていると考えてください。あなたの仕事は，「もし封筒に封がしてあれば，50リラ切手が貼られていなければならない」という規則が守られているかどうかを確かめることです。規則が破られているかどうかを見つけるために裏返すべき封筒はどれでしょうか。

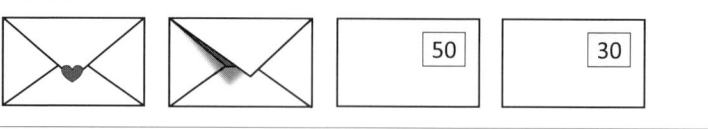

図11-5　ウェイソン選択課題［封筒版］
（出所）Johnson-Laird et al（1972）に基づいて作成

で正解率が上昇したのは，はたして材料が具体的であったからなのだろうか。もしそうだとすれば，材料の具体性が推論の論理性を高めるのはなぜだろうか。論理以外の要因（この場合，具体的情報）があるときに論理的推論がしやすく，論理以外の要因のないときに論理的推論がしにくいということなのだろうか。ところがその後，具体的な材料を使っても正解率がまったく上昇しないという実験結果が得られたことにより，説明がさらに困難になった。このような状況において一つの解決を示したのが，チェンとホリオーク（Cheng & Holyoak, 1985）による**実用的推論スキーマ**の考え方である（スキーマについては，10章，14章も参照）。

　この理論の説明をする前に，まず確認しておくべきことは，ウェイソン選択課題の封筒版がオリジナル版と違う点は，材料の具体性だけではないということである。封筒版の規則は，「～なければならない」という義務の意味合いを含むものであり，調べるべきことも，規則の真偽ではなく，（規則は真という前提で）人々が規則を守っているかどうかである（**義務論**的課題と呼ぶ）。

　封筒版の規則は，「行為がなされるならば，前提条件が満たされていなければならない」という形をしている。これは，行為（「封筒に封をする」）と，その行為のために必要な前提条件（「十分な額の切手を貼る」）の間の関係を表している。このように，条件文「もしAならばB」のAとBの関係が行為と前提条件の関係と理解されると，「前提条件が満たされていなければ，行為がなされてはならない」という関係がすぐにわかる。すなわち，十分な額の切手が

貼ってない封筒に封がしてあってはならないことがわかる。つまり、条件文規則を行為と前提条件の関係ととらえるようなスキーマ（これは**許可スキーマ**と呼ばれ、実用的推論スキーマの一つとされる）が起動すると、裏返すべきカードが直ちにわかることになる。

要するに、具体性が論理性を促したのではなく、スキーマを使って事態を理解したことが、たまたま論理解に合致するカードを選ぶことを促進したということである。論理学の知識や推論能力は関係ない。また、特定のエピソードを知っているかどうかといった領域依存の（具体的）知識も関係ない。もう少し抽象的なスキーマが起動されることが重要なのである。

3　なぜよい決定ができないのか

(1)　意思決定とは

私たちは、一人ひとりが異なる個性や好みを持っている。自分がどんな服を選ぶかは、自分の好みが決めることである。だから、個人がどんな意思決定をするかについて、他人がどうこう言う余地はないと思うかもしれない。しかし、私たちの好みは、じつはあまり首尾一貫していない。ときには、明らかに「非合理的」な選択をしてしまう。たとえば、メニューに「上」と「並」の2つがあり、値段とのかね合いで2つの選好が等しい（2つが同程度に魅力的である）とする。そのとき、メニューに「特上」が加わると、「上」が選ばれやすくなることが知られている（**妥協効果**と呼ばれる）。本来、並で十分満足できるのに、「無関係な」情報によって並では満足できないと考えるようになるとすれば、これはあまり合理的な判断過程とは言えないだろう（裏を返せば、誰も頼まない高級商品をメニューに載せることが、店側にとっては「合理的」選択なのかもしれない）。判断と意思決定の心理学の課題は、非合理的な選択の傾向を知ること、すなわち、どのような要因によって、どのようなバイアス（偏り）が、なぜ発生するのかを明らかにすることである。

決定を迷わせる最大の要因は、おそらく不確実性である。たとえば、傘を持

っていくかどうか迷うのは，雨が降ることが確実ではないからである。もし，必ず雨が降るとわかっていれば，迷わず傘を持っていくだろう。したがって，事象の確率判断，すなわち，あることがらがどれくらいの確からしさで起こるかの見積りが正しくできることは，よい決定のための重要な前提条件となる。ところが，私たちの確からしさの判断には，いくつかのバイアスがあることが知られている。

（2）確率判断

たとえば，あなたなら次の選択肢のうちどちらを選ぶだろうか。(1)必ず2万4千円もらえる。(2)25％の確率で10万円もらえるが，75％の確率で何ももらえない。また，次の場合はどうだろうか。(3)必ず7万5千円取られる。(4)75％の確率で10万円取られるが，25％の確率で何もとられない。ある報告（Tversky & Kahneman, 1981）によれば，最初の問題では84％が(1)を選び，後の問題では87％が(4)を選んだ。すなわち，利得状況では，期待値が少々低くても確実な選択肢が好まれ（**リスク回避**），損失状況では，期待値が同じなら不確実な選択肢が好まれる（**リスク追求**）傾向がある。これらは，選択のバイアスである。なお，「リスク」とは，危険性という意味ではなく，不確実性（確率情報を含むこと）を指す。

次に，図11-6の問題を読んで自分の答えを出してみてほしい。トバスキーとカーネマン（Tversky & Kahneman, 1983）が行った実験では，明確な傾向が観察された。142人の参加者の85％が(2)と答えた。しかし，命題AとBの連言（AかつB）の確率$P(A \cap B)$が，一方の命題だけの確率，$P(A)$や$P(B)$を

リンダは31歳の独身，歯に衣着せずにものをいう方で，非常に頭が切れます。大学では哲学を専攻しました。学生時代は，差別問題や社会正義の問題に強い関心を持って，反核デモにも参加しました。現在の彼女について，次のどちらがよりよく当てはまると思いますか。
(1)リンダは銀行の現金出納係である。
(2)リンダは銀行の現金出納係であり，男女同権主義運動をしている。

図11-6　リンダ問題

（出所）Tversky & Kahneman, 1983

超えることはない。なぜなら，男女同権主義運動をしている現金出納係の集合（AかつB）は，単なる現金出納係の集合（A）の一部であるからである。つまり，大多数の回答は確率論的に間違っていたことになる（この誤りを**連言錯誤**と呼ぶ）。このような基本的な誤りを犯してしまうのは，確率判断が，**代表性**（representativeness）に基づいてなされるからであるとされ，このような思考方式を**代表性ヒューリスティック**と名づけた（ヒューリスティックについては14章参照）。この場合の代表性とは，類似性とほぼ同義である。すなわち，リンダがある集団に属する確率の判断は，リンダがその集団のもっとも典型的な事例とどれくらい似ているかによってなされる。リンダは，典型的な銀行の現金出納係のイメージに一致しない。もし男女同権主義運動をしている銀行の現金出納係の人々がいるとすれば，その方がリンダのイメージに近いため，確率が高く評価されたと考えられる。

(3) フレーミング：ものの見方

意思決定を歪めるのは，確率判断の誤りだけではない。たとえば，図11-7に示すアジア病問題（Tversky & Kahneman, 1981）について考えてみてほしい。あなたなら，計画AとBのどちらを採用するだろうか。この問題に正解はない。まずはここで，あなた自身の選択を決定してみてほしい。

次に，同じ状況における別の計画として，こんどは以下の計画1と2があるとき，あなたならどちらを採用するか考えてみてほしい。
・計画1が採用されれば，400人が死ぬことになる。

滅多に見られないアジアの伝染病が米国で大流行する兆候があります。600人の人が死ぬと推定されます。そこで，この病気に対応するために，2つの計画が提案されました。それぞれの計画の結果を厳密に科学的に推算したところ，次のようになりました。あなたは，次の2つのどちらの計画を取りますか。
・計画Aが採用されれば，200人が助かる。
・計画Bが採用されれば，600人が助かる可能性が1/3，誰も助からない可能性が2/3である。

図11-7　アジア病問題

（出所）　Tversky & Kahneman, 1981

第Ⅲ部　実験で知る心の機能

コラム　合理的な思考とは

　人間は合理的な思考ができるのだろうか。思考の認知心理学は，われわれが，ウェイソン選択課題のような単純な論理課題ですら非常によく間違えることを示してきた。また，アジア病問題で見られるフレーミング効果のように，われわれが明らかに矛盾する意思決定をし，しかもそのことに気づかないことを示してきた。つまり，われわれ人間は，いかに合理的な思考が苦手かということを，さまざまな課題を使って実証的に明らかにしてきたと言える。

　しかし，1990年代に入って，**進化心理学**（Cosmides, 1989）や**合理分析**（Anderson, 1990）の考え方が現れ，人間の認知は環境に適応しているという見方が広まった。すなわち，非合理的に見える行動にも適応的意味があることが認識されるようになってきた。たとえば，ウェイソン選択課題でもっともよく観察される「Eと4」という誤答は，たしかに論理的には間違いであるが，期待獲得情報量に基づく数理的分析によって，有望な仮説を効率的に探索するという観点からは，最適な（合理的な）選択であることが示された（Oaksford & Chater, 1994）。

　環境は不可避的に不確実であるが，人間の認知資源は有限である。しかも，新しい問題が次々に発生する。したがって，重要な問題から順に効率的に解決していく必要がある。そのような要求に応えるという意味で，人間の思考は「合理的」なのかもしれない。こうして，2種類の合理性を考える必要があることが認識されるようになった。すなわち，論理学などの数学的規範系に合致するという意味での**規範的合理性**と，環境の中で適応的に生存するという意味での**適応的合理性**（生態的合理性）である。

・計画2が採用されれば，誰も死なない可能性が1/3，600人が死ぬ可能性が2/3である。

　トバスキーとカーネマン（Tversky & Kahneman, 1981）の実験では，図11-7の問題では，大多数（152人の72％）が計画Aを採用した。また，上の問題では大多数（155人の78％）が計画2を採用した。あなたの選択はどうだっただろうか。

　前述の通り，この問題に正解はないので，各個人がどちらの計画を選ぶかは問題ではない。問題なのは選好の一貫性である。計画Aでは200人が助かるとある。600人が死ぬことが前提となっているので，つまり，残りの400人は死ぬ

ことになる。要は，計画 A は計画 1 と同じである。同様に，計画 B は計画 2 と同じである。したがって，計画 A を選んだ人は計画 1 を選ぶべきであり，計画 B を選んだ人は計画 2 を選ぶべきである。ところが，多くの人はそうしない。

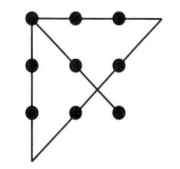

図11-8　9点問題の正解

　客観的にはまったく同じ選択肢でも，その心理的な構成のしかた（framing）の違いによって，選択結果が異なることをフレーミング効果（framing effect）という。図11-7の計画 A，B と上の計画1，2は，実質的には同じ選択肢であるが，「助かる」とポジティブに表現するか，「死ぬ」とネガティブに表現するかで，各選択肢の持つ意味が変わると言える。「200人が助かる」という表現は，誰も助からない事態を暗黙の基準にしている。「生存200人 + 死亡400人」という事態がプラスに見えるとすれば，それは全員が死ぬ事態がゼロ点に設定されたからであろう。一方，「400人が死ぬ」という表現は，誰も死なない事態を基準（ゼロ点）にしている。ゼロ点をどこに設定するかで，同じ状況が利得に見えたり損失に見えたりする。ポジティブ・フレームによって利得状況ととらえられれば，リスク忌避傾向（p. 162参照）が誘発される。その結果，確実な（確率情報を含まない）選択肢が好まれる。反対に，ネガティブ・フレームによって損失状況ととらえられれば，リスク追求傾向（p. 162参照）が誘発され，不確実性を含む選択肢が好まれることになる。つまり，リスク忌避・追求傾向といったバイアスが選好を変えたと言えるが，そのバイアスを引き出したのは，ものの見方，すなわちフレーミングである。

〈まとめ〉
　ものごとをよく知っていることが「思考」に有利とは限らない。洞察問題解決の研究成果によれば，いくら知識をもっていても，それらにアクセスすることができない場合があるからである。たとえば，もし図書館の本が分類されていなかったとしたら，探している本を見つけるのはほとんど不可能である。つまり，適切な構造化が知識の利用可能性を高める。実用的推論スキーマも構造化された知識・枠組みの一つと考えられるが，これが義務論的推論を促進することを見た。

第Ⅲ部　実験で知る心の機能

　しかし，通常とは異なる知識の使い方が必要なとき，構造化が仇になることがある。それが，問題の解決を妨げる要因になるかもしれない。同様に，ヒューリスティックも両刃の剣である。われわれは，ヒューリスティックのおかげで効率的な処理ができるが，それが柔軟な見方を妨げることもある。たとえば，初対面の相手でもその人がどんな人かを予想して準備・対応することができる半面，ときには，それが誤った先入観や偏見の一因になることもある。

　さらには，ものごとの見方が，どの知識が活性化されるかを変える。アジア病問題のように，フレームがポジティブかネガティブかによって選択肢の「よさ」が違って見えてくることがある。問題の評価を誤ると，適切な知識が活性化しないために，使えるはずの知識が使えないことになる。

　認知の特性には，よい面と悪い面がある。認知的錯誤を防ぐための特効薬はないが，このような認知のしくみを知っておくことが大切であろう。

〈グロッサリー〉

洞察　問題解決過程において，非連続的・突発的に解決にいたること。ゲシュタルト心理学者によれば，試行錯誤ではなく，知識の再構造化によって達成される。

演繹と帰納　論理学の規則に則った推論とそれ以外の推論。帰納には，一般化，類推，因果推論など多くの推論が含まれる。

条件文　「もし A ならば B である（$A \rightarrow B$）」という形式の文。通常の論理学では「A でない，または B である（$\neg A \vee B$）」と等価とされるが，心理学的には等価ではないと考えられている。

代表性（representativeness）　ある事例が当該クラスを代表している程度。カテゴリーのプロトタイプとの類似性。

〈もっと詳しく知りたい人のための文献紹介〉

楠見孝（編）　2010　現代の認知心理学3　思考と言語　北大路書房
　　⇨このシリーズは，最新の研究成果も含めて，認知心理学の全体像を偏りなく，かなり詳しく知ることができる。とくに，第3巻の第1章（演繹推論と帰納推論），第2章（問題解決），第5章（意思決定と行動経済学）が本章と関連が深い。

海保博之・楠見孝（監修）　2006　心理学総合事典　朝倉書店
　　⇨10章（思考）において，演繹，帰納，問題解決，意思決定，知識の転移と獲

得について説明されている。思考の心理学の概要を知るのに最適。

⟨文　献⟩

Anderson, J. R. 1990 *The adaptive character of thought*. Hillsdale, NJ: Lawrence Erlbaum Associates.

Cheng, P. W., & Holyoak, K. J. 1985 Pragmatic reasoning schemas. *Cognitive Psychology*, **17**, 391-416.

Cosmides, L. 1989 The logic of social exchange: Has natural selection shaped how humans reason? Stduies with the Wason selection task. *Cognition*, **31**, 187-276.

Johnson-Laird, P. N., Legrenzi, P., & Legrenzi, M. S. 1972 Reasoning and a sense of reality. *British Journal of Psychology*, **63**, 395-400.

Metcalfe, J., & Wiebe, D. 1987 Intuition in insight and non-insight problem solving. *Memory & Cognition*, **15**, 238-246.

Oaksford, M., & Chater, N. 1994 A rational analysis of the selection task as optimal data selection. *Psychological Review*, **101**, 608-631.

Tversky, A., & Kahneman, D. 1981 The framing of decisions and the psychology of choice. *Science*, **211**, 453-458.

Tversky, A., & Kahneman, D. 1983 Extensional versus intuitive reasoning: The conjunction fallacy in probability judgment. *Psychological Review*, **90**, 293-315.

Wason, P. C. 1966 Reasoning. In B. M. Foss (Ed.), *New horizons in psychology*. Harmondsworth, UK: Penguin. pp. 135-151.

Weisberg, R. W., & Alba, J. W. 1981 An examination of the alleged role of "fixation" in the solution of several "insight" problems. *Journal of Experimental Psychology : General*, **110**, 169-192.

12章　学習（行動・動物）
――環境と個体の相互作用

藤　　健一

　ヒトや動物の個体の行動において，その個体の経験によって変容する行動現象を学習という。この行動現象には，レスポンデント行動とオペラント行動の2種類がある。レスポンデント行動は，レスポンデント条件づけ手続きにより再現され，またオペラント行動はオペラント条件づけ手続きにより再現することができる。

　これらの行動現象の生ずる仕組みについては，動物行動実験による厳密な条件統制のもとで，いずれも見いだされた。

1　パヴロフの犬――イヌは如何にして唾液を分泌するようになったか

（1）　レスポンデント行動

　レスポンデント行動とは，以下の諸要素を含む一つながりの行動現象である。

　ある刺激を個体に提示したとき，必ずある反応が引き起こされたとする。たとえば，口中に梅干しを入れると唾液が必ず分泌される。このような刺激と反応の関係があるとき，その刺激を**無条件刺激**（Unconditioned Stimulus, US）とよび，USによって必ず引き起こされる反応を**無条件反応**（Unconditioned Response, UR）という。どのような刺激がUSとして機能するかは，動物種としての制約や特性に関連する。USもURもともに，その刺激と反応との関係が同定されてはじめてその機能を同定することができる。

　さて，ここで特定のURを誘発しない刺激（**中性刺激**, Neutral Stimulus, NS）を，USと同時に提示したとしよう。梅干しを口中に入れると同時にベル

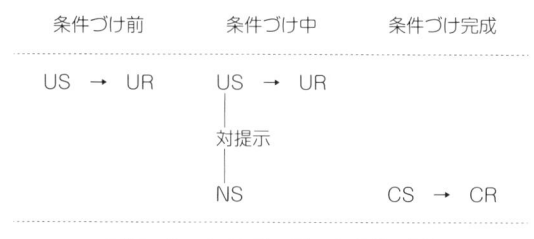

```
条件づけ前          条件づけ中          条件づけ完成
US → UR           US → UR
                   |
                  対提示
                   |
                  NS              CS → CR
```

図12-1　レスポンデント条件づけ

を鳴らす。これを繰り返すと，梅干しが無くてもベルを鳴らすだけで唾液が分泌されるようになる。この手続きのことを，対提示とよぶ。このようなそれまで備えていなかった機能を獲得した刺激のことを，**条件刺激**（Conditioned Stimulus, CS）という。CSによって引き起こされた反応を**条件反応**（Conditioned Response, CR）という。一旦形成されたCSであっても，その後にUSとの対提示の機会を奪うと，CSの機能は消失する。この手続きを，消去という。

　このような刺激と反応との関係によって成立する行動を，レスポンデント行動とよぶ。この関係を，図12-1に示す。レスポンデント行動の特徴は，反応は先行提示される刺激（US）の性質によって規定されること，また，CSとしてどのような刺激を組み合わせるかは，環境（実験室実験であれば実験者）により決定されることである。たとえば，食事において唾液分泌が生起する。口中に入った食物はUSとしてURの唾液分泌を必ず引き起こすが，同時に，食卓に並ぶ料理や食器（視覚刺激），また料理の匂いや香り（匂い刺激）も，唾液分泌を引き起こす。この場合の唾液分泌は，食物（US）摂取において自然に生じた対提示により獲得されたCS，すなわち視覚刺激や匂い刺激によって生起したCRである。これらのCSの機能は，USとしての食物が実際に口中に入れられるという経験との対提示によって，形成されるのである。

（2）　レスポンデント条件づけ

　レスポンデント条件づけの手続きには，USとCSの提示の時間的組み合わせから，5種類が知られている。これを図12-2に示す。CS提示開始がUS

12章　学習（行動・動物）

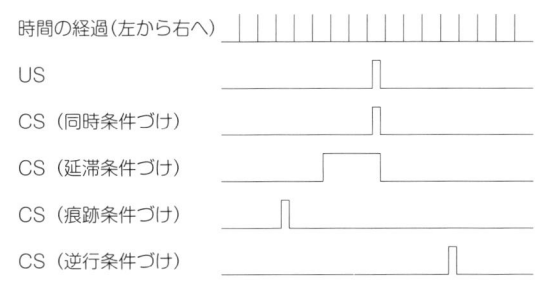

時間の経過（左から右へ）
US
CS（同時条件づけ）
CS（延滞条件づけ）
CS（痕跡条件づけ）
CS（逆行条件づけ）

図12-2　レスポンデント条件づけの各手続き
（注）このほかに，定時間隔でUSを規則的に提示する時間条件づけがある。この条件づけにおいてUSの提示時間間隔がCSとなれば，US提示を中止しても条件反応がほぼUSの提示間隔で生起する。

図12-3　パヴロフの条件反射実験室
（出所）　Pawlow, 1953, p. 373.

と同時か，US提示前5秒以内に設定された同時条件づけがもっとも強力であり，一方，逆行条件づけは成立が困難とされている。レスポンデント条件づけについては，ロシアの生理学者，パヴロフ（Pavlov, I. P.）（1849-1936）によってはじめて体系立てて研究が行なわれた。当時の実験の様子を，図12-3に示

171

第Ⅲ部　実験で知る心の機能

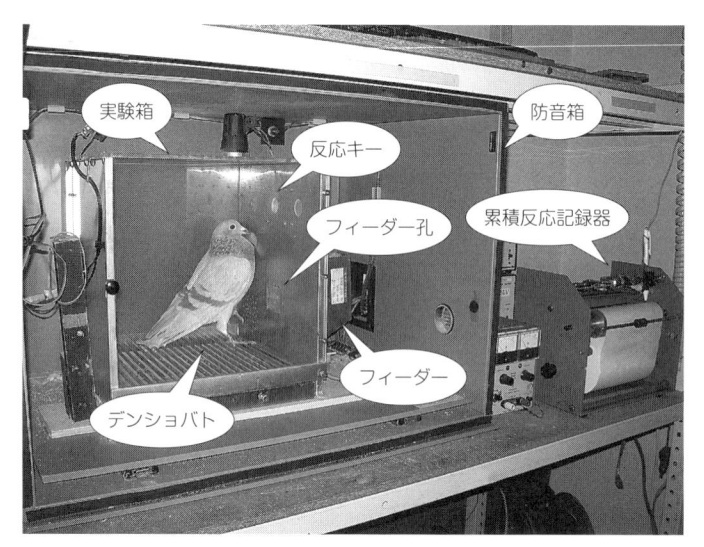

図12-4　ハト用実験箱と実験装置の外観
（注）防音箱の蓋は撮影のため外してある

す。いずれにせよ，パヴロフの犬に唾液分泌を生じさせたのは，イヌにとっての「環境」であったパヴロフその人であった。

2　スキナーのハト——ハトは如何にしてキーをつつくようになったか

(1) オペラント行動

　ヒトや動物の行動には，それらに先行するUSあるいはCSに相当する刺激が見当たらない，いわゆる自発反応が多い。このような自発反応を，オペラント反応とよぶ。では，オペラント反応はどのような原理で支えられているのだろうか。アメリカの心理学者，スキナー（Skinner, B. F.）（1904-1990）は，ネズミやハトを用いた動物行動実験で，この行動を研究した。スキナーが考案した**実験箱**（オペラント箱）の一例を，図12-4に示す。程々に空腹にしたハトを箱の中に入れる。ハトは，じっとしていたり，そのうちに動き出すかもしれない。やがて，嘴で箱の床や壁をつつくかもしれない。たまたま箱に取り付け

12章　学習（行動・動物）

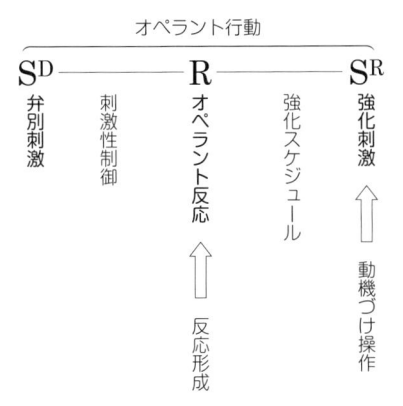

```
        オペラント行動
   ┌─────────────────────┐
   S^D ───── R ───── S^R
   弁  刺    オ  強   強
   別  激    ペ  化   化
   刺  性    ラ  ス   刺
   激  制    ン  ケ   激
       御    ト  ジ
             反  ュ    ⇧
             応  ー   動
                 ル   機
              ⇧       づ
             反       け
             応       操
             形       作
             成
```

図12-5　オペラント行動と三項強化
　　　　随伴性

られているキー（スイッチ）に触れるかもしれない。また，そのキーの回路が働いて，餌が提示されれば，ハトは出てきた餌をついばむであろう。このような自発した反応（オペラント反応）と，それに後続して生ずる事象（後続事象）との間の関係が維持されていれば，ハトのキーつつき反応の頻度は増大する。これは，後続事象が先行する反応を補強するように作用したのである。ところで，キーが赤光に点灯しているときのキーつつき反応には，餌が提示され，一方，緑光に点灯しているときのキーつつき反応には，餌を提示しなかったとしよう。このような反応先行する刺激と反応に後続する事象との関係を保って訓練を行なうと，当初は赤光でも緑光でもキーをつついていたハトが，そのうちに赤光に点灯したときのみキーをつつき，緑光に点灯したときはキーをつつかなくなる。このことは，先行する刺激が，後続するオペラント反応を統制していることを示しており，このはたらきを**刺激性制御**という。また，この訓練を弁別訓練とよび，獲得された行動を**弁別**という。このような機能を獲得した先行刺激のことを，弁別刺激という。このとき，先行刺激が最初からそのような後続する反応を統制する機能を持ち合わせていたわけではないことに注意すべきである。この，先行事象，オペラント反応，後続事象の3つの要素の関係を**三項強化随伴性**とよび，これを図12-5に示す。

(2) 反応形成とオペラント条件づけ

　このオペラント反応は，いかにして形成されるのであろうか。仮に，空腹状態においたハトを用いて，キー（反応用のスイッチ）をつつく反応を形成するとしよう。手続きは以下のようになる。【手順1】実験箱内でハトが安定して摂食するよう訓練する。【手順2】実験箱内で安定して摂食するようになったならば，フィーダーから直接餌を摂取するように訓練する。【手順3】最初のキーつつき反応出現頻度はほとんど零である（オペラント水準）。そこで，一連の中間段階の反応様式を強化（後述）の基準に設定する。①頭部を反応キーの方向に向けていること（キーまでの距離は問わない）。②頭部を反応キーの方向に向けており，かつ，3cm 以内の距離にあること。③頭部を反応キーの方向に向けており，かつ，1cm 以内の距離にあること。④嘴を反応キーの設置パネル（前面）面のどこかに触れること（キーをつつかなくてもよい）。⑤嘴を反応キーから半径5cm 以内のパネル面のどこかに触れること（キーをつつかなくてもよい）。⑥嘴を反応キーから半径3cm 以内のパネル面のどこかに触れること（キーをつつかなくてもよい）。⑦嘴で反応キーに触れること（キーをつつかなくてもよい）。⑧嘴でキーを自力でつつくこと。例示した①から⑧の強化基準を順次移行しながら用いる場合，ある基準下でのハトの反応の安定を待って，次の基準に移行する（漸次接近法）。このとき重要なのは，必ず新しい基準で強化を開始する前に，古い基準下で強化された反応を，一切強化しない消去の手続きを挿入することである。古い基準下での反応を消去にかけると，ハトの反応は一時的な変化を示す。つまり，古い基準下で生じていた反応の強度や，反応の空間分布が，一時的に変動するようになる。この変動した反応の中に，次の新基準を満たす反応が含まれている。これを確認したならば，消去手続きを中止して，新基準の下で強化を再開するのである。あるオペラント反応を形成するのには，その個体（種）にとっての強化刺激が同定されていること，その実験場面（実験箱）において，その餌が強化刺激として機能すること（その個体において摂食反応の傾向が高まっていなければ，餌には見向きもせず強化刺激として機能しない），反応様式がその個体（種）の生物学的制約内で実行

12章　学習（行動・動物）

可能であること（その個体（種）が反応可能な反応様式を形成することであり，もし非常に押すのが重い反応スイッチでは，反応は形成できない）である。

（3）　オペラント反応と後続事象との関係

先行するオペラント反応におよぼす後続事象の関係とはたらきから，4つに分類することができる。

①反応の結果，その後続事象が出現する。これを繰り返すと，先行する反応の頻度が増大した。このとき，その後続事象の出現は先行のオペラント反応を補強する機能を有している。このときの後続事象を強化刺激という。この手続きを，「**正の強化**」という。

②反応の結果，その後続事象が出現する。これを繰り返すと，先行する反応の頻度が減少した。このとき，その後続事象の出現は先行のオペラント反応を弱化する機能を有している。このときの後続事象を嫌悪刺激という。この手続きのことを，「**正の罰**」という。

③反応の結果，それまであった後続事象が消失する。これを繰り返すと，先行する反応の頻度が増大した。このとき，その後続事象の消失は先行のオペラント反応を補強する機能を有している。このときの後続事象を嫌悪刺激という。この手続きのことを，「**負の強化**」という。

④反応の結果，それまであった後続事象が消失する。これを繰り返すと，先行する反応の頻度が減少した。このとき，その後続事象の消失は先行のオペラント反応を弱化する機能を有している。このときの後続事象を強化刺激という。この手続きのことを，「**負の罰**」という。

つまり，あるオペラント反応の頻度を制御しようとするとき，増大させたい場合は，反応に後続させて強化刺激を提示する（正の強化）か，あるいは，反応に後続させて嫌悪刺激を除去する（負の強化）。また，オペラント反応を減少させたい場合は，正の罰か，負の罰の手続きをとればよいことになる。このことから，後続事象の機能は，先行する反応との関係においてはじめて同定されることが理解できるであろう。

（4） 随伴性と依存性

　オペラント反応と後続事象（以後，説明を簡略にするために強化刺激の出現，すなわち正の強化）との関係には，2種類ある。一つは，先行するオペラント反応が後続する強化刺激出現の「原因」であるような，つまりオペラントが「因」であり，強化刺激出現が「果」である因果関係である。この関係を，**依存性**という。たとえば，スイッチを押せば必ず点灯する照明灯がこれにあたる。もう一つは，先行するオペラント反応が後続の強化刺激出現の「原因ではない」場合である。おまじないをしておみくじを引いたら大吉だったとしても，おまじないは大吉の原因ではない。この関係を，**随伴性**という。日常観察される行動の中には，依存性によって維持されている反応だけではなく，随伴性によって維持されている反応も多い。いわゆる迷信は，随伴性によって維持されている行動である。

（5） 強化スケジュール

　反応と強化刺激との関係のつけかたのことを，**強化スケジュール**という。大別して，強化刺激が先行するオペラント反応の回数に依存するスケジュール（比率強化スケジュール，Ratio schedules　定率強化スケジュール（Fixed Ratio schedule：FR）と変率強化スケジュール（Variable Ratio schedule：VR）がある），強化刺激が前回の強化からの一定の経過時間の後の最初の反応に依存するスケジュール（時隔強化スケジュール，Interval schedules　定時隔強化スケジュール（Fixed Interval schedule：FI）と変時隔強化スケジュール（Variable Interval schedule：VI）がある），強化刺激が前回の強化からの一定の経過時間によってのみ出現して反応の有無に依存しないスケジュール（時間スケジュール，Time schedules），オペラント反応によってなんら環境の変化を生じさせない消去（Extinction），となる。比率強化スケジュールと時隔強化スケジュールとは，いずれも反応と強化との関係は依存性であり，時間スケジュールは随伴性のスケジュールである。このうち，4種類の単一強化スケジュールの下での安定した反応の模式図を，図12-6に示す。消去手続きにより，それぞれのスケジュ

12章　学習（行動・動物）

変率強化
スケジュール

強化　消去

変時隔強化
スケジュール

定率強化
スケジュール

定時隔強化
スケジュール

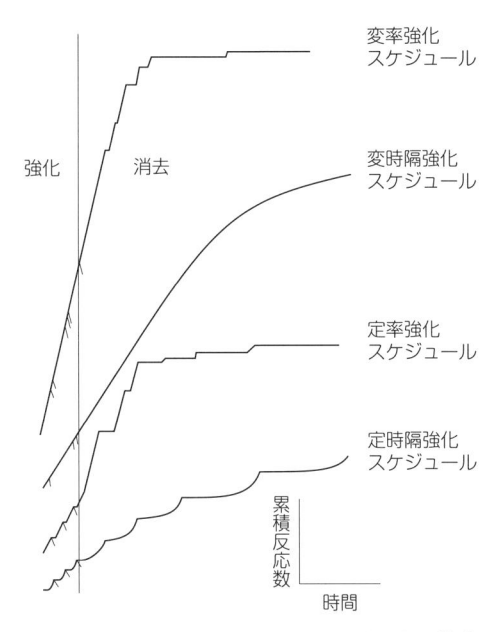

累積反応数

時間

図12-6　単一強化スケジュールの累積反応の模式図
（注）累積反応記録の時間経過は，図の左から右に向かっている。生起した反応は累積的に記録される。各累積反応記録にある右下向きの短い線は，強化刺激の提示を表す。図の縦線は，強化の期間（左側）と消去の期間（右側）との切り換えを表す。
　定率強化スケジュール：強化にあるときは，強化ごとに反応の休止（強化後反応休止）を生じ，記録は階段状を示す。消去にあるときは，消去に切り換えた後に徐々に連続した反応が減少し反応休止が徐々に長くなりながら，最終的には反応が停止する。
　変率強化スケジュール：強化にあるときは，強化後反応休止が生じずに，高反応率が維持される。消去にあるときは，切り換えた後も反応がかなり長期間持続した後に，反応と休止とを繰返しながら最終的には反応が停止する。
　定時隔強化スケジュール：強化にあるときは，強化の時隔に時間的に接近するに従って反応率が上昇する，すなわち反応が加速されて特徴的な記録パターンを示す。消去にあるときは，強化中の反応パターンを維持しながら，徐々に反応休止時間が長くなり，最終的には反応が停止する。
　変率強化スケジュール：強化にあるときは，強化後の反応休止が生じない。消去にあるときは，他のスケジュールと異なり，反応率を徐々に低下させ明確な反応休止を生じさせることなく，最終的には反応が停止する。

ールのもとで維持されていた反応も徐々に減少して，ついには反応がなくなる。反応パターンには，それぞれの強化中のスケジュールごとに違いが生ずるが，消去においてもスケジュールごとの違いがあることに注意されたい。

3　行動としての感情

（1）　情動における私的事象と公的事象

　ある刺激がある人に与えられたとして，そのときに生ずる反応は，程度の違いはあるもののレスポンデント反応とオペラント反応から構成される。この場合，情動のレスポンデント反応には，個体の内部で生ずるレスポンデント反応（たとえば心拍の増加というような私的事象で，**内部レスポンデント**という）と，個体の外部に表われるレスポンデント反応（たとえば発汗というような公的事象で，**外部レスポンデント**という）とがある。一方，オペラント反応には，表情や発語，身体運動などがあり，情動のオペラント反応という。

（2）　名状オペラント

　自分自身の個体内の私的事象を弁別刺激として，その人自身の内部状態を名状したとすると，これを**名状オペラント**という。たとえば，Aさんが風邪を引いてしまったとしよう。熱もあり（内部レスポンデント），顔も赤く火照っている（外部レスポンデント）。Aさんは，居合わせたBさんに向かって「気分がよくない。熱があるようだ。」と言ったとする（名状オペラント）。すると，Bさんは，そのAさんの名状オペラントが，Bさんが見たAさんの顔色（Aさんの外部レスポンデント）やその表情（Aさんの情動のオペラント）にふさわしい場合に限って，「休んだ方がよくありませんか。大丈夫ですか。」などと答えるであろう。このBさんの反応は，Aさんの私的事象を弁別刺激としたAさんの名状オペラント，つまり自己の「皮膚の内側」の状況を手がかりとして他者に出す報告オペラント反応を強化する。しかし，もしAさんの顔色がよく（外部レスポンデント），表情も晴れやか（表出されたオペラント）だったとしたならば，聞き手のBさんは，Aさんの名状オペラントを強化することはないであろう。Bさんからすると，Aさんの名状オペラントと，Aさんの外部レスポンデントおよびオペラントとに対応関係が成立してふさわしい関係に

12章　学習（行動・動物）

コラム　私は如何にして心配することをやめ，キンギョに水中パネルを押させたか

　筆者がオペラント行動研究の中でもっとも印象に残っていることは，反応形成である。キンギョの水中パネル押し（藤，1995），ニホンザルのパネル押し（Fuji & Kojima, 1981），ハトのキーつつき（藤，2002）とそれぞれ異なる種におけるオペラント条件づけ実験に際して，実施した。オペラント実験研究の古典ともいうべき研究（Ferster & Skinner, 1957）には，反応形成についても詳述されている。

　筆者は，その研究を一から組み立てた最初のキンギョの実験における反応形成がとくに印象深い。この実験では，まず実験室におけるキンギョの安定的飼育法の確立，実験に使用する餌の研究，キンギョ用の実験装置，実験制御用回路の設計と製作などをしなければならなかった。強化刺激として適切な餌の選定（食べ過ぎても健康に害がないこと），実験水槽での摂食反応の確立を待って，反応形成手続きを実施した。漸次接近法を始めとして種々の手続きを試みた。

　このときに筆者が実感したのは，反応の連鎖の形成は，最終強化事象における反応の確立から始めるということだった。キンギョの例でいえば，実験者が「強化刺激」のつもりで提示する餌が，本当に強化刺激として機能しているのか，それは実験場面（水槽）での確実で安定した摂食反応の成立によって判定しなければならない。「餌」だからといって，その個体にとってその「餌」が強化刺激としてはたらくとは限らないからである。摂食反応が確立してはじめて，それに先行するパネル押し反応を摂食反応の前段の反応単位として環に連結することで，パネル押し反応が形成されるのである。この反応と強化との連環が確立できれば，そのオペラント反応の先行事象に弁別の機能を持たせることができるようになる。三項強化随伴性の維持には，この強化事象が不可欠なのである。

あるときのみ，強化するのである。つまり，Aさんの名状オペラント反応は，Aさんの外部レスポンデントおよびオペラントを弁別刺激とする，Bさんの分化強化を受けて形成されるのである。これを，図12-7に示す。他者による分化強化があってはじめて，Aさんは自己の感情状態を他者や，あるいは自分自身に知らせることができるようになる。こうしてみると，われわれの感情の機能は，言語コミュニティーにある他者によって形成され，いわば「己の感情」も他者が存在しなければ形成されることはなく，「うれしい」ことも「悲しい」ことも経験できないのである。

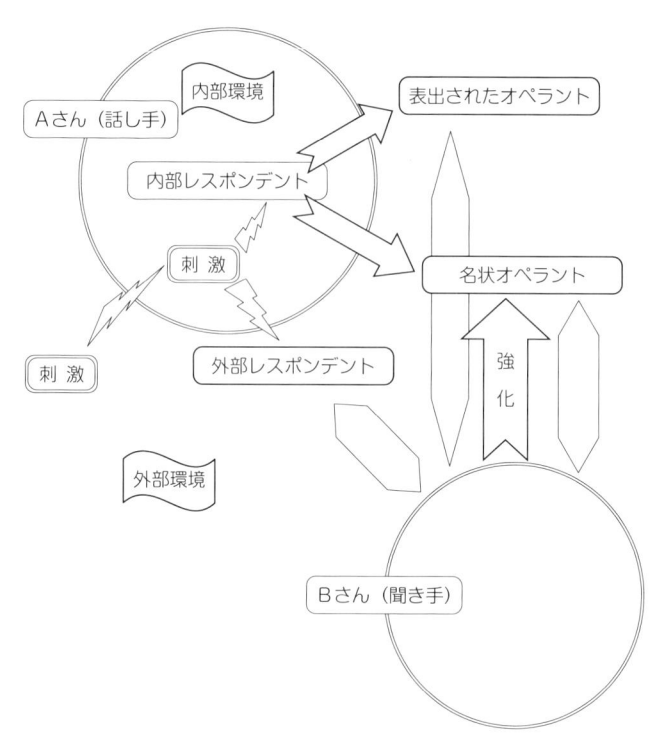

図12-7　情動と名状オペラント

〈まとめ〉
　本章では，ヒトや動物の個体の経験により変容する行動現象について取り上げた。その行動の形成・維持・消失の過程から，レスポンデント行動とオペラント行動とに分けることができる。
　レスポンデント条件づけにおいては，US（無条件刺激）の指定によりUR（無条件反応）は決定されるが，USと対提示するCS（条件刺激）の選択には自由度がある。また，いったん形成されたCSであっても，消去によりその機能を失い，新しいCSとの対提示が可能である点が特徴である。一方，オペラント条件づけにおいては，同じ結果（後続事象）をもたらす反応であれば，たとえ反応の形態・様式が異なっていても，それらは同じ機能を有するあるオペラントである。つまり，反応の様式や形態の選択に自由度がある。こうして形成されたオペラント反応であっても，消

去によってその反応の生起頻度は，再び元の生起頻度の水準に戻る。
　「皮膚の内側」の出来事，私的事象について，われわれはなぜ意識を持つことができるのかについて，感情をレスポンデント行動とオペラント行動という観点から分析してみた。われわれの意識も行動であって，他者の存在なくしては自己認識も成立しない。行動については，杉本・佐藤・河嶋（1989），藤（1997）などが参考になる。

〈グロッサリー〉

定率強化スケジュール（Fixed Ratio schedule: FR）　強化ごとに必要な反応数が固定されている。たとえば，出来高払いの仕事。

変率強化スケジュール（Variable Ratio schedule: VR）　強化ごとに必要な反応数が変動する。たとえば，ギャンブル。

定時隔強化スケジュール（Fixed Interval schedule: FI）　強化ごとの強化準備時間（interval）が固定されている。たとえば，茹でているパスタの茹で上がりの確認反応。

変時隔強化スケジュール（Variable Interval schedule: VI）　強化ごとの強化準備時間が強化ごとに変動する。たとえば，メールの着信有無の確認反応。

〈もっと詳しく知りたい人のための文献紹介〉

佐藤方哉　1987　行動分析――徹底的行動主義とオペラント条件づけ　安田生命社会事業団（編）精神衛生専門講座　臨床心理学の基礎知識　安田生命社会事業団　pp. 147-192.
　⇨オペラント条件づけの背景となる理論体系である行動分析学の紹介を中心としている。文献が入手しにくいのが難点だが，ぜひ図書館蔵書を検索していただきたい。

メーザー，J. E.　磯博行・坂上貴之・川合信幸（訳）　2008　メーザーの学習と行動　第3版　二瓶社
　⇨本書は，学習と行動についての諸領域を満遍なく，わかりやすく紹介している。

レイノルズ，G. S.　浅野俊夫（訳）　1975　オペラント心理学入門――行動分析への道　サイエンス社
　⇨本書は，行動分析学の立場からの，オペラント行動とレスポンデント行動とについての簡潔にして要領を得た記述が特徴である。

〈文　献〉

Ferster, C. B., & Skinner, B. F. 1957 *Schedules of reinforcement.* Prentice-Hall.

Fuji, K., & Kojima, S. 1981 Acquisition of depth discrimination in a Japanese macaque: A preliminary study. *Perceptual and Motor Skills*, **52**, 827-830.

藤健一　1995　キンギョのオペラント条件づけ　動物心理学研究, **45**, 51-65.

藤健一　1997　喜怒哀楽と感情の機能　松田隆夫（編）　心理学概説――心と行動の理解　培風館　pp. 162-167.

藤健一　2002　野外における野生のハトのオペラント条件づけ　動物心理学研究, **52**, 9-14.

Pawlow, I. P. 1953 *Sämtliche werke. Band IV.* Akademie-Verlag.

杉本助男・佐藤方哉・河嶋孝（編）　1989　行動心理ハンドブック　培風館

第IV部　社会・文化と個人の心

13章　パーソナリティ（理論・検査）
——個性をどのように表わすか

小塩真司

1　パーソナリティの探求

(1)　人さまざま

　人間にはどのようなパーソナリティ（性格）が備わっているのだろうか。古くから人々はこの問いに魅力を感じ，論じてきた。

　たとえば古代ギリシャの哲学者・植物学者であったテオプラストス（Theophrastus）は，人々の特徴を植物学のような分類方法を応用して記述した。その記述は，「人さまざま」という書物に残されている。たとえば，「けち」について次のように書かれている（テオプラストス（2003）より一部を引用）。

> 　けちとは，度を越して，出費の出し惜しみをすることである。そこで，けちな人とは，およそつぎのようなものである。
> 　すなわち，まだ月のうちだというのに，半オボロス[1]の利息を，相手の家へ出かけて請求する。
> 　また，客たちと食事をとるときは，それぞれの客が何杯飲んだかと，グラスの数を読んでいるし，アルテミスの神さまには，会食者の誰よりも，いちばん少量のお神酒をささげる。
> 　また，人が彼のために買い物をしてやった上で，その勘定を彼につけると，それは贅沢だね，と言う。

➡1　古代ギリシャの通貨単位。

また，召使いが，陶器の鍋や皿を割ると，その召使いの1日分の食い扶持から，その分を差し引く。

「人さまざま」には，この他にもおしゃべり，へそまがり，お節介など30の人間がもつ特徴と生活の様子が記述されている。古代ギリシャの生活の様子は，現代のわれわれの生活とはずいぶん異なっているはずである。しかし，「人さまざま」に登場する人々の特徴は，現代の日本に生活しているわれわれの特徴と共通するものがあるように思われる。

（2） パーソナリティとは

パーソナリティの定義は，パーソナリティ研究者の数だけあるとも言われる（Hall & Lindsey, 1957）。

たとえばオールポート（Allport, G. W.）は，「パーソナリティとは，個人のなかにあって，その人の特徴的な行動と考えとを決定するところの，精神身体的体系の動的組織である」（Allport, 1961/1968）と述べている。また，キャテル（Cattel, R. B.）は，「パーソナリティとは，個人がある場面に置かれたとき，その人のとる行動を決定するもの」だと定義している（Cattel, 1965/1981）。さらにアイゼンク（Eysenck, H. J.）は，「パーソナリティとは，多かれ少なかれ安定した個人の特徴（性格，気質，知性，体質など）の持続的な体制で，個人に独自の環境への適応の仕方を決定するもの」だとしている（Eysenck, 1952）。

現在，もっとも包括的な定義だとされているのがパーヴィン（Pervin, L. A.）による定義である。それは，「パーソナリティとは，人の生活に方向性と（一貫した）パターンをもたらす認知，感情，行動の複雑な体制である。身体のように，パーソナリティは構造とプロセスをもち，氏（遺伝）と育ち（環境）の両方を反映する。さらに，パーソナリティは過去の影響や過去の記憶も含むものであり，同時に現在や未来の構造も含むもの」というものである（Pervin, 2003）。いずれにしても，パーソナリティは個人の幅広い活動に影響を及ぼし

13章　パーソナリティ（理論・検査）

ていく，個人内に仮定される要因だと考えられている。

2　類型論と特性論

(1) 類 型 論

　人間のパーソナリティを把握する一つの方法は，人間をいくつかの種類に分類し，その分けられたそれぞれのグループに典型的な特徴を記述することである。これを**類型論**（タイプ論）という。

　類型論の歴史は古く，古代ギリシャ時代にさかのぼることができる。古代ギリシャの医者であったヒポクラテス（Hippocrates）は，人間には4種類の体液があり，その混合に変調が生じることで病気が生じるという四体液説を唱えた。その後，古代ローマの医者であったガレノス（Galen）がヒポクラテスの四体液説を発展させ，**四気質説**と呼ばれる人間の類型論を発展させた（表13-1）。この四気質説は，ルネサンス期のヨーロッパへも伝わり，多くの哲学者や文芸作品，そして心理学にも大きな影響を及ぼした。たとえば，実験心理学の父と呼ばれるドイツのヴント（Wundt, W. M.）は，情動の強さと変化の速さという2つの要素を組み合わせることによって，4つの**気質**の特徴を表現している。すなわち，情動が強く変化が速いものが胆汁質，情動が強く変化が遅いものが黒胆汁質，情動が弱く変化が遅いものが粘液質，情動が弱く変化が速いものが多血質である。

　また広く知られた類型論として，クレッチマー（Kretschmer, E.）による**体格―性格関連説**を挙げることができる（Kretschmer, 1921）。クレッチマーは当

表13-1　四気質説の内容

体液	気　質	特　徴
血液	多血質	快活，明朗，社交的など
黄胆汁	胆汁質	せっかち，短気，積極的など
黒胆汁	黒胆汁（憂うつ）質	用心深い，心配性，不安定など
粘液	粘液質	冷静，堅実，勤勉など

表13-2 クレッチマーの体格と気質の特徴

体 格	病 理	気質名	特 徴
細長型	統合失調症	分裂気質	内気, まじめ, 神経質, 従順など
肥満型	躁うつ病	循環気質 (躁うつ気質)	社交的, 善良, 温厚, ユーモアを好む, 落ち込みやすいなど
闘士型	てんかん	粘着気質	執着, 几帳面, 秩序を好むなど

初, 精神科に入院する患者の体格を詳細に調べる研究を行っていた。そして体格のデータを集める中で, 特定の疾患で入院する患者に共通する体格が存在することに気づいた。表13-2に示すように, クレッチマー説では細長型が統合失調症, 肥満型が躁うつ病, 闘士型がてんかんに対応づけられ, そこから特有のパーソナリティへと結びつけられている。

シェルドン (Sheldon, W. H.) は, 体格とパーソナリティの関連が健常な人々に見られるかどうかを, 大規模な調査で検討した。シェルドンは丸みを帯びた体格の内胚葉型, 筋肉質の中胚葉型, やせた体格の外胚葉型というクレッチマーの体格分類に共通する3種類に体型を分類した。そして, 内胚葉型は安らぎを求める内臓緊張型のパーソナリティ, 中胚葉型は騒がしく攻撃的な身体緊張型のパーソナリティ, 外胚葉型は緊張や不安が強い大脳緊張型のパーソナリティに対応するとした (Sheldon & Stevens, 1942)。

なお, 四気質説と同様に, クレッチマーの説もシェルドンの説も, 現在ではあまり顧みられることがなくなっている。その大きな理由は, 実際の調査からそれぞれの類型論にあるような明確な関連が見られないこと, そして心理学の研究そのものが次に示すような特性論の考え方に移っていったからである。

(2) 特性論

個人が有すると仮定するパーソナリティを細かい単位に分け, それぞれの単位を量的に記述するパーソナリティの把握方法を**特性論**という。特性論は, ロールプレイングゲームやシミュレーションゲームのキャラクターのように, 人間に複数のパーソナリティのパラメータを仮定し, それぞれのパラメータを量

で表現するものだと考えると理解しやすいだろう。

　人間にはいくつのパーソナリティ特性があるのだろうか。一つの研究方法として，**語彙アプローチ**を挙げることができる。これは，社会的に意味があり目にすることができるパーソナリティの特徴は，日常的に使用している言語の中に含まれているはずだという考え方に基づく研究アプローチである。

　1930年代にオールポートとオドバート（Odbert, H. S.）は，辞書の中から人間の特徴を形容することが可能な約1万8千語を抽出した。そして，パーソナリティ特性を表す語として4,504語を示した（Allport & Odbert, 1936）。

　キャッテルは，オールポートたちが選択した単語を再整理し，171の単語の対にまとめた（Cattel, 1946）。そしてこの単語対を用いて調査を行い，因子分析という統計手法を用いて統計的に単語を集約していく試みを行った。キャッテルは数度の調査と分析を繰り返すことで，12の根源特性と呼ばれるパーソナリティ特性を導き出した。

　アイゼンクは，臨床実践と**因子分析**から2つの基本的な因子を見出した。それは，外向性と神経症傾向である。外向性は，個人の基本的な方向性が外の世界に向いているか，自分自身を向いているかの程度を表す。また神経症傾向は不安で神経質であるか，逆によく適応できているかの程度を表す。後にアイゼンクは第3の次元として，衝動をコントロールできる程度などを表す精神病傾向を設定した。

　数多くの研究者が，人間の基本的なパーソナリティ特性がいくつあり，それがどのような内容であるかを検討してきた。現在のところ多くの研究者に同意を得られているのは，**ビッグファイブ**（Big Five）や**5因子モデル**（Five Factor Model: FFM）と呼ばれる，5つのパーソナリティ特性で人間のパーソナリティ全体を表現するモデルである。5つのパーソナリティ特性は，**神経症傾向**（Neuroticism），**外向性**（Extraversion），**開放性**（Openness），**調和性**（Agreeableness），**誠実性**（Conscientiousness）というものである（表13-3）。これらの頭文字を並べ替え，OCEANモデルと呼ばれることもある。

　なお，このモデルは人間のパーソナリティには5つの特性しか存在しない，

表13-3 5つの因子の内容

英 語	日本語	内 容
Neuroticism	神経症傾向 情緒不安定性	感情の不安定さ，落ち着きのなさ，落ち込みやすい，ストレスへの対処が苦手 など
Extraversion	外向性	外の世界へ刺激を求める，人づきあいが好き，上昇志向，ポジティブな思考 など
Openness	開放性	好奇心が強い，新しい考え方に好意的，複雑さを許容，美への関心 など
Agreeableness	調和性，協調性	やさしい，慎み深い，他者に従う，グループ活動を好む，周囲から好かれる など
Conscientiousness	誠実性，勤勉性	欲求・衝動のコントロール，課題達成に向かう，計画を立てる，熟慮して行動する など

ということを意味するわけではない。5つの特性の上位にもよりまとまった因子が，下位にもより細かな因子が存在することが研究によって示されている。今後，研究が進展することにより，また異なった共通見解が見られるようになるかもしれない。

3 パーソナリティの測定

（1） 信頼性と妥当性

　パーソナリティ特性を測定する際に検討すべき重要な問題は，**信頼性**と**妥当性**である。信頼性とは，測定用具が安定して測定することができているかどうかという問題である。一方で妥当性とは，本当に測りたいものが測定できているかを問題にする。

　信頼性の一つの考え方は，一定の時間を置いて同一のものを測定したときに同じような値を得ることができるかどうかに注目する時間的安定性である。もう一つの考え方は，同じものを測定するとされる複数の用具が同じような値を示すかどうかという内的整合性（内的一貫性）である。これらはともに信頼性を確かめる方法であるが，できれば両方を確認することが望ましい。

　また妥当性については，測定したい内容を過不足なく含んでいるかどうかと

13章　パーソナリティ（理論・検査）

コラム　血液型性格判断と遺伝

　日本において広く知られている性格理論の一つに，血液型性格判断がある。これは，占いとして扱われることもあれば，科学的な根拠のある説だとして扱われることもある。もともとこの説は，戦前の東京女子高等師範学校（現お茶の水女子大学）の教育学者・心理学者であった古川竹二（1891-1940）によって研究された内容に端を発する。古川は当時最新の医学であったABO式血液型と，体液に基づく四気質説とを結びつけることで血液型気質関連説を提唱した。その後，1970年代に作家の能見正比古が古川説に基づき，『血液型でわかる相性』という書籍を出版したことが，現在までに至る血液型ブームのきっかけとなった。実際に調査を行なってみると，血液型とパーソナリティとの関連は明確に見出されるわけではない。また，関連が見出されないにもかかわらず，日常場面で関連があるように思える理由としては，他の占いと同じような認知的なバイアスのかかわりが指摘される。

　近年，遺伝子多型を解析する一つの手法として，ゲノムワイド関連分析と呼ばれる分析手法が注目されている。そしてそこでは，ビッグファイブ理論に基づくパーソナリティ特性との関連も検討されている。もしも血液型とパーソナリティとの間に明確な関連があるのであれば，まっさきに血液型を決定づける遺伝子との関連が見出されるはずである。しかし残念ながら，その関連は見出されていない。そもそも，ある特定の遺伝子配列が明確にパーソナリティに関連するという証拠も，この分析を通して見出されていない。一つのパーソナリティには，数多くの遺伝子が影響を及ぼすという考え方が現在は受け入れられている。

いう内容的妥当性，同じ対象を測定する別の指標との関連が実際に生じていることを検討する基準関連妥当性，他のさまざまな指標との間に理論的な関連が実際に観察されるかどうかを検討する**構成概念妥当性**などがある。妥当性の示し方は一つだけではなく，多面的に確認することでより確かなものとなっていく。

　パーソナリティを測定する用具を開発する際には，信頼性と妥当性の検討が不可欠である。また検査を使用する際には，この信頼性と妥当性の情報を手に入れ，吟味すると判断に役立つだろう。

第Ⅳ部　社会・文化と個人の心

（2）　さまざまな測定用具

パーソナリティの測定方法として，質問紙法，投映法，作業検査法を挙げることができる。ここでは，それぞれの手法の長短所と，代表的な測定用具を挙げる。

質問紙法

質問紙法は，文章で示される質問への回答を得ることで，パーソナリティを測定しようと試みる手法である。質問が印刷された紙と回答するための鉛筆やペンがあれば実施することができるため，一斉に多くの人々から回答を得ることができる。多くの場合，ある質問に対して「当てはまらない」から「当てはまる」までのいくつかの段階を回答として設定する評定尺度法が用いられるが，この場合には得られたデータに対して統計的な分析を適用しやすい。一方で，質問紙法は言語を用いて質問と回答を求めることから，質問の意図を回答者が推測しやすく，そのために正直な回答が得られにくくなる可能性がある。また，多くの人々に一斉に回答を求める場合には，回答への積極性に個人差が生じやすい。

代表的な質問紙法の検査に，ミネソタ大学のハサウェイ（Hathaway, S. R.）とマッキンリー（McKinley, J. C.）による **MMPI**（Minnesota Multiphasic Personality Inventory；ミネソタ多面人格目録）がある。MMPIは1942年に公刊されて以来，世界中でもっともよく使用された質問紙法の検査であり，550項目という多数の質問項目と，そこから見出された多くの臨床尺度の得点を算出することができる点に特徴がある。またアメリカ国立衛生研究所のコスタ（Costa, P. T., Jr.）とマクレー（McCrae, R. R.）は，1989年に **NEO-PI-R**（ネオ）（Revised NEO Personality Inventory）を発表した。この検査は5因子モデルの5特性と，各特性に6つ，計30のファセットと呼ばれる下位特性を測定することができる。わが国で作成された質問紙法の検査としては，ギルフォード（Guilford, J. P.）の研究に基づいて開発された **YG性格検査**（YGPI，矢田部ギルフォード性格検査；矢田部・園原・辻岡，1965），バーン（Berne, E.）によって提唱された交流分析に基づく**東大式エゴグラム**（Tokyo University Egogram: TEG），ビッグ

ファイブ理論に基づく**5因子性格検査**（Five Factor Personality Questionnaire: FFPQ; FFPQ 研究会，1998）や**主要5因子性格検査**（Big Five; 村上・村上，1999）などがある。

投影法

投影法とは，多義的で曖昧な図形や文字を刺激として提示し，その刺激に対して自由な回答を求めることで，個人の欲求やパーソナリティなどの内的状態を把握しようと試みる検査法である。投影法の長所は，検査の意図が回答者に知られにくい点にある。また異論はあるものの，投影法は質問紙法とは異なり，潜在的なパーソナリティを測定することができると言われる。短所としては，検査の実施や解釈に熟練を必要とするため，一定の訓練が必要になること，また検査の実施や解釈に時間がかかることが挙げられる。

代表的な投影法検査には，次のものがある。まず文章を刺激とする検査に，**20答法**（Twenty Statements Test: TST）がある。これは，「私は」で始まる文章を20個完成させ，自己態度を測定しようとするものである。また，20答法に似た検査として，**文章完成法**（Sentence Completion Test: SCT）がある。これは「子供の頃，私は」「私はよく人から」「家の暮らし」などで始まる文章を完成することでパーソナリティの測定を試みる。絵を見せて回答を求めるものに，**P-Fスタディ**（Rosenzweig Picture-Frustration Study）がある。これはローゼンツァイク（Rosenzweig, S.）によって1945年に発表されたものであり，葛藤場面を表わす漫画のような線画が提示され，登場人物の台詞を答えることで攻撃性を測定する。また，マレー（Murray, H.）らが中心となって開発した**主題統覚検査**（Thematic Apperception Test: TAT）は，人物が登場する絵を見せてストーリーを作成することで欲求の状態を測定しようと試みる。より曖昧な図形に対する言語反応を分析するものに，**ロールシャッハ検査**（Rorschach Test）がある。これは，左右対称のインクのシミが描かれた10枚の図版で構成され，それぞれの図版が何に見えるかを回答させる。多くの研究者がロールシャッハ検査の解釈システムを考案しており，多様な解釈が可能となっている。また，絵そのものを描くことを求める検査として，**バウムテスト**

(Baum Test)を挙げることができる。これは，1本の木を描かせ，その様相からパーソナリティを推測するものである。

作業検査法

作業検査法とは，一定時間決められた作業を繰り返し行い，その作業量の変化に注目することでパーソナリティの判断を行うものである。課題が容易であり集団で実施することが可能であること，検査の意図が知られないことなどの利点がある。その一方で，解釈に熟練が必要であること，得られた解釈の妥当性に疑問を抱く研究者がいるなどの短所がある。

作業検査法の代表的な検査として，**内田クレペリン精神検査**を挙げることができる。検査用紙には，ランダムに1桁の数字が印刷されている。回答者は，隣り合った2つの数字を加算し，下1桁の数字を記入していく作業を行う。そして一定時間の作業量に基づく作業曲線を描き，パーソナリティの解釈を行う。

〈まとめ〉

明るいパーソナリティの持ち主は，物理的に光っているわけではない。しかし，私たちはある人を見て「この人は明るい」と表現する。明るさというパーソナリティは，どこにあるのだろうか。パーソナリティは，直接的に観察することができない「概念」である。直接的に観察することができないだけに，古くからそれをうまく説明するために多くの理論が生み出され，さまざまな工夫をしながら測定を試みてきた。

日常的に「性格」という言葉はよく使われるものだが，少し立ち止まってじっくり考えてみると，そこには数多くの未解決な問題や困難な問題があることに気づく。いったい，パーソナリティというものはどこかに存在するのだろうか，パーソナリティを仮定することに何らかの意味があるのだろうか，パーソナリティを測定する意義はどこにあるのだろうか。これらの疑問を抱きながら，より詳しく書かれたパーソナリティ心理学の書籍を読み進めていってほしい。

〈グロッサリー〉

気質 言語を用いることができない乳幼児期の心理学的個人差や，より生理学的作用に近い心理学的個人差のことを指す。

因子分析 複数の得点の背後に共通する因子（要因）を仮定する，多変量解析と呼

ビッグファイブ（Big Five）　語彙アプローチに基づき，言語の中からパーソナリティ用語を抽出，統計的に5つの因子を見出したもの。

5因子モデル（Five Factor Model：FFM）　先行研究で示されているパーソナリティの構造を理論的に纏めることで，5つの次元を見出したもの。

構成概念妥当性　構成概念から予測される内容が，実際に測定内容に反映しているかを問題とする妥当性の考え方。妥当性そのものだと考えられることもある。

〈もっと詳しく知りたい人のための文献紹介〉

二宮克美・子安増生（編）2006　キーワードコレクション　パーソナリティ心理学　新曜社
　　⇨パーソナリティ心理学に関する理論や発達，病理など50のトピックが数ページずつにまとめられている。この研究領域のエッセンスを整理し，全体を理解するのに役立つだろう。

ミシェル，W.・ショウダ，Y.・アイザック，O.　2010　パーソナリティ心理学——全体としての人間の理解　培風館
　　⇨アメリカのテキストの翻訳版。パーソナリティ心理学の歴史や生物学的基礎から最新の研究まで充実した内容で構成されている。パーソナリティ心理学の多層性を学ぶことができる。

小塩真司　2010　はじめて学ぶパーソナリティ心理学——個性をめぐる冒険　ミネルヴァ書房
　　⇨人々の間にある個人差をどのように捉えることができるのか，パーソナリティの基本的な考え方とはどのようなものなのか，また一般に知られている血液型性格判断に対してどのようなことを考えることができるのかを解説している。

〈文　献〉

Allport, G. W. 1961 *Pattern and growth in personality.* New York: Holt, Rinehart, and Winston.（今田恵（監訳）1968　人格心理学　上・下　誠信書房）

Allport, G. W., & Odbert, H. S. 1936 Trait-names: A psycholexical study. *Psychological Monographs,* **47**, 211.

Cattel, R. B. 1946 *Description and measurement of personality.* Chicago: The

第Ⅳ部　社会・文化と個人の心

University of Chicago Press.
Cattel, R. B. 1965 *The scientific analysis of personality*. London: Penguin Books.（斎藤耕二・安塚俊行・米田弘枝（訳）1981　パーソナリティの心理学〈改訳版〉　金子書房）
Eysenck, H. J. 1952 *The scientific study of personality*. London: Routledge & Kegan Paul.
FFPQ研究会　1998　FFPQ（5因子性格検査）マニュアル　北大路書房
Hall, C. S., & Lindsey, G. 1957 *Theories of personality*. New York: Wiley.
Kretschmer, E. 1921 *Körperbau und Charakter : Untersuchungen zum Konstitutionsproblem und zur Lehre von den Temperamenten*. Berlin: Springer.（齋藤良象（訳）1944　体格と性格　肇書房）
村上宣寛・村上千恵子　1999　性格は五次元だった――性格心理学入門　培風館
Pervin, L. A. 2003 *The science of personality*, second edition. New York: Oxford University Press.
Sheldon, W. H., & Stevens, S. S. 1942 *The varieties of temperament : A psychology of constitutional difference*. New York: Harper & Brothers.
テオプラストス　森進一（訳）2003　人さまざま　岩波書店
矢田部達郎・園原太郎・辻岡美延　1965　YG性格検査（矢田部ギルフォード性格検査）一般用　日本心理テスト研究所

14章　自己・対人認知
——実験による把握

八木保樹

1　他者を知る

(1)　知識の連合ネットワーク

　ある人物が講義を行う前に，その人物を紹介する文章が学生に配られた。文章は2種類あって，人物を評価する特性語の中の1語が「あたたかい」か「つめたい」かのいずれかになっていた。講義の後，「あたたかい」群の学生は，「つめたい」群の学生よりも，文章には書かれていなかった側面についても，評価の手がかりとなるものが講義中に示されていなかったにもかかわらず，ポジティブな評価をし，講義後の討論にも参加する割合が大きかった。

　この実験結果（Kelley, 1950）は，先入観とか期待によって判断や行動が影響される私たちの日常経験を例示している。この現象は，**社会的認知**と呼ばれる分野で，実験による実証を蓄積して，次のように把握されている。知識は単独で貯蔵されるのではなく，たとえば，ある重要な知識とそれに関連する他の知識がネットワークを構成していると考えられる。知識の種類は，概念，カテゴリー，特性や行動，感情，事象などさまざまな形態のものを含んでいる。意識化できる体験が契機になっていなくても，ひとたびある知識（ネットワークではノードと呼ばれる）が（たとえば閾下プライミング（10章4節（3）参照）によって）活性化されると，リンクしている別のノードにも活性化が無意識に拡散する。

　このような連合ネットワークの形で構造化された知識のまとまりは**スキーマ**（schema）とか**スクリプト**（script）と呼ばれることがある（10章も参照）。こ

れが，対象に対する注意，解釈，記憶などの情報処理過程に影響する。たとえば，スキーマに合致した情報が（実際には提示されていなくても）想起され，客観的には曖昧な対象であってもスキーマに沿った解釈がなされる。もしもこのような機構がなければ，人は全ての対象にいつもはじめて出会ったときのように認知資源（労力や時間）をかけた処理が必要になってくる。連合ネットワークの存在は資源を節約して他の処理のために残しておくという適応的意味がある。そして厳密な判断が要求される目的や動機が生じた場合は，自動的処理から統制的処理への切り替えが可能であると考えられている。

　ただし，これまでの社会心理学の実験で扱われた内容は，スキーマなどがもたらすエラーやバイアスの側面が多かった（偏見やステレオタイプなども含む）。<u>ヒューリスティック</u>という簡便な判断方法もバイアスという文脈で例示された。他に，**気分一致効果**なども知られている。また，人がある対象について自分がいだいた期待とか仮説に一致させるように反応してしまう対人関係における例として，**仮説確証バイアス**と呼ばれるものがある。これは次のような内容である。(a)仮説に合致した例のみに注目する。(b)相手が仮説に合った行動をするように仕向ける。しかし自分がそれを誘発させたことに気付かない。たとえば，AがBについて「攻撃的な人物」という仮説を持つと，Bとのかかわり方がネガティブになり，それを不当に感じたBが攻撃的な反応を示し，それをAは仮説の検証と見なすという悪循環が生じる。(c)仮説を前提とした質問をして，仮説が間違っている可能性を検証する質問をしない。「攻撃的な感情になるときはありますか」ではなく「どのような状況がもっとも攻撃的な感情になりますか」と問う，などである。

(2) 原因帰属

　人が事象や自他の行動を観察したとき，その原因を何にもっていく（帰属させる）か，という形で対人認知における別の問題が設定されている。帰属の対象となる原因は，行為者の内的要因（特性）か外的要因（状況）かの次元がもっとも重視される。対応推論モデル（Jones & Davis, 1965）では，(a)ある人が

14章 自己・対人認知

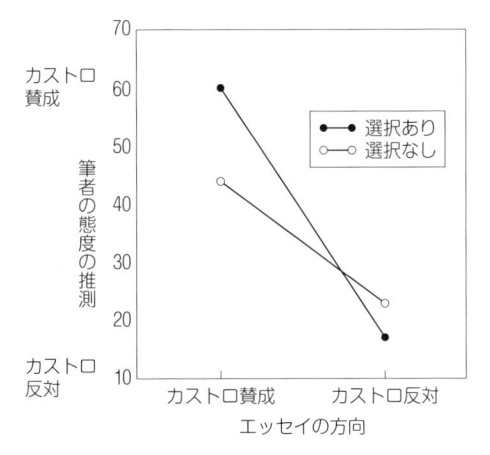

図14-1 基本的な帰属のエラー
(出所) Jones & Harris (1967) の図を和訳

　ある行動をした場合，その人が取り得た選択肢を分析し，選択した行動にはあるが選択しなかった行動にはない要素が見出されると，それを求める行為者の特性に原因が帰属される。(b)規範とか役割とかの行動を拘束する力が働いている状況では，行為者がその拘束の方向とは逆の行動をするほど内的帰属がなされる。分散分析モデル（Kelley, 1967）では，AがBに対してあることを行った原因は，3つの情報に基づいて判断される。一貫性（AはいつもBに対して行うか否か），弁別性（AはB以外の対象には行わないか否か），合意性（A以外の人はBに対して行うか否か）である。たとえば，3つの情報の全てが高い場合，Bに原因がある。一貫性は高く，弁別性と合意性は低い場合，Aに原因がある，と判断される。
　しかし，以上のような合理的モデルにしたがって他者に関する事象の実際の原因帰属が生じるのではない。ある実験（Jones & Harris, 1967）では，キューバのカストロ政権についてのエッセイを学生に配布し，その筆者の本当の態度を推測させた。エッセイは賛成と反対の2種類があり（この情報は告げられない），書かれたときの状況として，筆者の自由選択に任されたか教師が方向を指示して書かせたかが告げられた。図14-1を見ると，選択ありの場合は当

199

第Ⅳ部 社会・文化と個人の心

コラム 内的帰属をうながすもの

ある実験（Miller, Norman, & Wright, 1978）で，実験参加者は，観察群，対戦群，対戦予期あり観察群，対戦予期なし観察群のいずれかに割り当てられた。具体的な内容は，ターゲット人物が別の人物と囚人のジレンマゲームを使って対戦しているのを観察するだけの群，ターゲット人物と対戦する群，第1ラウンドで観察するターゲット人物と第2ラウンドで対戦することが告げられている群，第1ラウンドで観察したターゲット人物と対戦することを第1ラウンド終了後に告げられる群である。従属変数としては，第1ラウンド後のアンケートで，どれだけターゲット人物のパーソナリティについて情報を得たと思うかという形で相手に対する内的帰属を測定した。

勝ち負けが絡んでくる場面では，競争意識が生じ，対戦相手の反応を予測したいという願望が強くなる。実験の結果（図14-2），観察群と比べて，対戦群は，相手の反応スタイルには個人の特性が出ていると内的帰属をした。このような差異が生じたのは，実際に対戦するのと観察だけの場合では，動作やアングルの違いから知覚するものが異なっていたからかもしれない。しかし，対戦予期あり観察群は，観察だけの群と同じアングルで観察しているので，この解釈は当てはまらない。しかしまた，対戦予期あり観察群は，対戦の予期があることで競争心は観察前に生じているから，観察群とは注意する側面が異なり同じ観察とはいえないかもしれない。しかし対戦予期なし観察群では，観察内容は同じと見なすことができるので，この解釈も当てはまらない。結局，観察群と他の3群の差異をもたらしたものは対戦相手に関する予測とかコントロールの欲求ということになる。

この実験は単純だけれども，なぜ観察群と対戦群だけでは不十分なのかがよくわかる優れた例である。

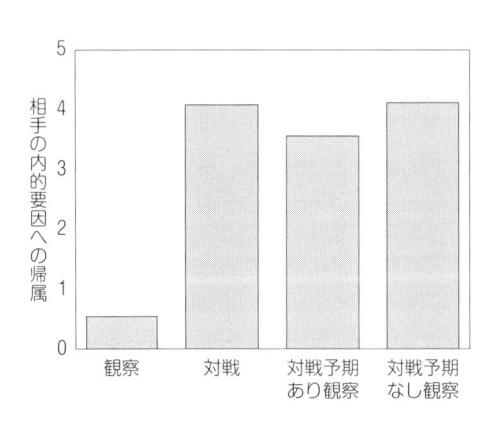

図14-2 相手とのかかわり方と内的帰属
（出所） Miller et al.（1978）の図を和訳

然の結果が出ている。しかし選択なしの場合，内容からは筆者の態度は判断できないはずなのに左上がりの傾きが（幾分か弱まるものの）出ている。つまり，選択なしの場合にも，書かれた内容に対応して本人の態度が推測された。これは，血液型による性格判断に見られるように「あの人はあのような人だから」といった説明でわかった気になる私たちの根深い日常的反応を例示している。

　他者の行動を観察した際に，その原因として他者の置かれた状況要因よりも個人の内的要因を重視してしまうことを**基本的な帰属のエラー**という。このエラーが生じる理由として次のものが考えられる。第1に，人物や行動と比べて状況要因は顕著な特徴がなく知覚しにくい。第2に，状況要因を考慮するには認知資源が必要であり，基本的には資源は節約される傾向にあることが考えられる。常識的には，事象の原因が観察対象に内的帰属された後に，対象の特性が推論される。しかし，実際は，対象の事象を同定の後，事象の原因が対象にあるのを前提に特性が推論され，その後で状況を考慮した修正が行われる。これを**3段階モデル**と呼ぶ（Gilbert, 1989）。特性推論は自動的に行われるが，修正は認知的資源を要する。したがって別の処理に資源を奪われていたり，疲れていたり，修正の能力や動機づけが低かったりすると，推論の修正あるいは割引が行われない。第3に，自己の運命をコントロールしたり，対象の反応を予測したりできるという感覚を与える。コントロール不可能な出来事に遭遇している他者に出会うと，私たちは同じ不幸が自分にも起こるかもしれないという脅威・可能性を感じる。しかし，不幸の原因を相手の特性に帰属すれば，責任は相手にあることになり，自分はコントロールできるという感覚を維持できる。あるいは，競争意識が生じる場面では，相手の反応を予測したいという願望が強くなる。内的帰属によって相手のことがわかった気持ちになれば予測とかコントロールの感覚が得られる，という理由もある。

2 自己を知る

(1) 自己知覚理論

　他人とは違い，人は自分のことはよくわかっていると思っている。たしかに，自分にとって重要な側面についてはそうかもしれないが，重要度の低い，強い感情が喚起されない，さまざまな自己の側面については，あたかも他人を観察するかのように自分自身を観察して，自己を知ることがある。**自己知覚理論**（Bem, 1967）は，このような過程の存在を提唱している。

(2) 私的自己意識と公的自己意識

　人にはさまざまな個性があるが，どんな状況でもそれら個性が出るのではなく，人があらためて各々の個性を意識したときに出てくる。**客体的自己覚知理論**（Duval & Wicklund, 1972）はこのような過程を扱っている。人は，注意の焦点を，環境の中の事物あるいは自分自身のどちらにも向けることができる。一般に，自己の内面に注意を向けると，人は，現実の自己と理想や義務などさまざまな自己の基準との比較が行われ，往々にしてズレに気づくことになり，これを低減するか，自己から注意を逸らすかの反応が生じる。この理論をさらに展開させた**自己意識理論**（Buss, 1980）によれば，自己への注意によって自己を意識した状態には，**公的自己意識**と**私的自己意識**の状態があり，前者では，自己の容姿や動作といった外面を意識し，後者では，自己の感覚・情動・動機・態度などの内面を意識するようになる。このような状態になりやすい傾向の個人差を測定する尺度もある。一般に，観衆とかカメラの存在によって，公的自己意識は喚起され，さまざまな印象操作の活動をすることになる。また，鏡に映った自己を見ることによって，私的自己意識は喚起され，(a)感覚や情動などの内的経験に鋭敏になる，(b)自己の態度に一貫した行動をとるようになる，(c)出来事の原因を自己に帰属しやすくなる，とされている。たとえば，人は「教育には体罰が必要だ」という態度を持っていても，さまざまな制約から実

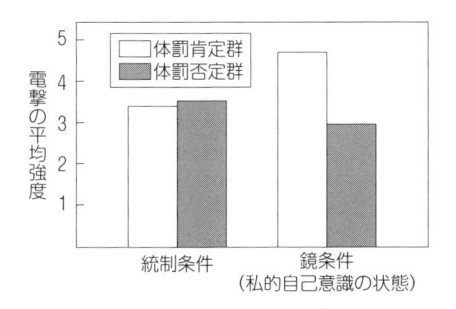

図14-3 体罰への態度と電撃の強度
（出所） Carver（1975）より作成

際に拳をふるうことは少ない。しかし，私的自己意識によって，自己の行動の基準となるこの態度を顕現させれば，体罰肯定の者は，体罰否定の者より，顕著に体罰を行使する（Carver, 1975）（図14-3）。自己の態度と集団規範が葛藤するような状況にあるとき，人は，私的自己意識状態になれば自己の態度，公的自己意識状態になれば集団の規範を基準として，行動を選択しがちになる。

（3） 情動のラベリング

生理的覚醒が生じたとき，その本当の原因ではない，周囲にあるなんらかの手がかりによって原因が解釈された結果，情動（感情）はポジティブにもネガティブにもなることがある。たとえば，ジェットコースターに乗っているときのドキドキ感が恐怖感ではなく横の異性への好意になるかもしれないということである。

（4） 自己関連情報の処理における感情の影響

ある実験（Bless, Bohner, Schwarz, & Strack, 1990）では，個人の過去を回想させることで感情を喚起させた後，参加者に関連するネガティブな情報（授業料値上げを説く文章）を読ませた。ネガティブ感情群は，説得力の強い文章であるほど（値上げ賛成の方向に）態度を変えた。ポジティブ群ではこの違いが生じなかった。この理由は次のように考えられている。ポジティブ感情にあ

第Ⅳ部　社会・文化と個人の心

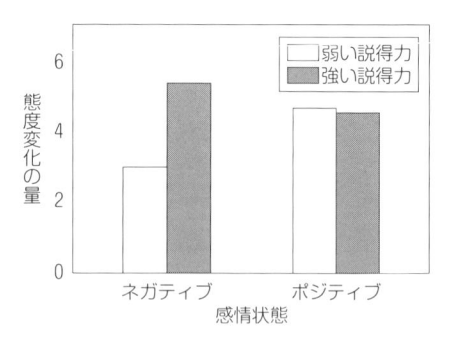

図14-4　感情と自己関連情報の処理
（出所）　Bless et al., 1990

るときには，出来るだけこの状態を維持させようとする動機が生じる。そして余計な努力をしてポジティブ感情が早く削がれるのを避けるため，大雑把な処理が行われる。ネガティブ感情にあるときには，対象の処理に失敗してネガティブ感情を増大させないために，分析が精緻になり説得力の強弱にしたがった変化がみられる（図14-4）。しかし，このような結果になるのは，自己関連性が低い情報であったためと考えられる（Raghunathan & Trope, 2002）。自己関連性の高いネガティブな情報である場合（たとえば，コーヒーを多飲する者にコーヒーの害を説く文章），ポジティブ感情群は，現在の感情状態がネガティブになっても，将来の適応のために，脅威的な情報を直視し，内容を記憶し，態度を改めることができる。ネガティブ感情群は，情報を直視できず，内容を記憶しなかった。このような場合，ポジティブ感情は，出会った脅威を吸収し，適応的な反応を引き起こす機能がある。

(5)　感情の理由を考えること

　ある実験（Willson & Kraft, 1993）では，学生たちに実際の恋人への態度すなわち好意度を評定してもらった。ただし，ある群では，評定する前に，なぜ自分はこの人と付き合っているのかをよく考えてから回答してほしいと教示し，別の群では，このような理由を考えさせることなく評定させた。各々の好意度

と数か月後に付き合いが続いているか否かの相関を取ると,よく考えた群の方が相関が低かった。態度の中でも感情に基づいて形成されているものは,理由を問われても言語化しにくい。それでも理由を考えたとしたら,もっともらしい理由,たとえば電話の回数とか類似している面の数とか,あるいは星座占いによる相性などに基づいて"合理的・理性的に"評定される。電話をかける回数が少ないからじつはあまり好きではないのだとか,完璧な相性を診断する占いを信じて恋心を錯覚するなどである。このように評定した態度は,(実験室を出て自然に回復された感情に基づいた態度によって決まる)数か月後の関係を予測することはできない。したがって,架空の例として,合理的・理性的であると自認している人が,よく考えて評定した態度を重視して,相手と疎遠になったとしたら,頭では納得しているのに,妙に後悔が伴うことになる。

3 自己を正当化する

もしも人間が,合理的で,理性に基づいて反応する存在ならば,自己の立場に都合の悪い情報でも根拠がしっかりしていれば受け止め記憶するだろう。しかし,基本的に人間は,感情に基づいて反応し,都合の良い方向に合理化する,すなわち自己正当化する存在である。

(1) 認知的不協和

自己正当化を扱ったものでもっとも重要なものは**認知的不協和**(cognitive dissonance)**理論**である(Festinger, 1957)。ここでは,とくに2つの認知要素を扱い,仮にそれらを x と y として,$not-x$ が y から帰結されるとき,x と y は不協和の関係にあり,その状態は不快で,人は何とかそれを低減しようとする,と考えられた。たとえば,タバコは健康に悪いことを知りつつ喫煙している人は,禁煙するか(x を変える),健康を害するという情報を否定するか(y を変える),運動をすればタバコの影響を消せると信じるか(z を付け加える),仕事をはかどらせるメリットに比べれば寿命が縮まっても大したことではない

と考える（重要度を下げる）などの方法がある。この理論を実証するための実験方法として，**強制的承諾**（forced compliance）もしくは**誘導的承諾**と呼ばれているものが有名である（Festinger & Carlsmith, 1959）。

　実験参加者が，単調でつまらない課題に1時間従事させられた。それが終ると，アシスタントに代わって，次の参加者（サクラ）に「課題は面白かった」と告げるように頼まれた。その際，ある群は1ドル，別の群は20ドルが支払われた。依頼を承諾した参加者は，次の参加者に「面白かった」と話した後，実験とは無関係を装った別の者が差し出すアンケートに回答した。その中には参加者が従事した課題の面白さを問う項目が含まれていた。この他，課題終了後すぐにアンケートに回答する統制群があった。結果は，1ドル群がもっとも課題を面白いと評価した。このような実験では「課題はつまらない」という認知と「課題は面白いと話した」という認知が不協和を生む。20ドル群はウソをつくのに十分な外的正当化（高額の報酬）がある。しかし，1ドルでウソをついた群は，内的に不協和を低減するしかない。考えられる方法は「課題は結構面白かった」と自己説得することである。

　この研究の後，実験の手続きを簡略にして，「参加者の持っている態度と反対の態度を（外的正当化のない状況で）表明させて，態度変化を見る」という方法が用いられるようになった。また，不協和が喚起されるのは，実験で誘導される状況へのかかわりが取り消せなかったり，自分から**選択**したような場合に限られることが指摘された。たとえば，授業料値上げ反対の態度を持っている学生に，授業料値上げ賛成のエッセイを，**自己責任**であることを強調して，書かせると，授業料値上げの方向に態度が変化する。

　さらに，不協和であるのは，認知と自己概念の間の関係であると考えられるようになった。つまり，「私は正直な人間である」という自己概念と，「私はウソをついた」という認知との間で，不協和が生じるとされた。

　さらにまた，不協和低減行動を**印象操作**の観点から解釈する試みが生じた。たとえば，態度に反する行動を承諾した場面とその後再び自己の態度を表明する場面を分離した状況を作り，それを，分離していない状況と比べると，前者

では態度変化が生じにくい。つまり，参加者は自分の態度と行動が一貫していることを他者（実験者）に印象づけるために態度変化をしている面が無視できないことがわかった。これを個人差による低減方法の違いから確認することもできる。たとえば，私的自己意識の高い人は，本来の自己の態度が明確に意識されるので態度変化による低減方法は使いにくい。かわりに，書いたエッセイの内容を「私の主張は強くない」とゆがめて知覚した。公的自己意識が高い人は，実験者の目にとって行動と一貫するように態度を変化させた（Scheier & Carver, 1980）。

このようなさまざまな変遷を示してきた認知的不協和理論は，認知的協和を保持するためというより**自尊心**（self-esteem）を維持するために認知的変化を扱うものに進展したと考える研究者もいる。

(2) 自尊心

われわれは，日常生活で出会うさまざまな対象や出来事を評価しているが，まったく同じように自分自身をも評価している。自尊心とは，自己に対するもっとも全体的な評価のことである。自尊心は，個々の人が，もっとも重要とする自己概念の領域によって決定され，その種類も数も人によって異なる。

次のような，公式が提案されている（James, 1890）。

自尊心＝成功（success）／願望（pretensions）

分母がいわゆる要求水準に相当する。客観的に見て大きな業績を挙げた人が低い自尊心しか持てないことがあるが，その理由として，要求水準が高すぎることや，業績を上げた領域の自己を本人が重要としていないというものが考えられる。逆に，要求水準を低くすれば，客観的に見て誇るもののない人でも，高い自尊心を持つことが可能である。

(3) 一貫性と自尊心

成功や失敗，他者からの受容や拒否に対して，自尊心の高い者と低い者がどのように反応するかという予想について2つの立場がある（表14-1）。

表14-1 自尊心と他者からの評価の関数としての予測された他者に対する好意度

自尊心＼理論＼他者からの評価	一貫性 ポジティブ	一貫性 ネガティブ	自尊心 ポジティブ	自尊心 ネガティブ
高	＋	－	＋	－
低	－	＋	＋＋	－－

(注) ＋＋は＋よりも，－－は－よりも，それぞれ程度が強いことを示す。
(出所) Jones (1973) より作成

自尊心説によれば，人はすべて，自尊心の維持高揚に動機づけられているのだから，個人差としての自尊心の高低にかかわらず，ポジティブな評価には好意的に，ネガティブな評価には非好意的に反応するとされる。ただし，自尊心の低い者は，自尊心の維持高揚の動機が強いので，反応の強度も強いと予想されることもある。

これに対して**自己一貫性説**によれば，人は自分自身について一貫性を維持しようとすると仮定されているので，自尊心の高い者とは逆に，自尊心の低い者は，ネガティブな評価には好意的に，ポジティブな評価には非好意的に反応すると予想される。数多くの実験が行われた結果，このような一貫性を維持しようとする自尊心の低い者の背景にあるのは，(a)自己評価と異なる評価を受け入れることで自己の関連する事象を予測したりコントロールできなくなることへの恐れと，(b)ほんとうの姿がわかって他者に失望されたり評価を下げられることへの恐れであると考えられるようになった。自尊心の低い者は，ネガティブな結果を予想し，信用するが，自尊心の高い者と同じく，ポジティブな結果を望み，好む。したがって，ネガティブな自己を確信していない場合や，評価した相手と接する機会が少なく，本当の姿を知られる可能性が低い場合は，ポジティブな評価を受け入れる。少し文脈からはずれるが（2節（4）を参照），他者からの評価が，自己関連性の高い情報であり，自己を改善する余地がある場合は，自尊心の高い者と同様にネガティブな評価に耳を傾けることもある。

(4) 成功と失敗の原因帰属

帰属理論の領域では，自己に関する出来事の原因を解釈する習慣的なパタンのことを帰属スタイルと呼んでいる。中でも，成功の原因を自己の内部（能力や努力）に帰し，失敗の原因を自己の外部（対象となっている課題や相手，運）に帰す利己的な帰属のバイアスは，**自己奉仕バイアス**（self-serving bias）として知られている。これによって自尊心を維持し高揚することができる。ただし，自己の能力が後の課題で更に評価されるような場合や，傲慢な印象を与えることが好ましくない社会的役割を担っている場合や謙虚さが評価される社会的環境にいる場合には，**自己卑下的**（self-effacing）な反応が提示されることもある。

〈まとめ〉

人間は自己意識を持った社会的動物である。他者とどのようにかかわるかが個々の適応スタイルに影響する。本章では，人間の適応のもっとも基本的な問題である，自己を知ることと他者を知ることに関連した社会心理学の実験的研究の一端が紹介された。

人間のあらゆる知識においては，ある知識とそれに関連する他の知識がネットワークを構成していると考えられている。このような連合ネットワークが活性化されると，対象に対する情報処理過程に無意識のうちに影響する。このような機構の存在は適応的意味があると考えられるが，従来の研究では，これらがもたらすエラーやバイアスの側面を例証する実験が多かった。原因帰属に関する研究でも基本的な帰属のエラーに関心が集まった。

自己を知ることに関する研究は，自己に注意を向けたときに生じる現象として取り上げられている（自己意識理論）。たとえば，自己に注意を向けたときに個性に一致した反応が生じる。また常識では，人は自分のことはよくわかっていると思っているが，実際にはわかっているとはいえないことも多い。その例として，情動のラベリング効果，感情の理由を考えることなどがある。

人間は合理的な存在ではなく合理化する存在である。この自己正当化を扱ったものとして認知的不協和理論がある。次に，自尊心を高め維持しようとする動機と一貫性を維持しようとする動機を比較した。また，自尊心に関連する原因帰属におけるバイアスについて説明した。

第Ⅳ部　社会・文化と個人の心

〈グロッサリー〉

スキーマ（schema）　個々のエピソードを重ねて一般化された，互いに関連する知識の体系。他者や自己，役割，事象に関する概念やカテゴリーを中心として形成されることが多いとされている。

スクリプト（script）　個々の場面においてかかわってくる人，もの，事象，一連の行動についての知識のまとまり。シナリオのようなもの。

ヒューリスティック　必ずしもつねに正しいとはいえないけれど，経験的に概ね正しい判断を素早く下すための方法。たとえば，ある事象の例を思いつきやすいほど，その事象の生起頻度が高いと判断すること。

気分一致効果　ポジティブな感情（気分）のときには，感情喚起の源とは無関係の対象をポジティブに評価し，ネガティブな感情のときには，ネガティブに評価すること。

印象操作　自己提示ともいう。対人関係において，自分が期待する効果を得るために，自己に関する情報を，ときに演出して，伝えること。

〈もっと詳しく知りたい人のための文献紹介〉

古畑和孝（編）　2002　社会心理学小辞典　第2版　有斐閣
　⇨社会心理学の専門用語の翻訳については各々の立場があって難しい場合がある。複数の辞典を比較するのも有益である。その中でも，これはコンパクトで常時参照するのに便利である。

山本眞理子・外山みどり・池上知子・遠藤由美・北村英哉・宮本聡介（編）　2001　社会的認知ハンドブック　北大路書房
　⇨見開きの頁を使って用語の解説がしてあり概要を確認するのに便利である。社会的認知以外の領域に関しても若干の記述がある。

末永俊郎・安藤清志（編）　1998　現代社会心理学　東京大学出版会
　⇨社会心理学の他の分野（たとえば，集団や文化の問題）と合わせて概観するためのオーソドックスな教科書の例として挙げておく。

〈文　献〉

Bem, D. J. 1967 Self-perception: An alternative interpretation of cognitive dissonance phenomena. *Psychological Review*, 74, 183-200.

Bless, H., Bohner, G., Schwarz, N., & Strack, F. 1990 Mood and persuasion: A cognitive response analysis. *Personality and Social Psychology Bulletin*, 16, 331-345.

Buss, A. H. 1980 *Self-consciousness and social anxiety.* San Francisco: Freeman.

Carver, C. S. 1975 Physical aggression as a function of objective self-awareness. *Journal of Experimental Social Psychology*, 11, 510-519.

Duval, S., & Wicklund, R. A. 1972 *A theory of objective-awareness.* New York: Academic Press.

Festinger, L. 1957 *A theory of cognitive dissonance.* Illinois: Row, Peterson and Company.

Festinger, L., & Carlsmith, J. M. 1959 Cognitive consequences of forced compliance. *Journal of Abnormal and Social Psychology*, 58, 203-210.

Gilbert, G. T. 1989 Thinking lightly about others: Automatic components of the social inference process. In J. S. Uleman & J. A. Bargh (Eds.), *Unintended thought.* New York: Guilford Press. pp. 189-211.

James, W. 1890 *The principles of psychology*, 2 vols. New York: Holt.

Jones, S. C. 1973 Self- and interpersonal evaluations: Esteem theories vs. consistency theories. *Psychological Bulletin*, 79, 185-199.

Jones, E. E., & Davis, K. E. 1965 From act to dispossitions: The attribution process in person perception. In L. Berkowitz (Ed.), *Advances in experimental social psychology*, Vol. 2. New York: Academic Press. pp. 220-266.

Jones, E. E., & Harris, V. A. 1967 The attribution on attitudes. *Journal of Experimental Social Psychology*, 3, 1-24.

Kelley, H. H. 1950 The warm-cold variable in first impressions of persons. *Journal of Personality*, 18, 431-439.

Kelley, H. H. 1967 Attribution theory in social interaction. In D. Levine (Ed.), *Nebraska Symposium on Motivation*, Vol. 15. Lincoln: University of Nebraska Press. pp. 192-238.

Miller, D. T., Norman, S. A., & Wright, E. 1978 Distortion in person perception as a consequence of the need for effective control. *Journal of Personality and Social Psychology*, 36, 598-607.

Raghunathan, R., & Trope, V. 2002 Walking the tightrope between feeling good and being accurate: Mood as a resource in processing persuasive messages. *Journal of Personality and Social Psychology*, **83**, 510-525.

Scheier, M. F., & Carver, C. S. 1980 Private and Public self-attention, resistance to change, and dissonance reduction. *Journal of Personality and Social Psychology*, **39**, 390-405.

Willson, T. D., & Kraft, D. 1993 Why do I love thee？: Effects of repeated introspections about a dating relationship on attitudes toward the relationship. *Personality and Social Psychological Bulletin*, **19**, 409-418.

15章　集団・文化
──寛容な社会を作るために

サトウタツヤ

1　集団とは

(1)　集合状態，集団，社会

　私たちヒトという種は，個人で生きていけるということはない。成長の過程で私たちは─家族をはじめとする─さまざまな集団に属する。社会心理学において，集団や社会は「2人以上の個人」から成るものだと定義できる。人びと同士の相互作用や規範の形成，メンバー共通の目標などが存在するのが集団の特徴だとされる（山口，1999）。

　さて，レストランで順番待ちをしている人は集団だろうか？　この場合は，集合状態である。メンバー同士に交流がなく共通の目的も存在しないからである。集合状態は，必ずしも全てのメンバーが知り合いでもないし，共通の目標もない。集団は，メンバーが共通の目標などを共有し，相互交流も存在するものである。ただし，集団を維持しようとする意識は低いから崩壊して消失する場合も多い。社会は，共通の目標をもつメンバーから成り，メンバーが相互交流を行うチャンスがあり，社会を維持しようとする仕組みが存在するものである。

(2)　判断における他者の影響

　線の長さのような単純な問題について，私たちは他者の影響を受けるだろうか。たとえば，図15-1において，左側の線と同じ長さの線がどれであるかを判断するときに，他者の影響があるとは思えない。Cだ！　と判断できるはずだ。

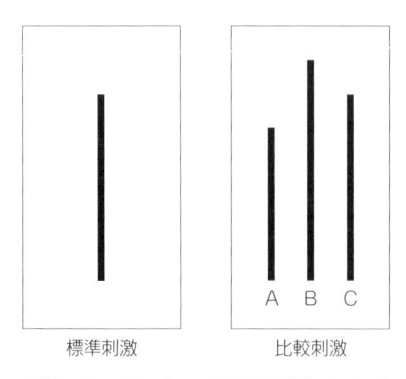

図15-1　アッシュが実験で用いた線分
(出所) Acsh, 1951

ところが，アッシュ（Acsh, 1951）は，参加者にある線分（標準刺激）と同じ長さの線分を複数の比較刺激の中から選択させるという課題を用いて，集団状況における同調への圧力の存在を明らかにした。図15-1の場合，モノサシで測れば正解はCだと確かめられる。したがって，参加者が一人だけで回答するときには間違うことはない。ところが，あえて誤った回答をする人々が複数人存在するという集団場面では，参加者は周囲に合わせて誤った回答をすることが知られている（たとえば自分以外の参加者が比較刺激Aが標準刺激と同じ長さだと答えると，その影響をうけてしまう）。一方で，一人でも正解を選択する人がいた場合，その圧力はとたんに弱まることがわかっている。

(3) 集団の負の側面：内集団びいき

　集団は人間に必須であり，プラスの機能を持つことも多いが，**集団対立（葛藤）**など逆の機能をもつ場合がある。

　スポーツ観戦で，つい自分の地元を応援することはよくあることだ。しかし，国際的なサッカー大会などでは，自国チームの応援が他国チームへの敵意となり，それが，敵チームのファンへの敵意となって，衝突がおきることすらある。お互い知らない者同士が異なる集団に属しているというだけで罵りあい傷つけあうのである。

　一般に自分の所属する集団を高く評価し，他の集団を低く評価することを**内集団びいき**と呼ぶ。この内集団びいきが，長く所属した生活に基づく集団ではなく，一時的な人工的な集団においても起きることを示したのが**最小条件集団実験**である。タジフェル（Tajfel, H.）らが開発したこの**パラダイム**は，①実験参加者に対して異なる2つの集団のうちの一つを割り振る，②つぎに何らかの

配分課題を与える，③内集団と外集団のどちらに多く配分したか比較する。たとえば，実験参加者に，偶数か奇数を思いうかべてもらい，その数字が偶数なら，偶数集団に属するものと教示する。次に，団子が3つあるとして，それを偶数集団と奇数集団に配分する課題を与える。そうすると，内集団である偶数集団に対して多く配分するようになるのである。

　タジフェルとターナー（Tajfel & Turner, 1979）は，こうした現象を説明するために**社会的アイデンティティ理論**を提唱した。社会的アイデンティティは自己概念の一つであり，自分が特定の集団に属していることについての知識のことである。そして人間は，自尊心を高めたいという基本的欲求を持っているものとする。複数の集団がある場合には，内集団の価値を外集団よりも高いものとすることで，自尊心を高める効果があると考える。先のお団子配分の例では，内集団（偶数選択集団）に団子を多く配分することで，その集団の価値が高められ，自尊心も高めることが可能になると考えられる。一方で，内集団びいきは外集団の蔑視や差別につながることが十分に考えられることには注意が必要である。

（4）集団の運営とリーダーシップ

　集団には固有の目標があることが多い。以下の例を読んでほしい。集団の目標と個人の目標のズレについて示しているものである。

> 高校までは部活動一直線。サッカーに青春をかけてきた。楽しいことだけじゃなかった。でも大学になったらのびのびとサッカーを楽しみたいから体育会じゃなくてサークルに入ってみた。でも，このサークルは大学内サークルで一番を目指す！みたいな感じ。主将が張り切っている。ミスする子には厳しいし，練習も厳しい。人間関係をギスギスさせてまでやるのはサークルじゃないと思うんだけど。

　集団のリーダーが集団の運営をどのように行うかについて説明する学問がリーダーシップ論である。日本の三隅二不二が考案した**リーダーシップPM理**

論では，リーダーは2つの側面に注目して集団を運営すると考える。集団にとって重要な課題や目標の達成を促す側面（Performance の頭文字をとって P 機能とする）と成員の人間関係や凝集性を維持する側面（Maintenance の頭文字をとって M 機能とする）である。前述のサークルの例は，リーダー（主将）がサークルの人間関係や集団の維持（M 機能）よりも勝敗という業績達成（P 機能）を重視している例である。

　なおこの理論によれば，もっとも生産性が挙がるのはリーダーが両側面を重視している場合だということである（三隅，1984）。自分のバイト先はどうか，ゼミはどうか，など分析してみると面白い。

（5）　個人主義と集団主義

　次に，集団に属することの意味や価値について考えてみよう。すると，集団に属することをよいと考え集団の価値を遵守することがよいと考える態度と，集団よりは自分自身の価値や信念を重視する態度が存在することがわかる。このような態度の違いは一般に**集団主義**と**個人主義**という形で表現できる。日本人であれば，前者—すなわち所属する集団の価値を守ることに価値をおく集団主義—の考え方に近いのではないだろうか。そして，他の国や文化においてはもう一つの個人主義に近い人がいることも理解できるだろう。自己の理論から集団と個人の関係を検討したのが，マーカスとキタヤマによる理論である。

　マーカスとキタヤマ（Markus & Kitayama, 1991）は，日本をはじめとする東アジア文化圏と欧米文化圏を比較して**相互協調的自己観**と**相互独立的自己観**を区別すべきだと提唱した。彼らは，日本をはじめとする東アジア文化においては，自己が他者との関係性の中で成り立っていること，それゆえ，他者の考えや役割を理解し尊重することが集団の中で期待されること，を指摘した。このような自己のあり方は相互協調的自己観と呼ばれる。自己と他者の間には明確な区別がないというのがその特徴であるとも指摘した。その一方，欧米文化圏では自己は他者とは明確に区別されるものであり，相互独立的自己観と呼べるというのである（図15-2）。

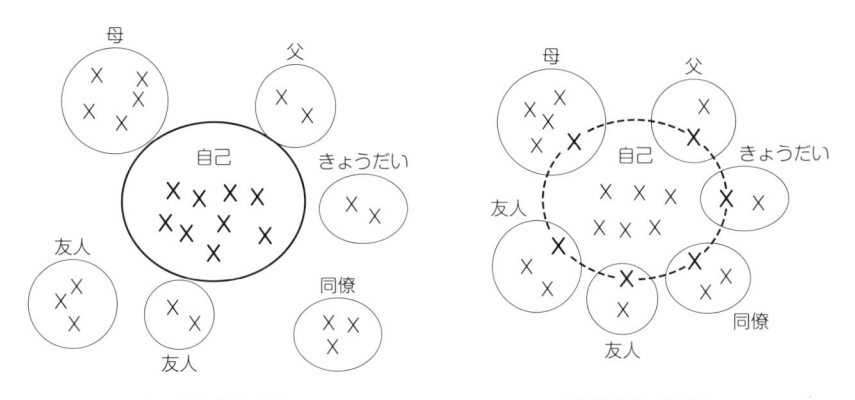

図15-2　相互独立的自己観（左）と相互協調的自己観（右）
（出所）　Markus & Kitayama（1991）を参考に川嶋（2012）が作成

　こうした自己の見方は，社会心理学にグローバリゼーション時代をもたらしたといえる。自己と集団のあり方（つまり関係性）が文化によって影響されているという見方を提供したからである。

2　文化とは

（1）　身近な文化

　文化とは何だろうか。「文化財」や「伝統文化」という語からすれば，格調高いのが文化なのかもしれないが，心理学においてはそのようなことが前提となっているわけではない。
　電子メールで，感情を表す文字絵（もしくは絵文字）のことを，エモティコンと呼ぶ。Emotion（感情）とIcon（図像）を組み合わせた新しい語であり，文字通り，絵で感情を表す記号である。図15-3にいくつかエモティコンを示す。
　日本の読者は，上の段のエモティコンは見慣れているだろう。そして下段は，日本以外で広く使われているものなのである。

第Ⅳ部　社会・文化と個人の心

日本語の顔文字　　　　　　　　(^_^)　(^_-)-☆　(>_<)　(´―`)

アルファベット使用圏のエモティコン　　;-)　　:-D　　:-(

図15-3　日本語圏，アルファベット使用圏のエモティコン
(出所)　木戸，2012

（2）エモティコンの比較文化

　図15-3のエモティコンの違いについて，すぐに気づくのは縦横の違いだが，それだけだろうか。下段のエモティコンを縦にしたら私たちがよく使っているものになるのだろうか。日本のエモティコンは目で感情を表し，日本以外で使われているエモティコンは口で感情を表している。

　表現の仕方が違っているということは，感情の読み取り方も違っているのかもしれない。そうした観点から，結城は日米の大学生に同じエモティコンを提示してその感情を評定させた（Yuki, Maddux, & Masuda, 2007）。

　提示する実験刺激は，目と口の表情を3種類ずつ組み合わせて作った。たとえば，目については，日本のエモティコンにおいて「笑顔」をあらわす「∧　∧」無表情の「・・」，悲しげな顔の「／＼」の3種類が用意された。口についても同様である。

　オハイオ州立大学の118人の学生と，北海道大学の95人の学生に，「1＝すごく悲しい」～「9＝すごく嬉しい」の9件法で，それぞれのエモティコンの表情の評定を求めたところ，日米の学生の差は大きかった。たとえば，図15-4を見たら日本人は，「幸せそう」に見える。実際，平均点は7.5点だった。しかし，アメリカ人学生の平均値は約4点であり，少し悲しそうな顔に見えていたのである。

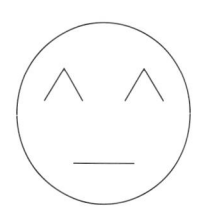

図15-4　日米の大学生で評価が割れたエモティコン
(出所)　Yuki et al., 2007

　もし，日本人以外の友人がいるなら，(^_^) というエモティコンを用いても，その笑顔は相手に伝わっていないかもしれない。それは，相手が :-) というエモティコンを送ってきたときに，笑顔であるとわからないこ

との裏返しである。どちらが悪いということはない。しかし、笑顔が伝わらないのは問題である。お互いのやり方、より専門的に言えば「笑顔の記号化」には違いがあるのだ、ということを理解しあう必要があるだろう。

(3) 文化と記号

　人間は誕生の瞬間からわが身一つでは生きてはいられない。さまざまな支援が設定されている。それら全てが文化だと考えるのがヴァルシナー（Valsiner, 2007）の立場である。彼は、ヴィゴツキー（Vygotsky, L. S.）の**文化心理学**の影響をうけながら、文化について考えている。そのヴィゴツキーは、文化心理学において、主体と対象の間には**記号**が媒介し、私たちはその記号を読み解きながら生活を行っているとした。同じ対象を目にした複数の主体から見ると、異なる記号が発生していることもある。電灯を取り替える人にとって椅子が踏み台になるというのは異なる記号が発生する例である。さらにいえば記号は、全ての人に同じ意味をもたらすわけではないこともわかる。そして、記号の意味が共有される範囲こそが一つの文化であると定義できる。

　この図15-5の(A)は文化を一種の容器のようなものとして見る従来的な見方（**比較文化心理学**）であり、中の人々は均質だと見なしがちである。一方、(B)

(A) "容器" としての文化　　個人が文化に属する

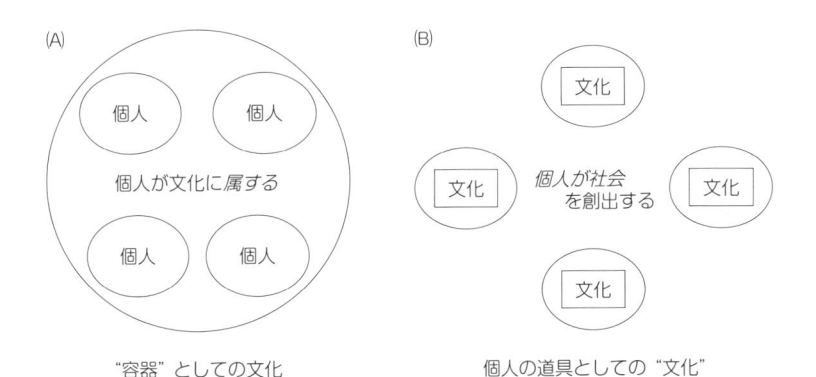

(B) 個人の道具としての "文化"　　個人が社会を創出する

図15-5　人が文化に属する（＝(A)）、文化が人に属する（＝(B)）概念図
（出所）木戸, 2012

の考え方が，ヴァルシナーやヴィゴツキーによる考え方である。記号を通じて個人の中に文化が属するのであり，人がさまざまな複数の文化を生きることを説明できる。私たちは，日本の文化，男性（女性）文化，大学生文化，アイドル好き文化，運動部文化，などさまざまな文化を内化しながら，ふさわしい行動をとっていることを説明できるようになるのである。

（4） お小遣いとオゴリに関する日韓の文化

　文化の違いは，思わぬところに潜んでいる。筆者らが行った，お小遣いに関する日中韓越の比較研究においては，韓国の子どもたちは相互にオゴリ合いをしているのに対して，日本では自分のものは自分のお金で買うというスタイルだった。日本では「オゴリ」が驕り高ぶるの「驕り」であることからもわかるとおり，子どもの水平的関係を妨害するものだと考えられている。

　ところが，韓国では，事態は逆なのであり，子どもたちのうちの誰かがお金を出すこと（そして，他のときには他の子が出すという暗黙の了解があること）で，子どもたちの水平的関係が維持されているのであった。

　韓国からの留学生と一緒に日本の大学生がオヤツを食べているとしよう。このとき，日本人は，「個人個人が支払うことで相手に気を遣わせない」と考えているのだが，韓国の留学生からすれば「韓国人である私がいないときは，きっとみなでオゴリあっているはずなのに，私がいるからワリカンにしているのだ」と思っているかもしれない。こうしたことは，留学生に疎外感を与えかねない。

3　ステレオタイプやカルチャーショック（異文化摩擦）をこえて

（1） ステレオタイプ・偏見・差別

　ステレオタイプとは，ある人の属性や印象について，その人の属する集団に関する情報をもとに印象をもつことである。それをもとに態度形成する場合には，**偏見**（prejudice）と呼ばれ，評価・態度をもとに，対応まで変化させる場

15章 集団・文化

合には**差別**と呼ばれる。

　＊＊教に対して「＊＊教の信者は猜疑心が強い」などという印象をもてば，それはステレオタイプであり，「＊＊教の信者とはつきあわないようにしたい」という態度をもてば，それは偏見であり，「＊＊教の信者は我が社に入社させない」ということを実際に実行すれば，それは差別である（もちろん，こうしたことを実行する人は自分は正しいと思っているのだから始末に負えない）。

　現在の日本でもっとも影響力あるステレオタイプは，**血液型ステレオタイプ**である。日本人のかなりの人が，「血液型と性格には何らかの関係がある」と考えているという現実がある。しかし，これはある個人をその人が属する血液型グループによって判断するということに他ならないのである。

　私たちは自身が属する内集団の成員には多様性を認める一方で，外集団の成員の性質を均質だと考える傾向がある。集団成員をその集団に属しているという理由だけで，評価したり，態度を形成したりするのは問題であるし，差別行為に及ぶとしたら，社会問題になりかねないということをよく理解する必要がある（もし，自分が，男（女）だから，＊＊大学だから，＊＊型だから，……という集団成員性によって，評価されたり，態度を形成されたり，差別されたりしたら，問題を感じるはずである）。

（2）　カルチャーショックをこえて

　異なる文化体系に参入するときに感じる不適応感は**カルチャーショック**（異文化摩擦）と呼ばれる。1970～80年代のカルチャーショックは西洋―東洋という大きな集団・文化における適応が問題となっていた。しかし，おじさん世代と若者世代のカッコ良さが違うという例や，日韓の子どもたちのオゴリ「文化」の違いの例からわかるように，文化の違いというのはさまざまなところで私たちの生活に影響をあたえている。

　私たちは日本のみならず世界中のさまざまな他者と出会う機会があるだろう。自分と異なる集団や異なる文化について，その全ての文化を知って対応することは難しい。韓国人はオゴリOK，タイ人は＊＊，ラオス人は＊＊，などとや

っていたら，オゴリについてだけでも相当なことを覚えなければいけない。そうした対処は不可能である。一般的な理論があれば，さまざまな出来事に対応することが可能になる。

（３） グローバリゼーション時代を生きていくために

　文化をもとにした集団対立によって，排外的な関係を作らないためにはどうすればいいだろうか。それは以下のような理論を理解することである。

　他者が行うことには理由があること，とくに文化的な背景があることを知ることが重要である。「自分から見て変だと思うことをやっているときは，文化的背景があるかもしれない」と考えることが重要なのである。

　人的交流や交際が地球規模化（グローバリゼーション）しつつある21世紀において，集団と個人の関係の理論や**文化心理学**の知識や理論は，**葛藤や紛争の未然防止**という意味をも持ちうるであろうし，排外的ではなく包摂的な社会を作っていくことにつながっていくだろう。

〈まとめ〉
　私たちの生活を成り立たせている重要な条件である集団や文化について扱った。集団は，その目標が存在するところがたんなる集合状態とは異なる。
　社会的アイデンティティ理論などのように，自分がどのような集団に属しているかの知識が，アイデンティティの形成に重要だと考える立場もある。
　:-) や （^_^）は，ともに笑顔を意味する記号だが，その記号を読み解くには一定の文化的背景が必要である。:-) は口で笑顔を記号化する文化，（^_^）は目で笑顔を記号化する文化，ということを自分のものにしていないと理解することができない。
　自分が見て変だと思うこと，変なことをされたと思うことから，多くの葛藤や紛争が始まっている。グローバリゼーション時代において，他者を尊重し包括的社会を構成していくには，目の前にある事柄を自分の文化とは違う記号で読み解く可能性に開かれていることが重要なのである。

〈グロッサリー〉
　<u>パラダイム</u>　研究を行う際の基本的な考え方の枠組と，その枠組に従って研究を行

15章　集団・文化

う手法の総体のこと。
文化心理学　文化の定義について「同じ事柄について，その記号の意味が共有される範囲こそが一つの文化」とする立場であり，文化が人に属すると考える立場。
比較文化心理学　文化の定義について，文化が人間と独立に存在すると考え，人が文化に属すると考える立場。
血液型ステレオタイプ　同じ血液型の人間は同じ集団に属するのでその性質が同じだと考えるステレオタイプ。人ではなくその血液型を判断に用いるところが問題である。

〈もっと詳しく知りたい人のための文献紹介〉
サトウタツヤ・若林宏輔・木戸彩恵（編）　2012　社会と向き合う心理学　新曜社
　⇨社会で起きている問題に向き合うカラダを作るための社会心理学のテキスト。文化心理学を基本に，法心理学，厚生心理学などを網羅する。血液型ステレオタイプ，うつ病，青年期のアイデンティティなど，現代日本の問題についても扱っている。具体的な方法論についての解説もある。
サトウタツヤ・渡邊芳之　2011　心理学・入門　有斐閣
　⇨心理学全般について，内容と方法の特徴を平易に解説。過去・現在・未来を展望することができる。

〈文　献〉

Asch, S. E. 1951 Effects of group pressure upon the modification and distortion of judgment. In H. Guetzkow (Ed.), *Groups, leadership and men*. Pittsburgh: Carnegie Press. pp. 177-190.
川嶋伸佳　2012　社会心理学から心の文化差へ　サトウタツヤ・若林宏輔・木戸彩恵（編）　社会と向き合う心理学　新曜社　pp. 21-32.
木戸彩恵　2012　文化心理学――文化の違いと異文化変容　サトウタツヤ・若林宏輔・木戸彩恵（編）　社会と向き合う心理学　新曜社　pp. 33-45.
Markus, H. R., & Kitayama, S. 1991 Culture and the self: Implications for cognition, emotion, and motivation. *Psychological Review,* **98**, 224-253.
三隅二不二　1984　リーダーシップ行動の科学（改訂版）　有斐閣
Tajfel, H., & Turner, J. C. 1979 An Integrative theory of intergroup conflict. In W. G. Austin & S. Worchel (Eds.), *The social psychology of intergroup*

relations. Monterey, CA: Brooks-Cole.
Valsiner, J. 2007 *Culture in minds and societies*. New Delhi: Sage.（サトウタツヤ（監訳）2013　新しい文化心理学の構築　新曜社）
山口裕幸　1999　集団　中島義明・安藤清志・子安増生・坂野雄二・繁桝算男・立花政夫・箱田裕司（編）　心理学辞典　有斐閣　p. 385.
Yuki, M., Maddux, W. W., & Masuda, T. 2007 Are the windows to the soul the same in the East and West? Cultural differences in using the eyes and mouth as cues to recognize emotions in Japan and the United States. *Journal of Experimental Social Psychology*, 43(2), 303-311.

第Ⅴ部　先端トピック

16章 環　　境
——行動とともにあるもの

文野　洋

1　環境と人間行動の心理学

(1) 環境心理学という分野

　環境は人間の行動を考える上で無視することはできない。人間と環境との関係を理解し，環境を改善するための知見を得ることを目的とした心理学の分野に環境心理学がある。

　環境心理学は，人間の意識や行動を環境とセットにして考えようとする。「セットとして考える」ということを，環境心理学の重要な視点を表す概念によって表現すると，人間と環境との「**トランザクション**（相互浸透）を前提とする」ということになる。単純に言い換えてしまえば，「人間—環境」というシステムを前提にして，人間の意識や行動を見ていくということである。

　しかしながら，環境心理学において人間と環境との相互浸透を直接扱っている研究はそれほど多くない。個別の研究においては，人間—環境のシステムのある側面を一時的にとりだして研究対象としていることがほとんどである。研究ごとに，人間—環境のトランザクションをとらえるモードが異なっていると考えるとよい。この研究のモードは，環境心理学の多様な研究領域を概ね含んでいる。そこで，ストコルス（Stokols, 1978）の示したトランザクションのモードにしたがって，環境心理学の研究領域の分類をみてみよう（表16‑1）。表16‑1から，環境心理学が広範な研究テーマを扱っていることがわかるだろう。また，同じ研究テーマにおいても，多様な理論的立場からのアプローチが試みられてきているのも，環境心理学の一つの特徴である。

表16-1　人間―環境のトランザクション（相互浸透）のモードと研究領域

		相互浸透の形式（form）	
		認知的	行動的
相互浸透の側面（phase）	能動的（active）	［解釈的］ 環境の認知的表象 （認知距離，認知地図）	［操作的］ 環境配慮行動，ナビゲーション等の空間行動
	受動的（reactive）	［評価的］ 環境に対する態度，環境の評価・査定	［反応的］ 物理的環境が人間の反応や行動に与える影響

（出所）　Stokols（1978）より改変

（2）　人間―環境をとらえる理論

　人はつねに，ある環境のもとで行動している。したがって，人間の意識や行動を研究対象とする心理学においては，環境と人間の行動とがいかに結びついているか，ということが問題になる。この点にとくに焦点をあてた人間行動の理論やモデルは，環境心理学という分野が明確になる以前から提唱されており，現在では，環境心理学の理論として位置づけられている。それらの理論の一部をとりあげて，ごく簡単にまとめておこう。

　ブルンスウィック（Brunswik, E.）は，心理学は人間を含む有機体と環境との関係の科学であるとして，環境についての知覚と反応の過程を<u>レンズモデル</u>によって説明した（図16-1）。環境における対象（遠刺激）は多数の近刺激（感覚器が受容する刺激）に分解され，それらの近刺激に対応する「手がかり」を利用することで（代理機能），知覚が実現していると考えた。「たき火を見つめる」ときの知覚は，炎の光や色，におい，パチパチという音など，多様な手がかりを利用することで成立している。この対象（遠刺激）の多様な近刺激への分解と手がかり利用による知覚現象への収斂の過程がレンズにたとえられている。このモデルは，私たちが環境を受動的に知覚しているのではなく，環境に適応する過程で機能的に安定した知覚を実現しているということを示している。

　ギブソン（Gibson, J. J.）の知覚への生態学的アプローチは，人間の知覚をより積極的なものとしてとらえる。人間は他の動物と同様に環境の中でつねに活

知覚機能の達成
(確率的安定化)

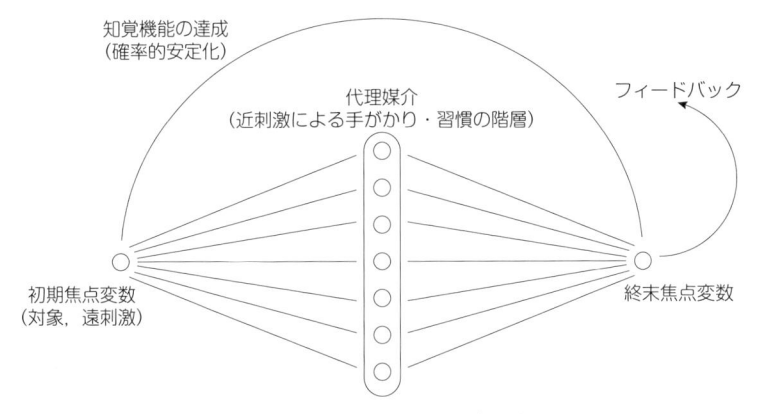

代理媒介
(近刺激による手がかり・習慣の階層)

フィードバック

初期焦点変数
(対象,遠刺激)

終末焦点変数

図16-1　知覚現象のレンズモデル
(出所)　ブルンスヴィック (1974) を元に簡略化

動している存在であり，その活動の中で環境から情報を探索し，直接利用していると考える。私たちが知覚するのは，環境から「与えられる刺激」ではなく，環境に存在する「生態学的な情報」である。ある動物が環境において見出す価値（資源）のことをギブソンは**アフォーダンス**と呼んだ（ギブソン，1985）。ある環境において共通に観察される人間の行動は，私たちがどのようなアフォーダンスを利用しているのかを見出すことによって，明らかにすることができる。たとえば，「座れる」「捨てられる」といったアフォーダンスは，特定の環境において見出され，利用されている。実際に人が座っている場所や，物を捨てている場所をよく観察してみると，これらの行動には共通の環境の特徴（情報）があることが理解できるだろう。ギブソンの生態学的アプローチでは，環境と人間の行動とを切り離さず，まさに環境と人間のトランザクションを直接扱っているといえる。

　環境と人間の行動とのトランザクションを記述するアプローチとして，バーカー（Barker, R. G.）とライト（Wright, H. F.）による生態学的心理学があげられる。バーカーとライトは，レヴィン（Lewin, K.）が心理学に導入した生態学的な視点をより積極的に導入し，生態学的心理学という研究分野を提唱した（ウィッカー，1994）。とくに，「**行動場面**（behavior setting）」の概念は，人―

モノ―環境の関係によって人間の活動が成立していることを示すと同時に，人間と環境の関係を検討するための具体的な分析視点を提供している。行動場面の視点によって，さまざまな人びとの活動（スポーツの試合，レストランでの食事，各地で開催される祭）が，その場の物理的環境とモノ（施設や道具や装飾物）と人の行為が特定の仕方で絡み合うことではじめて成立していることにあらためて気づくことができる。

2 空間の認知とナビゲーション

(1) 認知距離と認知地図

　私たちは自身をとりまく環境を自分なりに解釈し，それに基づいて行動している。したがって，人間の行動と環境との関係をとらえるとき，環境の認知過程についても研究の焦点があてられる。

　一般に，環境をとらえる過程を環境認知と呼び，とくに，空間に対する認知過程を空間認知と呼ぶ。主な空間認知の研究テーマには，**認知距離**や**認知地図**がある。私たちは，物理的な空間の特徴をありのままにとらえているわけではない。たとえば，物理的な距離に関していえば，青森―福島間の距離と，岡山―福岡間の距離ではどちらがどれだけ離れているかを正確に答えられる人はほとんどいないだろう。私たちは空間の物理的な距離を実際よりも短く，あるいは長くとらえていることがある。このような，表象された物理的距離のことを認知距離という。表象される空間の属性は距離だけではない。むしろ，空間全体が表象されていると考えられている。この空間の表象は認知地図（またはメンタルマップ）と呼ばれ，地図を描く課題などによって間接的に表現される。表現された地図等を分析対象として，特定の空間の理解のしやすさや，空間把握に影響を与える要因，空間把握の発達的変化についての検討が行われている。

(2) ナビゲーションと空間のデザイン

　私たちは，日常生活の中で，一つの場所に留まっているだけではなく，頻繁

16章　環　　境

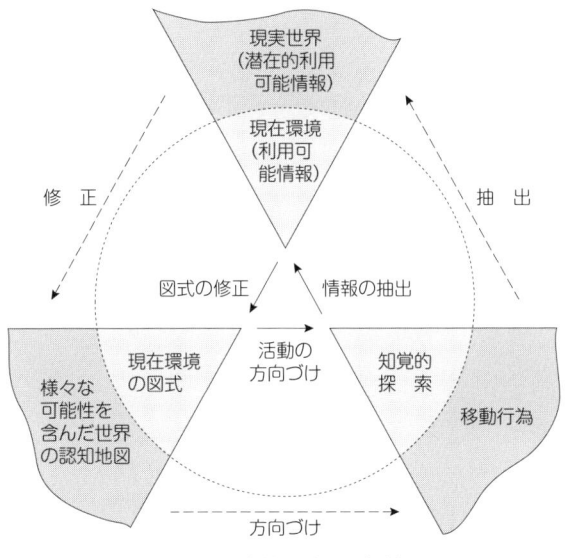

図16-2　定位図式と認知地図
（出所）ナイサー，1978

に空間の中を移動している。勤め先や学校に通うとき，旅行に出かけるとき，友だちに会いに行くときなど，たいていの場合，ある目的地を目指して移動を行っている。空間を移動して目的地までたどり着くこと，およびそのプロセスは，**ナビゲーション**（あるいはウェイファインディング）と呼ばれる。ナビゲーションには，現在の自分の位置と向いている方向を把握する空間定位（orientation）や，目的地に近づくためのルートを探索・選択する**経路探索**のプロセスが含まれる。

　ナイサー（Neisser, U.）は，「定位図式」という概念によって，ナビゲーションのプロセスを説明している（図16-2）。ナビゲーションは，空間の移動にともなって刻一刻と変化する外界の様子を知覚し，その情報を既存の図式に照らしながら移動の方向を決定し，移動による外界の変化をまた知覚する，という不断のプロセスである。このプロセスを通じて，定位図式がより精緻なものに改変されるのである。ナイサーは定位図式を認知地図と同義で用いているが，

231

認知地図が空間のイメージのみを意味する場合には，それは定位図式の機能の一つの側面でしかないとしている。

　これまで，ナビゲーションに影響する要因として，移動者，移動が行われる環境，両者の相互作用の各側面について研究が行われてきた。とくに，環境の要因として，方向指示板や案内図などのサインの配置やデザインの影響は大きい。人間のナビゲーションの諸特徴を研究することで，たとえば病院や役所など，円滑なナビゲーションが求められる空間の改善につなげることが可能になる。ナビゲーションを支援するためには，通路の幅や形状，天井の高さ等のいわゆるハード面の空間デザインを調整することの他に，ソフトの側面として，サインや案内係の有効な設置なども考えられる。

3　空間利用の社会性

　私たちが何らかの活動で空間を利用する際，そこでの意識や行動は，他者との関係によって大きく左右される。多くの場合，空間を利用するということには，社会的な側面が備わっている。この節では，快適な空間利用について考えるために不可欠な，空間利用の社会的側面にかかわる環境心理学の概念を概観しておこう。

（1）　パーソナル・スペース

　人には，他者が自分に近づくことで気詰まりを感じたり，不快に思うような領域が自分から一定の範囲内に存在する。このような空間は，パーソナル・スペースと呼ばれる。パーソナル・スペースは，その人が関与している社会的状況や，他者との関係，空間の形状などに応じてサイズが変化する。つまり，どのような場所で，誰と，何をしているかによって，自分が他者との距離に気詰まりを感じる領域は広がったり，狭くなったりするということである。たとえば，混んでいる電車では隣に座っている人がいてもそれほど気にならないが，ガラガラにすいている電車で隣に座っている人がいれば，かなり落ち着かなく

16章　環　境

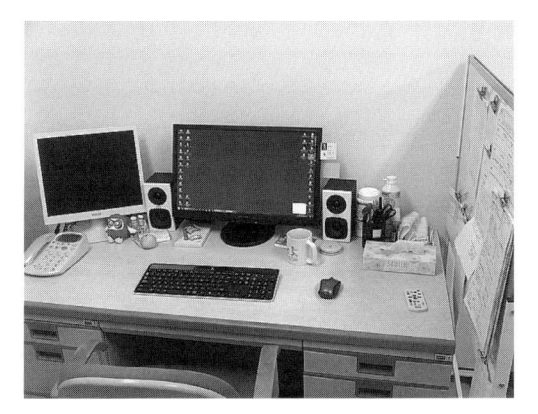

図16-3　1次テリトリーのパーソナライゼーション

なることだろう。

(2) テリトリアリティ

　個体が占有する一定の空間を，テリトリーという。テリトリーは，個体の位置に関係なく，特定の空間を指示する概念である。したがって，個体の移動に伴って移動したり，状況や他の個体との関係によってその形状が変化したりするパーソナル・スペースとは異なる概念であることに注意しなければならない。

　テリトリアリティとは，個体自身あるいは個体の家族などの安全を確保するためにテリトリーを守ること，またそのテリトリー防衛に関する意識や行動のことをいう。テリトリアリティの行動としては，長期にわたってテリトリーを占有しようとする長期的占拠，さまざまな手段によりテリトリーを他者から守る防御，そのテリトリーの構成物を自分が利用しやすく，また自分だけのスペースとして配置・陳列するパーソナライゼーション（図16-3），占有権を他の個体に表示するマーキングなどの行動があげられる。

　テリトリーは，想定される占有権の違いによって1次テリトリー，2次テリトリー，3次テリトリーに分類することができる。1次テリトリーとは，個人やきわめて親密な集団が独占的に占有し，他者がそれを明確に認めている空間

233

のことをさす。たとえば，自宅や自分の部屋，オフィスの個室などがあげられる。これらの場所の機能としては，安全や内省の場の提供，ストレスの回復等があげられる。個体の適応という観点からも重要なこの1次テリトリーにおいては，その防衛反応も強くなる。このことは，自宅や自分の部屋に無断で他人が出入りしたときに生じる感情や行動を思い浮かべれば容易に理解できるだろう。

　2次テリトリーは，日常生活においてある程度の重要性を持つ空間をいう。職場のロッカー，カフェのおきまりの席などがあげられる。3次テリトリーは，そこに入る資格をもつものすべてに開放されている空間のことをいい，公園のベンチや電車の自由席などの公共的な空間があげられる。この定義を敷衍すれば，2次テリトリーは，3次テリトリーのうち，1次テリトリーに近い形でより短期的に利用されている空間ということになる。

　一般に，テリトリアリティは，3次テリトリーよりも2次テリトリー，さらに1次テリトリーの方がより強いものになる。

(3) プライバシー

　プライバシーは，自分や自分のグループに対する外部からの接近（アクセス）を選択的に統制（コントロール）することをいう（Altman, 1975）。外部からの接近には，情報に対する接近と，社会的交流による接近がある。他者に対し，自分が開示したくない情報を伝えないでおくことや，他者が自分にかかわりをもとうとするタイミングを自分の意思によって統制することができる環境は，その個人のプライバシーが確保されていることになる。プライバシーが保障されている環境は，とくに精神的健康に関連して，個人が情緒的な落ち着きを取り戻す情緒調整の場を提供し，自己統制の感覚をもたらすことで個人のアイデンティティを維持することにも役立つ。

(4) クラウディングと密度

　クラウディングは，周囲に存在する他者の人数に対する個人の感覚，すなわ

ちある一定の空間において個人が知覚する混雑の度合い（混雑感）をいう。個人の主観的な感覚を示す概念であるため，実際の混み具合である密度とは区別される。パーソナル・スペースやプライバシーなどと同様に，クラウディングは知覚する個人，社会・文化的状況，物理的条件などによって変化する。

4 生活環境のデザイン

　私たちは日常生活の多くの時間を，居住環境，教育環境，職場環境の中で過ごしている。これらの環境の改善のために，これまで紹介してきた環境の認知や空間利用のあり方についての知見が役立てられている。

　居住環境，教育環境，職場環境においてもっとも重要な研究テーマは，それぞれの環境に対する満足感である。いずれの環境においても，満足感を規定する要因は，個人的要因（年齢，地位，ジェンダー，価値観，他者との比較など），社会的要因（隣人，規範，プライバシーなど），物理的要因（空間の形状，デザインなど），文化的要因の4つに大別することができる。逆に，これらの側面に不十分な要素がある環境は，居住ストレスや職場ストレスといった負の反応を生じさせてしまう。たとえば，転居や災害による避難など，居住環境の変更により，1次テリトリーの場として提供される休息やプライバシーの保護，安全の機能が失われることがある。

　環境条件の変化は，その環境における活動にも影響を与える。とりわけ，学校やオフィスなど，活動の成果が問われる現場においては，パフォーマンスに影響を与える環境条件についての研究が行われてきた。照明・空気・室温・騒音等の知覚にかかわる基本的な条件が主に扱われてきたが，空間の形状による影響も検討されている。たとえば，職場のデスクのパーティションの有無は，同僚や上司・部下とのコミュニケーションの量とプライバシーの保護とに関連し，求められている課題に応じてその適切さが変化する。同様に，壁によって仕切られないオープンスペースの教室では，開放的な空間を活動に応じて利用できたり，グループ活動への積極的な参加を促進するという利点がある一方，

他のクラスの活動の音の混在や,建築コストや光熱費等のランニングコストの問題が指摘されることもある。これらの環境のデザインにおいては,各環境の**シノモルフィ**(synomorphy:物理的側面と社会的側面との調和)を実現することが重要である。

5 環境問題へのアプローチ

環境問題は,今や地球規模の問題として議論されている。「**持続可能性**(sustainability)」という語がキーワードとなり,私たちの今の生活が,現在の環境がもたらす資源と機能とともに持続可能かどうかが問われている。そこには,これまでの環境を利用してきた現世代の人間と,これから環境を利用することになる次世代の人間との間の公正の問題も含まれている。環境問題の解決に向けた心理学的研究としては,主に社会心理学の分野で,個人の環境配慮行動(環境の保護や改善にかかわる行動)を促進することを目的とした研究や**社会的ジレンマ**の研究が行われている。

環境配慮行動を促進するためのアプローチは,図16-4に示すように大きく

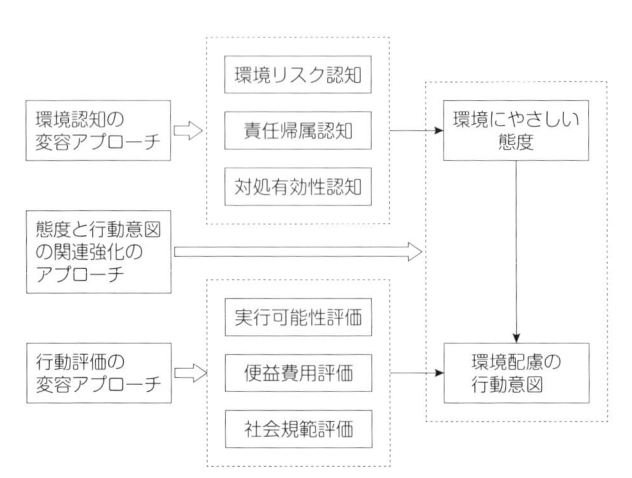

図16-4 環境配慮行動への社会心理学的アプローチ
(出所) 広瀬,1995

16章 環　境

コラム　環境心理学の醍醐味

　環境心理学の特徴は，ふだん人間の意識や行動において軽視されがちな環境や状況に注目することにある。たとえば，ある人が仕事や勉強などの活動に集中できていないとき，その人の「集中力」や「やる気」などを問題にするのではなく，まずはその人の注意を分散させてしまうような環境の条件について検討する。環境を調整することで人間の行動が変容するのであれば，それより先に，個人内に仮定される「心の状態」を変えようとすることは，あまり合理的ではない。このように，人間の意識や行動にみられる個人差の説明において，個人内の心的概念をあまり利用しないということは，環境心理学の魅力の一つである。

　ただし，環境心理学の概念も，他の心的概念と同様に扱うことができてしまうので注意が必要である。たとえば「パーソナル・スペース」は，特定の他者が近づいているときのその人の反応を観察することではじめて確認できる。逆に言えば，特定の他者がそばにいるときの反応からしか，その人のそのときのパーソナル・スペースは判定できないということだ。だから，この概念は，個人の周囲に居心地のよい空間がずっと"ある"のではなく，個人はその場その場の状況において他者との距離，つまり対人距離を変化させているとした方が，よりシンプルな説明ができるようになる。

　環境と人間の行動との関係を短絡的に個人の内的状態に押し込むことなく，環境と人間とのトランザクションのあり方を丁寧に記述することが，環境心理学の大きな目標であり，研究の醍醐味であるといえるだろう。

3つのアプローチがある。環境認知の変容アプローチに含まれる**環境リスク認知**は，人間の活動によって環境に加えられる負荷が人間の生活や生態系に影響を及ぼす可能性の認知である。たとえば，人体に悪影響を及ぼす可能性のある化学物質（放射線，環境ホルモンなど）の危険性や，工業施設等の設置や事故による地域環境の汚染の可能性，フロンによるオゾン層破壊など地球規模の環境条件の悪化の可能性などの認知である。行動評価の変容アプローチでは，ある環境配慮行動が実際に実行可能かどうか，実行するのにかかるコスト（時間やお金や労力）と得られる利益の評価（便益費用評価），その行動を実際に行うことへの社会的規範の評価が含まれる。この図には環境配慮行動は含まれてい

ないが，行動意図を高めることで環境配慮行動が促進されることが期待されている。実際に環境配慮行動が行われるかどうかについては，その場の環境の条件が強く影響する。ゴミ箱の設置位置の変更によるゴミ分別行動の強化など，実際の環境に直接介入して環境配慮行動の促進を図る**アクション・リサーチ**型の研究も，環境心理学のアプローチの一つの特徴である。

　環境配慮行動をする／しないという行動選択は，「社会的ジレンマ」の事態として考察することも有効である。社会的ジレンマとは，各個人が協力する（環境配慮行動を行う）かしないかの行動を選択できる状況があり，その状況で協力よりも非協力を選択する方が各個人にとっては望ましい結果が得られ，全員が自分にとって個人的に有利な非協力を選択した場合の結果が，全員が協力を選択した場合の結果よりも悪いものになるという事態をいう。このとき，各個人の行動の選択とその結果生じる損益との組み合わせを利得行列と呼ぶ。社会的ジレンマの研究では，模擬的な状況としてゲームによるシミュレーションを行い，利得行列の変化やプレーヤの数，その他のルールの変更などによってジレンマが解消される条件が検討されている。

〈まとめ〉

　環境は人間の意識や行動とつねにともにある。だからこそ，ふだんはそのことに注意が向きにくい。環境心理学は，ふだん自明視している人間と環境との関係をあらためて見直す研究分野である。環境心理学の研究テーマは非常に広範であり，同じ研究テーマであっても多様なアプローチが存在する。しかし，人間と環境との関係を明らかにすること，そして環境の改善に役立つ知見を得ること，という非常に明確な目標を共有している。

　環境の問題がより広く議論されるようになってきた現代において，環境心理学は今後も重要な分野であることは間違いない。本章で紹介した研究テーマやそこでの知見は，環境心理学のごく一部に過ぎない。本章の内容に興味をもった読者には，さらに環境心理学の教科書を読み進めるなど，学習を深めてもらいたい。

〈グロッサリー〉

トランザクション　環境と人間とが互いの成立要件として存在している関係を表す環境心理学の鍵概念。

レンズモデル　知覚や行動が代理機能によって達成されている（安定している）ことを表現した，行動の機能的単位のモデル。

経路探索　局所的な経路の選択だけではなく，目標地への到達までのプロセスすべてをさすこともある。この場合はナビゲーションと同義。

アクション・リサーチ　日常生活の現場で生じている問題の解決に役立てることを目的として行われる実践研究。

〈もっと詳しく知りたい人のための文献紹介〉

羽生和紀　2008　環境心理学——人間と環境の調和のために　サイエンス社
　⇨環境心理学の多様な研究領域をコンパクトに整理しつつ，基本的な研究知見をわかりやすく解説した最良の入門書。写真も豊富で環境心理学の魅力が伝わってくる。さらなる学習のための文献紹介もあるので便利。

ギフォード，R.　羽生和紀・槙　究・村松陸雄（監訳）　2005　環境心理学——原理と実践（上）　北大路書房

ギフォード，R.　羽生和紀・槙　究・村松陸雄（監訳）　2007　環境心理学——原理と実践（下）　北大路書房
　⇨環境心理学の広範な研究領域を網羅する専門的教科書の翻訳。各領域の研究成果を豊富な引用とともに解説しており，単著でありながらハンドブックと同等の情報が得られる。環境心理学の学習や研究をはじめる際の必読の書。

佐古順彦・小西啓史（編）　2007　朝倉心理学講座12　環境心理学　朝倉書店
　⇨環境心理学の専門書。環境心理学の個別の領域について，各領域の専門家がその概要と展望をまとめている。特定の領域について深く知りたい読者に最適。本章でふれた環境心理学の理論についてもより詳しい解説がある。

〈文　献〉

Altman, I. 1975 *The environment and social behavior : Privacy, personal space, territory, crowding.* Brooks/Cole Publishing Company.

ブルンスヴィック，E.　船津孝行（訳）　1974　心理学の枠組み　誠信書房

ギブソン，J. J.　古崎敬・古崎愛子・辻敬一郎・村瀬旻（訳）　1985　生態学的視覚

論──ヒトの知覚世界を探る　サイエンス社

広瀬幸雄　1995　環境と消費の社会心理学──共益と私益のジレンマ　名古屋大学出版会

ナイサー，U.　古崎敬・村瀬旻（訳）　1978　認知の構図──人間は現実をどのようにとらえるか　サイエンス社

Stokols, D. 1978 Environmental psychology. *Annual Review of Psychology*, 29, 253-295.

ウイッカー，A. W.　安藤延男（監訳）　1994　生態学的心理学入門　九州大学出版会

17章　少年司法と心理臨床
——「司法臨床」のアプローチ

廣井亮一

　私たちは，子どもたちのさまざまな問題や課題について「子どもたちのSOS」としてとらえてかかわることができても，非行や犯罪という問題行動になると，その視点が維持されず，たんなる罰の論議に陥りやすい。非行や犯罪には，法に明示された価値基準とそれに応じた罰が定められているからであろう。

　もちろん，非行や犯罪が法的基準によって成立する問題行動である以上，それに対処するための「法的視点」は必要である。しかし，非行少年の<u>ウェルビーイング</u>（well-being：健康，幸福）を論じる場合には，「法的視点」と同時に，非行少年たちはその問題行動によって私たちに何を訴えようとしているのかという，一人ひとりの少年たちにとっての非行や犯罪行為の意味を理解して更生につなぐ「臨床的視点」が不可欠になる。

　また，非行や犯罪は，加害少年と被害者（直接的被害者，間接的被害者）との関係図式によって立ち上がるということが，他の問題行動との際立った違いである。少年司法における被害者の位置づけについては後述するが，それは非行少年のウェルビーイングに重要な意味をもたらすものである。まず，わが国の少年司法の基本的枠組みを確認したい。

1　少年司法の枠組み

　地方裁判所の刑事司法と家庭裁判所の少年司法の違いについては，一般的には，前者が成人，後者が未成年者をそれぞれの裁判，審判の対象にするという

第Ⅴ部　先端トピック

表17-1　刑事司法，修復的司法，少年司法

	刑事司法	修復的司法	少年司法
犯罪（非行）	国家に対する法益の侵害	他者に対する害悪的影響	少年の更生につなぐ契機
裁判（審判）の目的	罪の立証とその罪に対する応報	問題解決と当事者の関係の修復	少年の健全育成
当事者性	国家↔加害者	被害者―加害者―コミュニティ	国家⇒少年と保護者
犯罪のとらえ方	法律上の罪	あらゆる文脈による理解	法と臨床によるアプローチ

（出所）　廣井，2005

程度の理解に留まっているように思われる。家庭裁判所の少年司法を理解する場合，その基盤になっている伝統的な刑事司法と現代刑事司法の世界的潮流になっている修復的司法（restorative justice）と，それぞれ比較するとわかりやすい。表17-1は，**刑事司法，修復的司法，少年司法**のそれぞれの枠組みにおける，犯罪（非行）の意味，裁判（審判）の目的，当事者性，犯罪（非行）のとらえ方，についてまとめたものである。

(1)　刑事司法

　刑事司法とは，犯罪者の逮捕，裁判による刑の確定，それに応じた刑の執行および犯罪者の社会復帰までの一連の司法過程をいう。犯罪とは，法によって刑罰が規定された違法行為であり，広義には国家に対する法益の侵害である。刑事司法手続は，国家の刑事罰権（検察側）と加害者の人権（弁護側）という対立的な関係図式で成り立ち，加害者に対して，法的基準に従って犯罪が立証され，その罪に対する応報として国家が刑罰を科す。

　近代刑事法制において，被害者はまさに事件の当事者でありながら，訴訟における当事者的地位はいまだに認められていない。被害者は刑事司法において長らく忘れられてきた存在だということである。わが国でもようやく2000年以降，すべての被害者の尊厳にふさわしい処遇を保障する権利が明文化され，2008年に「被害者参加制度」が施行され，殺人，傷害，自動車運転過失致死傷等の一定の刑事事件の被害者や遺族が「被害者参加人」として刑事裁判の法廷

で被告人に直接質問できることになった段階である。

（2） 修復的司法

それに対して，修復的司法は，犯罪を「加害者―被害者―その家族を含む地域社会」の関係性の問題，システム間の歪みとしてとらえ直し，その歪みを修復することによって，被害者のケア，地域社会の安全，さらに加害者の更生も実現しようとするものである。刑事司法が，犯罪を違法行為，法益の侵害として法的基準をもとに加害者を捕捉するのに対して，修復的司法は，犯罪をより広くとらえて，被害者のみならず加害者，その家族，地域社会などそれぞれのシステムにおける害悪的影響であると理解する。

修復的司法のプロセスにおいては，犯罪で傷ついたすべての当事者の問題解決と関係の修復のために，被害者と加害者が問題の解決方法について話し合う和解プログラムが実施されたり，少年事件では被害者と加害少年のそれぞれの家族やコミュニティの代表者，支援者による家族集団会議が行われたりしている。それらのプロセスにおいて加害者（加害少年）にも自らと家族，社会との関係の修復，すなわち更生の機会が与えられる。

（3） 少年司法

このような，刑事司法から修復的司法への流れをもとに，わが国の少年司法をとらえるとその特徴が明確になる。

少年司法の目的は非行少年の更生であり，罪を犯した少年に罰を下すことを目的としたものではない。その点を明示しているのが，わが国の少年法である。すべての非行少年に及ぶ通則規定である**少年法第1条**に，「この法律は，少年の健全な育成を期し，非行のある少年に対して性格の矯正及び環境の調整に関する保護処分を行うとともに，少年の刑事事件について特別の措置を講ずることを目的とする」（下線は筆者）と明記しているとおりである。その実現のために同法第9条で，少年事件の調査においては，心理学，医学，などの臨床的知見を活用することを要請している。

ところが,少年司法の根幹をなすわが国の少年法は,刑法および刑事訴訟法の特別法であることからすれば,少年司法は刑事司法という土台に建てられた,少年の更生のための特別な構築物にたとえることができる。このような構造からすれば,少年司法の枠組みとは,加害者の応報や隔離を基調とする刑事司法の枠組みに,加害少年の更生と環境(人間関係を含む)の調整という修復的司法の素地を取り込み,心理臨床的な性格を付与した特異なものである。

すると,少年司法における少年事件の展開は,以上のような司法的側面と心理臨床の両面から非行少年をとらえて,彼らのウェルビーイングを実現することであるといえよう。そうした「司法臨床」とも呼べる高次の機能を担う専門職として家庭裁判所に家庭裁判所調査官が位置づけられている。

それでは,「司法臨床」の実践の場としてのわが国の家庭裁判所において,非行少年に対してどのような法と臨床のアプローチがなされているのか概観する。

2 少年司法の実践——家庭裁判所と家庭裁判所調査官

家庭裁判所は,行政機関であった少年審判所と地方裁判所の支部であった家事審判所を併合して1949年に創設された。"家庭"裁判所の名の通り,家族の紛争解決や家族関係と密接に関連した少年非行を扱うという,家族と子どもに関するさまざまな問題に対処するために生まれた新しい裁判所である。

その目的のために,少年事件と**家事事件**の処理において,一連の手続に心理学,社会学などの人間関係諸科学による臨床的性格や教育的,福祉的性格を付与した。司法機関である家庭裁判所に,法による規範的解決に加えて,臨床による実体的解決を目指したからである。そうした理念の具現は,家庭裁判所調査官という人間関係諸科学を専攻した者を家庭裁判所の主要なスタッフにしたことなどに示されている。つまり,家庭裁判所が独特な裁判所とされるゆえんは,法の枠組みに臨床的枠組みを導入したことにある。

その結果,家庭裁判所は臨床的機能を取り入れたことによって,事件や紛争

としての「行為」だけではなく，その水面下にある，「人」や「人と人との関係」という大きな塊を視野に入れることになった。その意味において，臨床的機能は人間関係調整的機能とも呼ばれている。ただし，少年の更生を援助したり家族の紛争解決を支援するといっても，家庭裁判所は司法機関として，少年事件においては少年法に基づいて非行少年の処分を決定し，家事事件においては**家事事件手続法**に基づいて事案を審理判断して，それぞれ最終的な司法判断を下す。

こうした司法としてのプロセスにおいて，少年や家族の問題解決を援助するという臨床的な機能が展開されるということが，家庭裁判所のもっとも大きな特徴である。したがって，家庭裁判所の役割は**法的機能**と**臨床的機能**を二重基準として別々に作用させることではなく，**家庭裁判所調査官**がその両者を橋渡しすることによって，少年と家族の問題を適切な解決に導くことにある。

そのような家庭裁判所調査官による司法臨床の特質は，少年事件への関与に端的に反映されている。その構造的特質をもっとも顕著に反映するのが，家庭裁判所調査官による「試験観察」のプロセスである。試験観察とは，少年法25条に定められたもので，終局処分（最終的処分）を留保して，相当の期間，家庭裁判所調査官が少年と家族に臨床的アプローチを施しながら調査をすすめるという中間決定をいう。処分決定のための調査という司法の基本的枠組みに沿いながら，少年の更生を援助するという臨床的なアプローチを行うという点に，法と臨床の機能を有する家庭裁判所における非行臨床の特質が顕著に示されている。すなわち，「司法臨床」とは，法と臨床が交差する地点でなされる，少年や家族を援助するアプローチだということである。

3 少年司法の対象——非行少年

私たちは，「非行少年」「犯罪少年」「不良少年」の区別もあいまいなまま，非行少年について論じているように思われる。

少年法第3条に，非行少年は次のように明確に規定されている。すなわち，

第Ⅴ部　先端トピック

　非行少年とは，家庭裁判所の調査と審判に付される，①犯罪少年，②触法少年，③ぐ犯少年，を指す。したがって，「非行」とは，①，②，③の少年たちがなした，犯罪行為，触法行為，ぐ犯行為をいう。

　①犯罪少年とは，14歳以上，20歳未満で犯罪行為をした少年

　②触法少年とは，14歳未満で刑罰法令に触れる行為をした少年

　③ぐ犯少年とは，20歳未満で将来，罪を犯し，または刑罰法令に触れる行為をするおそれがある少年

　犯罪少年を14歳以上，触法少年を14歳未満と分けているのは，刑法で刑事責任年齢を14歳以上と規定しているためである。したがって14歳未満の少年が刑罰法令に触れる行為をしても，それは「犯罪」にはならない。なぜ，刑事責任年齢を14歳以上にしているかについては諸学説があるが，たとえば発達心理学的には，人格が統合される年齢，すなわち行為の責任を問える年齢を14歳と見なしている。

　犯罪少年と触法少年に分けることは，刑事処分の可能年齢にかかわり，処遇選択に結びつく。14歳未満の触法少年には刑事処分を適用できないので，基本的に**児童自立支援施設**入所など児童福祉による処遇になる。ところが2007年の改正によって，「おおむね12歳」の少年から少年院送致することができるようになった。このことは，本来福祉的ケアを施すべき子どもたちを，司法が取り込むことを意味する。

　ぐ犯少年とは，犯罪や触法行為をいまだしていないけれども，将来，そのおそれがある少年を指す。ぐ犯少年を非行少年にしている理由は，たとえば家出を繰り返して，暴力団員など犯罪性のある人と交際している少年などを保護するために適用されることが多い。

　なお，不良少年という言葉は，法で規定されたものではなく，私たち一人ひとりの価値観が反映されたものである。ただし，警察の補導要綱には「不良行為少年」として，「飲酒，喫煙，家出等を行って警察に補導された20歳未満の者」と記されている。

　以上のように，非行少年について法的に細かく説明したのは，私たちは，犯

罪少年と非行少年の違いについて，犯罪少年は殺人や強盗事件を起こした凶悪な少年たち，非行少年は他人に迷惑をかけたり深夜まで遊んでいる不良少年，というイメージを抱いているように思われるからである。

犯罪少年については，刑法犯で家庭裁判所に送致される少年のうち，殺人や強盗などの凶悪事件の割合は過去三十数年間1％前後で推移しているのに対して，万引きなどの窃盗事件や放置自転車などの占有離脱物横領事件といった比較的軽微な事件が全体の半数以上を占めている。したがって，犯罪少年といってもけっして凶悪な少年だけを指すものでない。また，不良少年については，深夜コンビニや駅前でたむろしている少年たちを「不良」と呼ぶかどうかは，各自の価値観によるもので，法的には彼らは「犯罪少年」でも「非行少年」でもない。

こうしたことを強調するのは，たんに法律用語の定義をするためではなく，非行少年についての私たちの思い込みを改める必要があるからだ。

4　司法臨床――法と臨床の協働によるアプローチ

それでは，非行少年の問題解決において，司法臨床―法と臨床の協働によるアプローチ―がなぜ必要になるのであろうか。まず，次に述べるように少年非行に法的作用で初期介入するためである。

(1)　法の作用：非行への初期介入

激しい行動化

多くの犯罪者は精神に破綻をきたさないために犯罪を起こすと言われるように，非行少年も内に抱える，激しい攻撃性，不安，葛藤などから自らを防衛するために非行という問題行動を起こす。非行の行動化に対処するためには，ネガティブな感情を言葉に置き換えていくアプローチが有効な場合が多いが，非行少年の多くは言葉による表現能力が乏しいため，直接，非行という行動で表現することになる。

1960年代に米国で犯罪と非行の治療に多大な成果をあげたグラッサー（Glasser, 1965/1975) は，行動化によって現実を否定して虚構の中に逃げ込もうとしている非行少年に対して，援助者が彼らの非現実的な行動を毅然と否定し現実世界を直視させることの重要性を説いている。このように，非行少年の行動化の阻止，禁止が必要になる。その点，非行や犯罪という問題行動はそれ自体が法的基準と連動したものであるから，非行少年の行動化に対しては，法に基づく，警告，保護，逮捕などの強制的措置の執行で対処することができる。

問題行動の集団性

成人の犯罪に比して少年による非行の特徴として指摘されることは，問題行動が集団性，共同性を帯びやすいということである。2012年の少年事件で共犯率が高いのは，強盗（57.9%），恐喝（48.4%），窃盗（29.2%），傷害（28.1%）の順で，成人の場合の比率（強盗15.3%，恐喝31.2%，窃盗12.5%，傷害9.1%）を大きく上回っている（法務省，2012）。

とくに最近の非行集団の形態は変化しており，少年たち一人ひとりの位置と役割が明確ではなく，自他未分化に絡み合ったアメーバー状の集団であることが特徴的である。リーダーを中心に組織化された集団から，気の合う少年同士でたむろする小集団へと変化している。ひと昔前の暴走族であればリーダー格の少年にアプローチすることによって，他の構成員の改善にもつなげることができたが，最近のアメーバー状の集団の場合，お互いが足を引っ張り合い元の状態に戻すような動きを示すため個々の少年に対する働きかけが困難になる。したがって，集団性を帯び易い少年非行に対処するためには，法の強制力で不良仲間との関係を遮断したり不良集団を解体したりすることが必要になる。

改善意欲の乏しさ

非行少年は，非行という問題行動を自らが改善しようとする意欲を初めから持つことは少ない。当然，彼らも困難さや息苦しさを奥深くに潜ませているのであるが，それを自覚して援助を求めようとはせず，逆に過激な反抗や問題行動を繰り返すという態度を示しやすい。

少年非行の半数以上を占める万引きや自転車，原付バイクなどの窃盗は，財物の利得や遊びを目的としたものである。シンナー吸引や覚せい剤使用による

薬物非行は，少年たちに快の刺激をもたらすものである。暴走行為を繰り返す少年たちは，スリルを楽しみギャラリーから注目をあびることを楽しんでいる。このように，非行行動自体は表面的には少年の身体や精神の苦痛を伴う症状ではなく利得や快をもたらすため，少年たちは非行という問題行動を放棄しようとはしない。

　このようなことから非行少年に対するアプローチにおいてもっとも困難なこととして，少年への援助関係が形成できない場合やもともと少年本人と接触することができない場合がある。法は，そうした非行少年に出頭の強制や更生に向けたプログラムの実行を命令することができる。保護観察など在宅処遇に決定された少年が援助者の指導に訪れるのは，指導を受けなければ再び家庭裁判所の審判に付されるという法の強制力によるところが大きい。非行少年に限らず，命令により不本意に出頭する当事者（Mandated Clients）とのかかわりの起点には，法のシステムをいかに活用するかということが重要になる。

　以上のような阻止，禁止，強制，命令という作用は，援助関係においては一見忌避される権力的対応に過ぎないように見なされることが多いが，非行という問題行動への初期介入としてきわめて重要なのである。

（2）　臨床の作用：「人」の復権

　それでは，非行少年を法によるアプローチだけで更生に導くことができるかといえば，いうまでもなく限界がある。法による行為の阻止，禁止，強制には，法を犯した者に対する「罰」が背後効果になっており，いかに正義にかなう対処だとしてもそれだけでは非行少年の更生につながらない。逆に，少年たちは，法が示す規範，罰を背後にした威嚇に対して，意地になったり卑屈な態度をとったりして再犯に陥ることが多い。

　そうした法的アプローチに対する少年たちの反作用に臨床的機能が対処する。また，臨床的アプローチの効用としては，法によって断ち切られた少年の友人関係を修復したり，家族関係の歪みを調整したりすることができる。このような，「人」や「人との関係」へのアプローチに臨床的機能の効果が発揮される。

さらに，司法に臨床の作用を導入することの重要性は，「総体としての生身の少年」を蘇らせることにある。少年事件の法的手続において，警察，検察庁を経て編綴（へんてつ）され，家庭裁判所に送付された「法律記録」（犯罪事実，供述調書などがとじられた書類）という，少年が罪を犯したことを，法律としての構成要件に従って証明するための記録が作成される。

　その作成の過程では，少年の行為が非行に関する事実に焦点化され，法的観点からの抽象化と単純化がなされる。その結果，非行行為をなした少年としての生活全体，少年を取り巻くさまざまな人間関係など，いわば「生身の少年」の大半が削ぎ落とされてしまうことになる。少年を法の俎上に載せるために，一旦，少年のワルの部分に焦点化し還元することによって，ようやく法的世界での裁きの対象とすることができるからである。

　それゆえ，臨床の作用とは，こうした法の作用によって不可避的に生じる「少年の部分化」のプロセスから，「生身の少年」をもう一度，喚び起こすことだといえる。非行少年の更生のプロセスにおいては，非行という問題行動を起こした「ワルの部分としての少年」が，援助者との関係性で丸ごと抱えられる体験などを通して，「総体としての少年」として再生していくことにつながるからである。

　以上述べたような，法の枠組みにおける，「人」を復権させるための臨床的関与のプロセスが，法と臨床を併せ持つ家庭裁判所の構造的特質を踏まえたアプローチであり，司法臨床が目指すものである。

17章　少年司法と心理臨床

コラム　法と心理の協働：裁判員裁判と供述心理学の新たな試み

　司法制度改革の一環として日本では，2009年5月に「裁判員制度」が導入された。裁判員制度では重大な刑事裁判について，一般市民から選ばれた裁判員と職業裁判官が一緒に有罪・無罪の判断（有罪ならば量刑判断）を行なう（以下，**裁判員裁判**）。裁判員制度では，刑事裁判を「わかりやすく」「迅速に」行なうことが目指されている。

　しかしながら裁判員を経験した市民へのアンケート（最高裁判所事務総局，2012）によると「審理内容は理解しやすかった」と回答した裁判員経験者の割合は，2009年は70.9％，2010年は63.1％，2011年は59.9％と年々低下している。理解しにくかった要因としては，「扱う事件の複雑さ」や「法廷で話される内容の難しさ」などが挙げられている。とくに「供述調書を長々と朗読する」という現状については，「わかりやすさ」の点で課題があることが指摘されている。

　この問題を，心理学とくに**供述心理学**の観点から解決を試みている研究の一つとして「KTH CUBE システム」がある。KTH CUBE システムは，供述を分析し，わかりやすく裁判員へ提示することを目指している。本システム作成にあたっては，まず被害者，被告人などのさまざまな供述者の供述を①「Hamada 式供述分析」（供述者の視点に立って供述分析を心理学的に行なう方法；浜田，2005参照）を用いて整理する。つぎに事件の争点となっている対立事項について事件の流れを②「複線径路・等至性モデル（TEM）」（人間の発達を時間的流れと社会・文化的文脈で捉えるモデル；サトウ，2009参照）を用いて記述する。そして最後に供述者ごとに，対立事項についての径路を抽出し，③「KACHINA CUBE システム」（地理的情報に関する語りの時間順序と位置情報を三次元的に視覚化するシステム；斎藤・稲葉，2008参照）を用いて供述が記録された時間順にその径路を三次元的に積み上げていく。以上①～③，3つの手法の頭文字をとって KTH CUBE システムと呼ばれている。本システムを用いて供述調書を整理することで，供述の変遷や一貫性を視覚的に理解し，さらに供述内容について検討することができるようになったことが示唆されている。

　裁判員裁判で供述の理解は，裁判員の被告人に対する有罪，無罪の判断に大きな影響を及ぼす。裁判員が供述を正確に理解して検討することを支援する試みは今後，心理学が司法制度へ貢献していく重要な学術分野の一つになるだろう。　　　（山田早紀）

〈まとめ〉

わが国の少年司法の目的は，法と心理臨床の両面から非行少年をとらえて，彼らのウェルビーイングを実現することである。

非行少年の特徴として，激しい行動化，問題行動の集団性，改善意欲の乏しさ，が指摘できる。法的機能としての，阻止，禁止，強制，命令という作用は，非行という問題行動への初期介入として重要である。ただし，法の作用には，法を犯した者に対する「罰」が背後効果になっており，それだけでは非行少年の更生につながらない。非行少年たちは，法が示す規範，罰を背後にした威嚇に対して，意地になったり卑屈な態度をとったりして再犯に陥ることが多い。

そうした法的アプローチに対する少年たちの反作用に臨床的機能が対処する。臨床的アプローチの効用としては，法によって断ち切られた少年の友人関係を修復したり，家族関係の歪みを調整したりすることができる。このような，「人」や「人との関係」へのアプローチに臨床的機能の効果が発揮される。司法臨床とは，このような法と臨床の協働によって実現するアプローチである。

〈グロッサリー〉

<u>ウェルビーイング</u>（well-being）　身体的，精神的，社会的に良好な状態で日々の生活を生きること。QOLの到達目標である。

<u>保護処分</u>　非行少年を更生に向けるための処分。保護観察，少年院送致，児童自立支援施設送致等がある。

<u>家事事件</u>　夫婦・親子・親族など家族の紛争に関する事件。家庭裁判所で審判および調停の手続を行う。

<u>家事事件手続法</u>　家事事件の手続を国民にとって利用しやすく現代社会に適合した内容にするために，2013（平成25）年1月1日に施行した。

<u>児童自立支援施設</u>　家庭環境などの理由で不良行為をしたりそのおそれのある児童を指導する児童福祉施設。

〈もっと詳しく知りたい人のための文献紹介〉

廣井亮一　2012　司法臨床入門　第2版　日本評論社
　　⇨著者が家庭裁判所調査官として18年間かかわってきた，少年事件と家事事件の実践例をもとに司法臨床によるアプローチの方法を具体的に解き明かしたものである。

廣井亮一　2012　カウンセラーのための法と臨床　金子書房
　⇨我が国の社会問題になっている，離婚，虐待，非行の問題解決に向けて，法と臨床の交差領域におけるカウンセラーのアプローチをわかりやすく解説している。

廣井亮一（編）　2012　加害者臨床　日本評論社
　⇨非行，児童虐待，DV，ハラスメント，いじめ，などさまざまな加害行為に対応した司法的処遇と臨床的プログラム，治療法学の概念などを詳述している。

廣井亮一・中川利彦（編）　2010　子どもと家族の法と臨床　金剛出版
　⇨司法臨床のアプローチは少年非行に限らず，児童虐待，DV，離婚，など子どもと家族をめぐる諸問題が対象領域になる。本書は，その問題解決を専門とする家裁調査官，弁護士が事例をもとに具体的に解説したものである。

〈文　献〉

Glasser, W. 1965 *Reality therapy : A new approach to psychiatry.* Harper & Row.（真行寺功（訳）　1975　現実療法　サイマル出版）

浜田寿美男　2005　新版　自白の研究——取調べる者と取調べられる者の心的構造　北大路書房

廣井亮一　2005　家庭裁判所にやってくる子どものウェルビーイング　現代のエスプリ，**453**, 151-159.

廣井亮一　2007　司法臨床の方法　金剛出版

法務省　2013　平成25年度犯罪白書　http://hakusyo1.moj.go.jp/jp/nendo_nfm.html

最高裁判所事務総局　2012　裁判員裁判実施状況の検証報告書　http://www.saibanin.courts.go.jp/topics/pdf/kensyo_houkokusyo/hyousi_honbun.pdf

斎藤進也・稲葉光行　2008　地域の知を集める——協調的ナラティブの蓄積による日本文化のアーカイブの構築　情報処理学会研究報告，**2008-CH-78**(9), 61-68.

サトウタツヤ（編）　2009　TEMではじめる質的心理学　誠信書房

18章 健　　康
——心とからだのウェルビーイングをめざして

西 垣 悦 代

1　健康と健康心理学

(1)　健康とは何か

　とくに信心深くなくとも，お寺や神社で「無病息災」（病気をせず元気であることの意）を願ったことのある人は多いだろう。世論調査によると，日本人が生活の中で大切だと思うことは，家族，仕事・勉強，収入など他の選択肢を引き離して圧倒的な一位が健康（71%）であり，2位以下は50%にも満たない（NHK 世論調査部, 2009）。このように健康は，多くの人にとってもっとも大切なことである。

　健康（health）とは，WHO（世界保健機関）の定義によれば「肉体的，精神的および社会的に完全に良好な状態にあることで，たんに疾病または虚弱でないことではない」とされている。一般の人々が考える健康の概念にも，「心身ともに健やかなこと」「心も体も人間関係もうまくいっていること」「何事にも前向きに生きられること」（島内・助友, 2000）などが挙げられており，健康は身体のことだけに限らず，幅広い概念として理解されていることが伺える。周囲の人たちと良好な人間関係を保つこと，仕事や勉強に前向きに取り組むこと，ストレスとうまくつきあい精神的な安定を保つといった健康の精神的・社会的な側面は，心理学が研究対象としている領域である。つまり，健康とはきわめて心理学的なことがらなのである。

第Ⅴ部　先端トピック

（2）　健康心理学の誕生

　健康についての心理学的研究領域すなわち**健康心理学**が，心理学の一分野として確立されたのはそれほど古いことではなく，アメリカ心理学会（APA）の38番目の部会として認められたのは1978年である。また，「健康心理学」（Health Psychology）と題する書物がストーン（Stone, G. C.）によってはじめて出版されたのは1979年である。APAの健康心理学部会の公式定義によると，健康心理学とは「健康の増進と維持，疾病の予防・治療，健康・疾病とそれに関連した機能不全に関する原因・診断の究明，およびヘルスケアシステム・健康に関する政策決定の分析と改善に対する心理学分野からの固有の教育的・科学的・専門的貢献の集合体である。」（Matarazzo, 1982）とされている。またマークスら（Marks, Murray, Evans, Willig, Woodall, & Sykes, 2005）は，「健康心理学は心理学の知見と手法を健康，疾病，ヘルスケアに応用する学際的な領域である。」と定義している。つまり健康心理学は，生理心理学，学習心理学，社会心理学，パーソナリティ心理学，感情心理学など心理学の各領域で得られた知見を心身の健康増進や疾病予防に役立てようとする，応用心理学であるといえる。また，健康心理学は近接領域である疫学，公衆衛生学，行動医学，心身医学のほか，医療人類学や医療社会学ともその概念や方法論において相互に影響しあっている。

　健康心理学と，主に心の健康を扱う臨床心理学および，医学の中で人の精神を扱う精神医学との区別をフレンチら（French, Vedhara, Kaptein, Ad, & Weinman, 2010）は図18－1のように表している。また，小玉（2009）は，臨床心理学が病理行動の修正や弱さの救済を目的とし，治療的関心が強いのに対して，健康心理学は肯定的資源の育成や強化に重点を置き，どちらかといえば予防的関心が強く未来志向的であると述べている。

　健康心理学とは心身ともに健康な人も含めた人々の，主に身体的健康に関して心理学的な概念と手法を用いて研究と実践を行う領域と考えてよいだろう。健康心理学で扱われる研究テーマには，健康や病気に対する態度・信念・行動，食行動，運動，アルコール・たばこ・薬物に対する態度と行動，および行動変

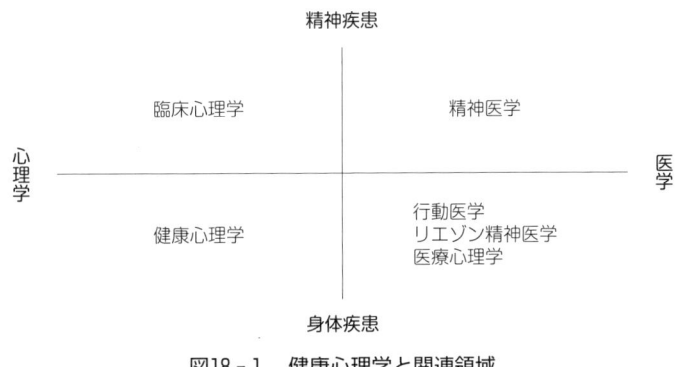

```
                   精神疾患
                     │
        臨床心理学    │    精神医学
心                   │                   医
理 ───────────────────┼─────────────────── 学
学                   │                   
        健康心理学    │    行動医学
                     │    リエゾン精神医学
                     │    医療心理学
                     │
                   身体疾患
```

図18-1　健康心理学と関連領域
(出所) French et al., 2010

容，ストレスとストレスコーピング，慢性疾患の予防と生活習慣の改善，痛み，医療者-患者関係，HIV・がんなどの疾患に対する予防行動や患者のケアなどが含まれる。

2　健康心理学の各領域

(1)　健康と病気に対する態度・信念・行動

　私たちは日頃，健康によいと自らが信じる何らかの行動（食事，運動，睡眠，ストレス対策など）を意識的に取ることがある。心身の健康の維持・増進や，病気の予防や回復のために行う行動を**健康行動**（health behavior）と呼ぶ。ライフスタイルと健康との関係を科学的に明らかにした最初の研究は，ブレスローら（Breslow & Enstrom, 1980）による，カリフォルニア州アラメダ郡における成人男女7,000人を対象とした10年に及ぶ追跡調査である。その結果，①喫煙しない，②過度の飲酒をしない，③規則的な身体活動をする，④標準体重を保つ，⑤7～8時間の睡眠を取る，⑥朝食を取る，⑦間食をあまりしない，という習慣を多く持つ人ほど，死亡率が低いことが明らかになった。現在，日本人の死因の第1位はがん（全死因の約30％）であるが，がんによる死亡リスクの原因として喫煙，肥満，運動不足，塩分の多い食事，アルコール摂取，野

菜・果物不足（Danaei, Dingm, Mazaffarian, Taylor, Rehm, Murray, & Ezzati, 2009）などの生活習慣がかかわっていることが指摘されている。しかし，さまざまな疾病と生活習慣の関連が科学的に実証されても，すべての人が不健康な生活様式を改め，健康的な生活を始めるわけではない。世論調査によると，「生活習慣病を引き起こすような生活習慣」に対して，「健康リスクが高い」と感じている人は56％近くいるものの，「生活習慣の改善を実行しようとは思わない」人が21％おり，「健康のために日常生活でしたいことをがまんする必要はなく，病気になったら医師に治療してもらえばよい」と考えている人も14％いる（内閣府, 2000）。誰もが健康は大切だと思っていても，健康に対する態度・信念・行動は人によってさまざまなのである。

　健康行動を規定する因子には，加齢や遺伝性疾患などの身体因子，ストレス，不安，抑うつなどの情緒因子，学習，モデリング，社会的規範などの社会因子に加えて個人の健康信念（health belief）が含まれる。人が健康行動を実践するかどうかには，健康に対する認知や態度，信念がかかわっている。ローゼンストック（Rosenstock, 1966）は，健康行動の実践の有無はその行動に対する利益と不利益の認知に基づくと考え，健康信念モデル（health belief model: HBM）を提案した。ベッカーとメインマン（Becker & Mainman, 1975）はそれを発展させ，疾病の重篤度，疾病の罹患可能性，それに対処する健康行動の有効性，健康行動に伴う負担感についての個人の認知から構成されるモデルへ発展させた。HBMはその後も何度か改定され，実行のきっかけ，動機づけ要因，自己効力感（self-efficacy）がモデルに加えられている（図18-2）。

　このほかに健康行動に影響する心理的変数としては，自分の健康維持や病気の発症や回復をコントロールしているのは何かという統制の所在を測定する主観的健康統制感（health locus of control），自分の生活スタイルを自らコントロールすることができるかという自己制御（self-control）などがある。

（2）　食行動の心理と病理
　食は生存に欠かせない生理的欲求の一つであり，私たちは空腹になると食物

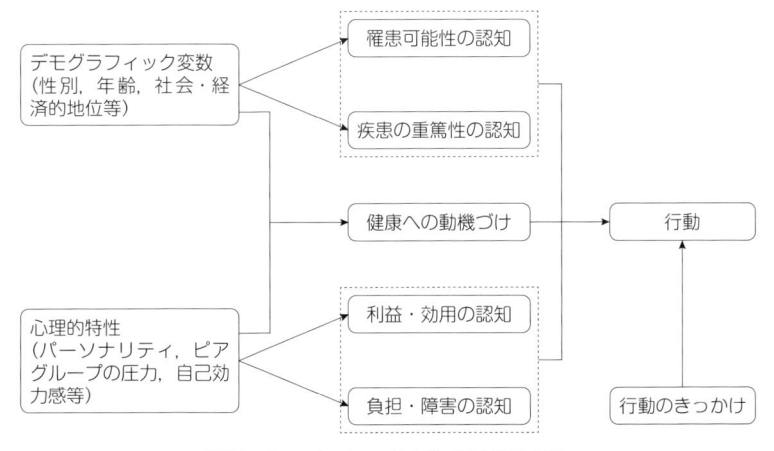

図18-2　ベッカーらの健康信念モデル
(出所) Marks et al. (2005) を改変

を欲し，満腹になると食べるのを止める。このような食行動のメカニズムについて，体内のホメオスタシスを回復させる機能が視床下部の特定の部位に存在する，という説がある。しかし，私たちは満腹であってもつい食べ過ぎることもあれば，逆に空腹であっても「ダイエット中だから」と食べ控えることもあり，必ずしも生理的な欲求にのみ従っているわけではない。今田（1997）は，食行動を心理学的にみると，生物的，個人的，社会・文化的の3つのレベルに分けることができると指摘している。何をいつ，どこで，誰と，どれだけ食べ，どう味わいどのように評価するかなど，食行動が私たちの動機，学習，認知，感情，記憶，性格とかかわっている部分は非常に多い。また，誤った食行動は心身の疾病の重大な原因となることがある。そこで本節では肥満と摂食障害を取り上げる。

　肥　満

　肥満とは，過栄養や運動不足などにより，身体に脂肪が過剰に蓄積した状態を指し，日本肥満学会では **BMI**（Body Mass Index）が25以上であることを肥満の診断基準としている。日本の成人の肥満の割合は約22％であり，増加傾向にある。肥満の中でもとくに内臓脂肪型肥満は，冠状動脈の硬化をはじめ，さ

まざまな生活習慣病のリスク因子であるが,肥満を「怖い」と感じている人は少なく(28.4%),肥満であっても「減量の意志がない」人(30%)も少なくない(内閣府,2000)。

減量のための方法にはさまざまな食事療法(食物点数制度,低カロリーダイエット,低脂肪-高炭水化物ダイエット,低GIダイエット[1],高GIダイエット)のほか,運動療法,行動療法,認知行動療法,薬物療法などがある。しかし「楽してどんどん瘦せる」方法はまやかしであるか,急激な減量によって生命の危険を伴う場合もある。もっとも重要なのは本人の自覚や動機づけであり,ゴレイら(Golay, Allaz, Ybarra, Bianchi, Saraiva, Mensi, Gomis, & de Tonnac, 2000)はFat-free and Fit(低脂肪食と運動療法)に加えて認知行動療法と動機づけ面接法という心理療法を組み合わせる方法で効果を上げている。しかし多くの減量法は一時的な効果が認められても,90~95%の患者は数年以内に再び体重が増加しているという指摘もあり(Garner & Wooley, 1991),究極の減量法というのはまだ存在していない。

摂食障害

日本では肥満の人が増加する一方,20代の女性の間にはBMIが18.5未満の瘦せすぎの人が29%もおり,この30年間で約2倍に増えている(厚生労働省,2010)。近年増加している**摂食障害**は,極端な食事制限や過度の食事摂取を伴う精神疾患である。摂食障害は,肥満に対する病的な恐れから極端な食事制限を行う神経性無食欲症(Anorexia Nervosa: AN)と,体重や体型への過剰な関心にもかかわらず,大量で高カロリーの食物の摂取を制御できない神経性大食症(Blimia Nervosa: BN)に区別され,両者とも自己誘発性嘔吐や下剤などを用いた排出を伴うタイプと,それらを伴わないタイプがある(American Psychiatric Association, 2004)。

摂食障害は思春期に発症することが多く,患者の90%は女性であるが,最近は男性患者も増えている。日本では1980年から20年で患者数は約10倍に増加し

➡ 1 GI:glycemic index(血糖上昇反応指数)。

ている。罹患率は人口10万人に対して10人（0.01％）となっているが，北米の大学生の AN の発症頻度は2.5％であると報告されており（Ratnasuriya, Eisler, Szmukler, & Russell, 1991），日本でも潜在的な患者およびその予備軍が数多くいると推測される。

　原因としては，痩せを奨励する文化，ストレスの多い社会，家族関係の変化，とくに母親との関係，などが関連していると言われているが，直接の原因というわけではない。性格面では生真面目な者が多いことが指摘され，水島は**クロニンジャー**（Cloninger, C. R.）**のパーソナリティ理論**をもとに，BN の人は新奇性追求傾向（好奇心旺盛で新しいもの好き）と損害回避傾向（心配性で怖がり）がともに高く，AN は損害回避傾向と固執傾向の高い人が多いと分析している（水島，2007）。摂食障害は食行動の異常に留まらず，抑うつ，自傷行為，気分障害などを伴うことも多く，栄養補給，薬物療法，心理療法などを併用した専門の治療を受けなければ完治は難しい。

（3）　運動・エクササイズと心身の健康

　適度な運動が健康によいことは，ブレスローらの研究によって明らかにされた通りである。運動は筋肉を増加させ，適切な体重を保ち，心臓血管系の柔軟性を高め，骨密度の減少を防ぐなど，身体的な健康にさまざまな利益がある。一方運動には，さまざまな心理的な効用があることも知られている。定期的な運動をしている人は，そうでない人に比べて抑うつになりにくい。また，運動は状態不安（state anxiety：ある社会的状況によって発生する一時的な不安）の軽減にも効果がある。ただし，性格的な不安傾向である特性不安（trait anxiety）との関連は明らかではない。さらに運動は**ストレスバッファ**としての役割を果たすことも明らかになっている。これは運動によって身体の免疫機能が高まるためと考えられている。運動がストレスそのものを緩和するかどうかについては，一致した結果が得られていないが，少なくとも運動がストレス耐性を低下させることはない。さらに，運動と**自尊心**（self-esteem），自己効力感（self-efficacy），自己統制（self-control），**主観的幸福感**（subjective well-be-

表18-1 トランスセオレティカルモデル

ステージ	定義	変容過程
無関心期	行動変容を真剣に考えていない	・問題行動に関する情報の収集，理解を深める，フィードバックを受ける。 ・問題行動やその解決法について体験したり，気持ちを表現する。 ・問題行動が身体的，社会的環境にどのように影響するかを考慮し，査定する。
関心期	行動変容を6か月以内にしようと真剣に考えている。(ただし，30日以内ではない。また，過去に実行したことはない。)	・問題行動にかかわる個人の感情的，認知的な価値の再査定
準備期	1か月以内に行動変容をしようと真剣に考えている	・問題行動の変容への選択と関与（変容する能力への信念を含む） ・社会の中での気づき，有用性，問題から解放されたライフスタイルを持っている他者からの受容
実行期	実行を始めて6か月以内	・問題行動を引き起こす刺激や他の原因の制御 ・問題行動に代わる行動の入れ替え
維持期	6か月を超えて実行を維持	・問題行動を変えようとしている間，気にかけてくれている人の支援を信頼し，受容し，利用すること ・変化を遂げたことに対する自分および他者からの賞賛

（出所） Sniehotta & Aunger（2010）をもとに筆者が作成

ing）との間に関連があることも明らかになっている。

　現代社会においては一部の人が取り憑かれたように運動に熱中し，中にはエンドルフィンによる快感を求めて過激な運動を行う依存症の人までいる半面，ほとんどの人は運動とは無縁の生活を送っている。日本の成人で定期的な運動習慣がある人の割合は30％未満しかなく，健康によいとされる週3回以上の頻度で行っているのは20％程度である。また，1日の歩行数を見ても，10,000歩以上歩いている人の割合は20％に過ぎない（厚生労働省，2010）。

　運動にまったく関心のない人，関心はあるがまだ実行に至らない人，運動を始めたばかりで，今後継続できるかまだわからない人など，人々の運動に対する態度と行動にはさまざまな段階がある。行動を変容させるにはそれぞれのレ

ディネスに適した介入が必要であろう。**トランスセオレティカルモデル**（transtheoretical model: **TTM**）は**変容ステージモデル**とも呼ばれており，プロチャスカとデクレメンテ（Prochaska & DiClemente, 1982）が複数の説明モデルを参考に作り上げた（表18-1）。モデルの中核となる行動変容ステージは，無関心期，関心期，準備期，実行期，維持期に分けられ，各ステージに合った行動変容へのアプローチが提案されている。TTMは運動だけではなく，減量，禁煙，食生活の改善，乳がんのスクリーニングなどさまざまな行動変容プログラムで用いられている。

3 健康とポジティブ心理学

マズロー（Maslow, 1954）は半世紀以上前に，心理学の研究が人間のポジティブな側面よりも，ネガティブな側面に偏り過ぎていると指摘したが，その傾向は近年まで変わることはなかった。セリグマン（Seligman, M. B.）は1998年にアメリカ心理学会の会長就任講演において，第二次世界大戦前に心理学が掲げた3つの使命，すなわち①精神的病気の治療，②すべての人がより生産的で自己実現できる生活を送れるよう援助すること，③個人のよい才能を見つけ出しそれを伸ばすこと，のうち後者2つを見過ごしてきたと述べ，疾病モデルに偏りすぎている心理学の焦点をよりポジティブな方向に向けようと**ポジティブ心理学**（positive psychology）を提唱した（Seligman & Csikszentmihalyi, 2000）。ポジティブ心理学の目的は「幸福，達成そして繁栄を導く人間の条件の諸側面に焦点を当てて最適の機能について科学的に研究すること」（Linley & Harrington, 2007），また「人々，集団，組織が繁栄し，最適に機能できるようにするにはどのような条件や過程が必要かについて研究すること」（Gable & Haidt, 2005）である。

これまで医学や健康心理学は，主に健康にネガティブな影響を及ぼすリスク要因を明らかにすることで疾病の予防に役立ってきた。一方，ポジティブ心理学は幸福感や人生に対する満足度などが健康にどういった影響を与えるかに着

第Ⅴ部　先端トピック

目する。セリグマンは，学習性無力感の研究を行っていたころ，無力感に屈しない人が持つ弾力性のある強さ（レジリエンス（resilience））は，どのように備わったかに関心を持ち，楽観的な思考や行動を育てることの重要性を見出した。ポジティブな感情，認知，行動を高める試みはポジティブ心理学的介入（positive psychology intervention: PPI）と呼ばれており，51のPPIのメタ分析の結果，ウェルビーイングを高め，抑うつを改善する効果のあることが確認されている（Sin & Lyubomirsky, 2009）。また，ピーターソン（Peterson, C.）とセリグマンは人の持つ6つの徳性（virtue）に基づく24の強み（strength）の診断尺度（VIA-IS）を開発して，人のポジティブな側面の測定を試みている（Peterson & Seligman, 2004）。

　現代人の生活の中で，心身のストレスや健康を脅かす環境的・社会的なリスクを完全に避けることは難しい。困難に遭遇しても折れてしまわず，しなやかに立ち直る強さを身につけることは身体・精神・社会的な健康にとって不可欠であると思われる。これを実現する方法の一つとして，コーチング（coaching）が挙げられる。コーチングはマズローの人間性心理学や複数のカウンセリング理論の影響を受けて発展してきた自己成長や目標達成を目指す技法である。従来は実践中心で，理論や実証研究などはあまり重視されてこなかったが，アメリカ，イギリス，オーストラリアなどコーチングの盛んな国々では，心理学や心理学者との接点が増え，コーチング心理学（coaching psychology）として心理学の一分野となりつつある。オーストラリア心理学会のコーチング心理学部門では，コーチング心理学をポジティブ心理学の応用分野と位置づけ，「臨床的に重大な心的健康の問題を持たず，特別な苦悩の水準にない個人の生活経験，集団，組織の活動機能を高め，よい状態に保つことに資する」ものと定義している（Australian Psychological Society, 2007）。コーチング心理学の実践にはカウンセリングと同様，さまざまな流派が存在するが，とくにポジティブ心理学アプローチを強調したコーチングでは，幸福感や強み，レジリエンスに焦点を当てている。たとえばビスワス-デイナー（Biswas-Diener, R.）が彼のポジティブコーチングの中で行うポジティブ診断には，強み，関心，資源

コラム　ゲームを利用した健康教育「健康増進ゲーム」

　食事や運動など，生活習慣を変えるのは容易ではない。そこで注目される方法が，ゲームである。ゲームを用いた学習は，座学による伝統的な方法と比べて，動機づけや興味の喚起，共感の促進，視点の転換などにおいて有効だとされている。また，役割演技（ロールプレイング）によって，自分の意見を人に話すという積極的参加をした人は，他者の意見を聞くだけの受け身的参加の人よりも，態度変容が大きいことも知られている。

　健康増進ゲームは，参加者が説得者と被説得者の二手に分かれ，説得者役割の人が自分の目指す健康行動を，被説得者役割の人に対して説得し，制限時間内にできるだけ大勢の人から実行を約束する署名を得るゲームである。納得を得るまでの過程で，被説得者は説得者に対して質問したり反論したりするので，両者の間でさまざまな議論が展開される。参加者はゲームの前半と後半で役割を交代するので，1回のゲームの中で説得者と被説得者の両方の役割を体験することができる。他者に対して健康行動を勧め，被説得者からの反論や質問に対してさらに反論したり答えたりする行為は，説得者の当該の健康行動に対するコミットメントを高める効果がある。

　筆者は，この健康増進ゲームを大学生や社会人などさまざまな対象に実施している。看護師や看護学生が健康増進ゲームを体験すると，生活習慣の改善を説得される患者の立場や感情の理解に役立ち，どのように説得すると患者に受け入れられやすいかなどの体験的な学びができた（西垣，2005）。また，医療系以外の大学生が健康心理学の授業の一環として健康増進ゲームを体験した後，実際に健康行動を実践すると，自分が設定した健康行動の実行率や健康に対する配慮などが，対照群と比較して有意に肯定的に変化した（Nishigaki, 2008）。さらに，健康診断で生活習慣改善を指摘された会社員に対する健康増進プログラムの一部に取り入れたところ，体重，体脂肪率，中性脂肪値に有意な変化が認められた（西垣・森岡・澤野，2007）。

　ゲームという仮想状況の中で，自らが実践しようとしている健康行動を他者に説得したり，反論に対応する経験は，これから健康的な生活にむけて一歩を踏み出すスタート地点に立っている人の動機づけを高める効果が期待できる。

などの力量，ウェルビーイング，未来への志向，状況的支援などが含まれている（Biswas-Diener, 2010）。

　一方，健康や医療分野におけるコーチングは**ヘルス・コーチング**（health

coaching）と呼ばれ，減量，禁煙，運動など生活習慣の改善，医療者‐患者関係の向上，医療スタッフの動機づけや医療組織の活性化に利用されている。欧米では専門のヘルスコーチのほか，クリニカルサイコロジストや医療者によって実践されており，日本でもとくに医療関係者の間で広まりつつある。

〈まとめ〉
　高度経済成長期のような経済発展は望めず，人口減少，長寿・高齢社会にある現在の日本において，身体的・精神的・社会的な健康を維持することは非常に重要である。もちろん完璧に健康な人などどこにも存在せず，人は誰でも何がしかの弱さ，脆弱さを抱えた存在である。しかし，現在の状態から一歩でもより健康になろうとする態度は大切にしたいものである。人間のポジティブな側面に焦点を当て，それを生かし，伸ばしていくことで心身の健康，ひいてはウェルビーイングを高める研究と実践は，今の時代，ますます必要性が高まっていると思われる。本章で紹介した健康の概念に照らせば，たとえ障害や疾患を持っていても「健康」でいられることが理解していただけたことと思う。
　心理学を学ぶ学生諸君には，自分自身と周囲の人たちの真のウェルビーイングを高め，さらには専門的職業として多くの人に貢献できるようになるため，健康心理学が提供する知見を役立ててほしい。また，研究者として健康心理学の発展にも寄与してほしいと願っている。

〈グロッサリー〉
　自己効力感（self-efficacy）　バンデューラ（Bandura, A.）の提唱した概念で，ある行動に対して自分ができる，という能力についての見込み感。食行動，運動，禁煙など，特定行動に対する自己効力感尺度がある。
　主観的健康統制感（health locus of control）　ロッター（Rotter, J. B.）のLOC（locus of control）の概念を応用した概念で，自らの健康や病気の統制感。ウォルストン（Wallston, K. A.）らの尺度のほか堀毛裕子による日本版もある。
　自己制御（self-control）　個人が自己の行動，衝動，欲求などを制御し抑制すること，あるいはそのメカニズムのこと。自己制御の欠如は種々の社会的・個人的問題を引き起こす。
　BMI（Body Mass Index）　体重(kg)/身長(m)^{2}で示される身体質量指標。日本では25 kg/m^{2}以上を肥満，18 kg/m^{2}未満を痩せとみなす。22 kg/m^{2}が統計的にもっと

も健康であるとされる。

主観的幸福感（subjective well-being） 個人が主観的に人生や世界をどう受け止め，満足しているかという観点からみる心の健康度。人生満足度，ハピネスとも表現される。SUBI (The subjective well-being inventory), The Satisfaction of Life Scale, Oxford Happiness Questionnaire などの尺度がある。

レジリエンス（resilience） 元の意味は外力による歪みを撥ね返す力のことで，心理学用語としては困難やリスクの状況下で肯定的な適応を行い，回復し成長する力のこと。概念はまだ十分に統一されていないが，複数の尺度が開発されている。

〈もっと詳しく知りたい人のための文献紹介〉

日本健康心理学会（編） 2002-2003 健康心理学基礎シリーズ 1．健康心理学概論／2．健康心理アセスメント概論／3．健康心理カウンセリング概論／4．健康教育概論 実務教育出版
　⇨日本健康心理学会の編集による，健康心理学の入門書シリーズ。とくに第1巻は，健康心理学を概観するのによいだろう。

日本健康心理学会（編） 1997 健康心理学辞典 実務教育出版
　⇨日本健康心理学会の編集による辞典。やや古くなったが，健康心理学の基本用語が網羅されている。

西垣悦代・堀正・原口佳典（編著）2015 コーチング心理学概論 ナカニシヤ出版
　⇨コーチング心理学の概論書。コーチング心理学とポジティブ心理学の関連がわかる。

〈文　献〉

American Psychiatric Association（編） 高橋三郎・大野裕・染谷俊幸（訳） 2004 DSM-VI-TR 精神疾患の診断・統計マニュアル（新訂版） 医学書院

Australian Psychological Society 2007 Definition of coaching psychology. (www.groups.psychology.org.au/igcp/)

Becker, M. H., & Mainman, L. A. 1975 Sociobehavioral determinants of compliance with health and medical care recommendations. *Medical Care*, 13, 10-14.

Biswas-Diener, R. 2010 *Practicing positive psychology coaching*. Wiley.

Breslow, L., & Enstrom, J. E. 1980 Persistence of health habits and their relationship to mortality. *Preventive Medicine*, 9(4), 469-483.

Danaei, G., Dingm, E. L., Mazaffarian, D., Taylor, B., Rehm, J., Murray, C. J., & Ezzati, M. 2009 The preventable causes of death in the United States: Comparative risk assessment of dietary, lifestyle, and metabolic risk factors. *PLOS Medicine*, 6(4), e1000058.

French, D., Vedhara, K., Kaptein, Ad A., & Weinman, J. 2010 *Health psychology*, 2nd edition. BPS Blackwell.

Gable, S., & Haidt, J. 2005 What (and why) is positive psychology? *Review of General Psychology*, 9, 103-110.

Garner, D. M., & Wooley, S. C. 1991 Confronting the failure of behavioral and dietary treatments of obesity. *Clinical Psychology Review*, 6, 58-137.

Golay, A., Allaz, A. F., Ybarra, J., Bianchi, P., Saraiva, S., Mensi, N., Gomis, R., & de Tannac, N. 2000 Similar weight loss with low-energy food combining or balanced diets. *International Journal of Obesity & Related Metabolic Disorders*, 24(4), 492-496.

今田純雄　1997　食行動の心理学　今田純雄（編）　食行動の心理学　培風館　pp. 1-19.

小玉正博　2009　健康心理学と臨床心理学　島井哲志・長田久雄・小玉正博（編）健康心理学・入門　有斐閣　pp. 37-48.

厚生労働省　2010　国民健康・栄養の現状　第一出版

Linley, P. A., & Harrington, S. 2007　ポジティブ心理学とコーチング心理学の統合　*Handbook of Coaching Psychology*.（堀正（監訳）2011　コーチング心理学ハンドブック　金子書房　pp. 46-66.）

Marks, D. F., Murray, M., Evans, B., Willig, C. Woodall, C., & Sykes, C. M. 2005 *Health psychology: Theory, research, and practice*, 2nd edition. Sage Publications.

Maslow, A. H. 1954 *Motivation and personality*. New York: Harper.

Matarazzo, J. D. 1982 Behavioral health's challenge to academic, scientific, and professional psychology. *American Psychologist*, 37, 1-14.

水島広子　2007　拒食症・過食症を対人関係療法で治す　紀伊国屋書店

内閣府　2000　生活習慣病に関する世論調査　内閣府政府広報室

NHK 世論調査部　2009　現代日本人の健康意識　放送研究と調査，2009年8月号，2-20.

18章 健 康

西垣悦代 2005 健康増進ゲームがコミュニケーションの気づきと健康増進の動機づけに及ぼす効果 日本社会心理学会第46回大会大会論文集 pp. 754-755.

Nishigaki, E. 2008 Effects of the health education program with gaming simulation for college students. *International Journal of Psychology*, **43** (3/4), 154.

西垣悦代・森岡郁晴・澤野夏子 2007 ゲーミングを用いた職場における健康増進プログラムの実践と効果 産業衛生学雑誌, **49**, 419.

Peterson, C., & Seligman, M. B. 2004 *Character strengths and virtues : A handbook and classification.* Oxford University Press.

Prochaska, J. O., & DiClemente, C. C. 1982 Transtheoretical therapy: Toward a more integrative model of change. *Psychotherapy : Theory Research and Practice*, **19**, 276-288.

Ratnasuriya, R. H., Eisler, I., Szmukler, G. I., & Russell, G. F. M. 1991 Anorexiz nervosa: Outcome and prognostic factors after 20 years. *British Journal of Psychiatry*, **158**, 495-502.

Rosenstock, I. M. 1966 Why people use health services. *Millbank Memorial Fund Quarterly*, **44**, 94-124.

Seligman, M. B., & Csikszentmihalyi, M. 2000 Positive psychology: An introduction. *American Psychologist*, **55**(1), 5-14.

Sin, N. L., & Lyubomirsky, S. 2009 Enhancing Well-being and alleviating Depressive symptoms with positive psychology interventions: A practice-friendly meta-analysis. *Journal of Clinical Psychology : In session*, **65**(5), 467-487.

Sniehotta, F. F., & Aunger, R. 2010 Stage models of behaviour change. In D. French, K. Vedhara, Ad A. Kaptein & J. Weinman (Eds.), *Health psychology*, 2nd edition. BPS Blackwell. pp. 135-146.

島内憲夫・助友裕子 2000 ヘルスプロモーションのすすめ 垣内出版

索　引

あ 行

アイコニック・メモリー　143
愛着理論　96
アイデンティティ　103
愛の三角理論　101
アクション・リサーチ　238, 239
足場かけ　89, 91
足場作り（scaffolding）　51
アフォーダンス　229
アモーダル補完（amodal completion）　137
安全（safety）　37
イクスポージャー（暴露法）　20
依存性　176
意味記憶　146
色の対比　128
因子分析　189, 194
印象操作　206, 210
ウェイソン選択課題　159
ウェーバーの法則　136
ウェルビーイング（well-being）　241, 252
内田クレペリン精神検査　194
運動コントロール（motor control）　72
英知　70
エイムズの部屋（Ames room）　130
エコニック・メモリー　143
X接合部（X-junction）　133
エピソード記憶　146
エピソード・バッファー　145
fMRI（機能的磁気共鳴画像）　120, 125
MMPI（Minnesota Multiphasic Personality Inventory；ミネソタ多面人格目録）　192
演繹　158, 166
遠隔性連想検査　155
援護　33, 42
援助　42
　　──設定　31
大きさ・距離の不変仮説（size-distance invariance hypothesis）　132

おつかい（課題）　38, 42
オペラント条件づけ　20, 29, 174
音韻ループ　145

か 行

外向性（Extraversion）　189
海馬　121, 125
解発刺激（releaser）　55, 60
外部レスポンデント　178
開放性（Openness）　189
カウンセリング（counseling）　3
学習環境　83
学習支援　82, 90
学習方略　86
学生相談室　13, 14
拡大・代替コミュニケーション（Augmentative and Alternative Communication：AAC）　36
カクテルパーティ現象　141
獲得のための課題　66
陰（シェード）　134
影（シャドー）　134
重なり　132
可視光　136
家事事件　244, 252
　　──手続法　245, 252
仮説確証バイアス　198
家族システム論　98
可塑性（plasticity）　124
課題分析（task analysis）　22, 38, 42
学校教育　80
学校心理士　84
葛藤や紛争の未然防止　222
家庭裁判所　244
　　──調査官　245
カリキュラム　83
カルチャーショック　221
感覚（sensation）　127

――記憶 142
環境リスク認知 237
関係性 7
関係フレーム理論 26, 29
幹細胞 113
記憶範囲 143
機器介助 35
気質 187, 194
期待違反法（violation-of-expectation method）50, 60
帰納 166
機能局在（functional localization）122
機能地図（functional map）122
機能的再編成（functional reorganization）123
規範的合理性 164
気分一致効果 198, 210
基本的信頼感 96, 106
基本的な帰属のエラー 201
義務論 160
客体的自己覚知理論 202
逆方向伝搬（back propagation）119
客観的現実 6
強化スケジュール 176
教科の論理 81
教材化 84
教授 42
――学習過程 83
――作業 31
供述心理学 251
強制的承諾（forced compliance）206
許可スキーマ 161
局所的決定主義（doctrine of local determination）129
「勤勉」対「劣等感」 52
クライエント（client）3
クラウディング 234
クロニンジャー（Cloninger, C. R.）のパーソナリティ理論 261
刑事司法 242
芸術療法（art therapy）10
携帯電話 37

系統的脱感作 20
経路探索 231, 239
ゲシュタルト要因 138, 139
血液型ステレオタイプ 221, 223
結束性 87
健康（health）255
――行動（health behavior）257
――信念（health belief）258
――信念モデル（health belief model: HBM）258
――心理学 256
顕在記憶 150
検索 147, 152
現実検討能力 12, 14
減衰説 142
語彙アプローチ 189
5因子性格検査（Five Factor Personality Questionnaire: FFPQ）193
5因子モデル（Five Factor Model: FFM）189, 195
恒常仮定（constancy hypothesis）129
恒常性（constancy）128
　明るさの――（lightness constancy）128
　色の――（color constancy）128
　大きさの――（size constancy）132
　形の――（shape constancy）131
構成概念妥当性 191, 195
構想 88
公的自己意識 202
行動場面（behavior setting）229
合理分析 164
コーチング（coaching）264
――心理学（coaching psychology）264
心の理論（theory of mind）58
個人主義 216
子どもの論理 81
コンボイ（護送船団）モデル 104

さ　行
最小条件集団実験 214
再生記憶 146
再認記憶 146

索　引

裁判員裁判　251
細胞外記録法（extracellular recording）　119
作業検査法　194
錯視（visual illusion）　132, 139
サクセスフル・エイジング　67
作動記憶（working memory）　145
差別　221
三項強化随伴性　173
産出欠如　86
残像（afterimage）　132
3段階モデル　201
視運動性眼振（Opto-Kinetic-Nystagmus: OKN）　56, 60
ジェネラティビティ（generativity）　66, 75
シェマ（schema）　50
時隔強化スケジュール（Interval schedules）　176
自我同一性（アイデンティティ）　53
色彩理論　101
視空間メモ帳　145
軸索終末　118
刺激性制御　173
刺激等価性　26
自己意識理論　202
自己一貫性説　208
自己学習力　86, 91
自己決定　36
自己効力感（self-efficacy）　23, 87, 258, 266
自己制御（self-control）　258, 266
自己責任　206
自己知覚理論　202
自己卑下的（self-effacing）　209
自己奉仕バイアス（self-serving bias）　209
自信　87
持続可能性（sustainability）　236
自尊心（self-esteem）　207, 261
　　──説　208
実験箱　172
実行　89
質問紙法　192
実用的推論スキーマ　160
私的自己意識　202

視点取得能力　99
自伝的記憶　151
児童自立支援施設　246, 252
児童生徒中心法　83
シナプス競合（synaptic competition）　116
シノモルティ（synomorphy）　236
社会的アイデンティティ理論　215
社会的ジレンマ　236
社会的随伴性　57
社会的認知　197
社会的微笑　55
社会文化的アプローチ　51
集団主義　216
集団対立（葛藤）　214
修復の司法　242
主観的健康統制感（health locus of control）　258, 266
主観的幸福感（subjective well-being）　261, 267
主観的輪郭（subjective contour）　138
熟達化　70
「主体性」対「罪悪感」　52
主題統覚検査（Thematic Apperception Test: TAT）　193
主要5因子性格検査（Big Five）　193
馴化・脱馴化法（habituation-dishabituation method）　50, 60
順向性健忘症　145, 152
状況モデル　87
条件刺激（Conditioned Stimulus: CS）　170
条件反応（Conditioned Response: CR）　170
条件文　159, 166
状態空間　156
情緒の安定性理論　98, 106
少年司法　242
少年法第1条　243
小脳　114, 125
初頭効果　148
処理資源　69
処理水準説　147
進化心理学　164
新近効果　148

273

神経幹細胞　113
神経細胞（ニューロン）　113
神経症傾向（Neuroticism）　189
神経伝達物質（neurotransmitter）　118, 125
神経板　113
新生児模倣　57
人的介助　35
心的現実　6
信頼性　190
「信頼」対「不信」　52
心理社会的発達段階説　50
心理的柔軟性　28
心理的離乳　96, 106
心理療法（psychotherapy）　3
推敲　88
錐体　136
随伴性　176
スキーマ（schema）　25, 149, 197, 210
スクリプト（script）　149, 197, 210
図地分離　138, 139
スティル・フェイス（still-face）実験　57
ステレオグラム（stereogram）　136
ステレオタイプ　220
ストレスバッファ　261
スパイク　118
スリップ　73, 75
静止画像　39
誠実性（Conscientiousness）　189
成人愛着理論　101
成人前期　65
成人中期　65
正の強化　175
正の罰　175
生理的早産　54
生理的微笑　55
摂食障害　260
セラピスト（therapist）　3
セル・アセンブリ（cell assembly）　120
全課題呈示法（total task presentation）　38, 42
宣言的記憶　150
先行オーガナイザー　83

選好注視法（preferential looking method）　50, 59
潜在記憶　150
選択　206
　　——的最適化とそれによる補償（Selective Optimization with Compensation: SOC）　71
相互協調的自己観　216
相互独立的自己観　216
喪失のための適応　66
ソーシャル・サポート　84, 105, 106
素朴概念　82

た　行
体格―性格関連説　187
対象の永続性　51
対人交渉方略　99
対人的ネットワーク　104
大脳　114, 124
代表性（representativeness）　163, 166
　　——ヒューリスティック　163
妥協効果　161
妥当性　190
だまし絵（trompe l'oeil）　130
短期記憶　143
知覚（perception）　127
　　——学習（perceptual learning）　127
チャンク　144, 152
中央実行系　145
中性刺激（Neutral Stimulus: NS）　169
超感覚的知覚（extrasensory perception）　137
長期記憶　143
長期増強（long-term potentiation）　119
超心理学（parapsychology）　137
調節（accommodation）　50
調和性（Agreeableness）　189
強み（strength）　264
T接合部（T-junction）　132
定時隔強化スケジュール（Fixed Interval schedule: FI）　176, 181
定率強化スケジュール（Fixed Ratio schedule: FR）　176, 181

適応的合理性　164
テキストベース　87
手続き的記憶　150
テリトリアリティ　233
テリトリー　233
電気的シナプス（gap junction）　119
点字　122
展望的記憶　151
「同一性確立」対「同一性拡散」　53
投影法　193
同化（assimilation）　50
動機づけ　86
統合　89
　　──失調症　12, 14
洞察　166
　　──問題　156
東大式エゴグラム（Tokyo University Egogram: TEG）　192
導入　10
トークン　20, 29
トータルコミュニケーション　38
読唇（silent lip-reading）　123
徳性（virtue）　264
特性論　188
トランザクション　227, 238
トランスセオレティカルモデル（transtheoretical model: TTM）　263

な 行

内集団びいき　214
内部レスポンデント　178
ナビゲーション　231
20答法（Twenty Statements Test: TST）　193
ニューロン新生（neurogenesis）　115
NIRS（近赤外分光法）　120, 125
認知（cognition）　127
　　──距離　230
　　──再構成法　25
　　──地図　230
　　──的不協和（cognitive dissonance）理論　205

　　──発達理論　99
　　──・文脈的枠組み　98, 106
NEO-PI-R（Revised NEO Personality Inventory）　192
ネッカーの立方体（Necker cube）　134
脳血流　120

は 行

パーソナル・スペース　232
媒介欠如　86
胚子　113
バウムテスト（Baum Test）　193
発見学習　83
発達加速現象（acceleration）　56
発達の最近接領域（the zone of proximal development: ZPD）　51, 80, 90
パラダイム　214, 222
バリアフリー　31
犯罪少年　245
P-Fスタディ（Rosenzweig Picture-Frustration Study）　193
BMI（Body Mass Index）　259, 266
比較文化心理学　219, 223
被験者間マルチベースライン（multi baseline between subjects）　33, 42
非行少年　245
非侵襲的計測法　120
ビッグファイブ（Big Five）　189, 195
肥満　259
ヒューリスティック　163, 198, 210
表現療法（expression therapy）　9
比率強化スケジュール（Ratio schedules）　176
フィルター説　141
孵化効果　158
「不揮発（保存可能）」なモード　38
符号化　149, 152
負の強化　175
負の罰　175
部分報告法　142
普遍的遅延仮説　69
プライバシー　234
プライミング効果　150, 152

プラン 89
振り返り 10
不良少年 245
ブリンリープロット（Brinley plot） 68, 75
プレイセラピー（遊戯療法） 7, 14
フレーミング効果（framing effect） 165
プロンプト 22
文化心理学 219, 222, 223
文章完成法（Sentence Completion Test: SCT） 193
文章題 89
分離個体化理論 95
ヘッブ・シナプス 117
ヘルス・コーチング（health coaching） 265
変換 89
偏見（prejudice） 220
変時隔強化スケジュール（Variable Interval schedule: VI） 176, 181
弁別 173
ーー閾（discriminative threshold） 136
変容ステージモデル 263
変率強化スケジュール（Variable Ratio schedule: VR） 176, 181
方位選択性 123
ーーコラム 124
法的機能 245
法の作用 247
補完（completion） 137
保護処分 243, 252
ポジティブ心理学（positive psychology） 263
翻訳 88

ま 行
マインドフルネス 27, 29
膜電位 117
学び 79, 90
見立て 5, 14
無条件刺激（Unconditioned Stimulus: US） 169
無条件反応（Unconditioned Response: UR） 169
名状オペラント 178

メタ記憶 151
メタ認知 86
網膜 129, 139
モーダル補完（modal completion） 138
問題空間 156

や 行
有意味受容学習 83
誘導的承諾 206
幼児図式（baby schema） 55
抑制機能 70
横滑り説 142
四気質説 187
4枚カード問題 159

ら・わ 行
ライフイベント（life events） 66, 75
ライフサイクル 65, 75
裸眼立体視 134, 139
リーダーシップPM理論 215
リスク回避 162
リスク追求 162
リテラシー 89, 91
リハーサル 144
両眼視差（binocular disparity） 134
両眼立体視（binocular stereopsis） 134
良定義問題 156
臨床心理学（clinical psychology） 3
臨床的機能 245
臨床の作用 247
類型論 187
レジリエンス（resilience） 264, 267
レスポンデント条件づけ 20, 29, 170
恋愛意識 100
連言錯誤 163
レンズモデル 228, 239
連続聴効果（auditory continuity illusion） 137
老年期 65
ロールシャッハ検査（Rorschach Test） 193
YG性格検査（YGPI, 矢田部ギルフォード性格検査） 192

《執筆者紹介》

サトウタツヤ（佐藤　達哉）編者，はしがき，15章
　　立命館大学総合心理学部　教授

北岡明佳（きたおか　あきよし）編者，はしがき，9章
　　立命館大学総合心理学部　教授

土田宣明（つちだ　のりあき）編者，はしがき，5章
　　立命館大学総合心理学部　教授

岡本直子（おかもと　なおこ）1章
　　立命館大学総合心理学部　教授

谷　晋二（たに　しんじ）2章
　　立命館大学総合心理学部　教授

望月　昭（もちづき　あきら）3章
　　立命館大学文学部　名誉教授

矢藤優子（やとう　ゆうこ）4章
　　立命館大学総合心理学部　教授

山本博樹（やまもと　ひろき）6章
　　立命館大学総合心理学部　教授

宇都宮博（うつのみや　ひろし）7章
　　立命館大学総合心理学部　教授

櫻井芳雄（さくらい　よしお）8章
　　同志社大学大学院脳科学研究科　教授

星野祐司（ほしの　ゆうじ）10章
　　立命館大学総合心理学部　教授

服部雅史（はっとり　まさし）11章
　　立命館大学総合心理学部　教授

藤　健一（ふじ　けんいち）12章
　　立命館大学　名誉教授

小塩真司（おしお　あつし）13章
　　早稲田大学文学学術院　教授

八木保樹（やぎ　やすき）14章
　　立命館大学総合心理学部　教授

文野　洋（ふみの　よう）16章
　　文京学院大学人間学部　准教授

廣井亮一（ひろい　りょういち）17章
　　立命館大学総合心理学部　教授
西垣悦代（にしがき　えつよ）18章
　　関西医科大学医学部　教授

藤戸麻美（ふじと　まみ）4章のコラム
　　立命館大学 OIC 総合研究機構　非常勤職員
田中真理（たなか　まり）5章のコラム
　　鹿児島県立短期大学生活科学科　准教授
水野治久（みずの　はるひさ）6章のコラム
　　大阪教育大学教育学部　教授
山田早紀（やまだ　さき）17章のコラム
　　立命館大学立命館グローバル・イノベーション研究機構　客員研究員

心理学スタンダード
――学問する楽しさを知る――

| 2014年4月10日 | 初版第1刷発行 | 〈検印省略〉 |
| 2022年12月30日 | 初版第9刷発行 | |

定価はカバーに表示しています

編著者	サトウ　タツヤ
	北　岡　明　佳
	土　田　宣　明
発行者	杉　田　啓　三
印刷者	江　戸　孝　典

発行所　株式会社　ミネルヴァ書房
607-8494 京都市山科区日ノ岡堤谷町1
電話代表 (075)581-5191
振替口座 01020-0-8076

© サトウ・北岡・土田ほか, 2014　共同印刷工業・新生製本

ISBN978-4-623-06788-6
Printed in Japan

社会でいきる心理学
増地あゆみ 編著
A 5 判 274頁
本 体 2500円

実践につながる 新しい教養の心理学
大浦賢治 編著
B 5 判 264頁
本 体 2800円

絶対役立つ教養の心理学
──人生を有意義にすごすために
藤田哲也 編著
A 5 判 226頁
本 体 2500円

絶対役立つ教養の心理学 展開編
──人生をさらに有意義にすごすために
藤田哲也 編著
A 5 判 226頁
本 体 2800円

絶対役立つ臨床心理学
──カウンセラーを目指さないあなたにも
藤田哲也 監修　串崎真志 編著
A 5 判 268頁
本 体 2500円

絶対役立つ社会心理学
──日常の中の「あるある」と「なるほど」を探す
藤田哲也 監修　村井潤一郎 編著
A 5 判 256頁
本 体 2500円

いちばんはじめに読む心理学の本

臨床心理学──全体的存在として人間を理解する
伊藤良子 編著
A 5 判 256頁
本 体 2500円

発達心理学［第2版］
──周りの世界とかかわりながら人はいかに育つか
藤村宣之 編著
A 5 判 274頁
本 体 2500円

認知心理学──心のメカニズムを解き明かす
仲 真紀子 編著
A 5 判 264頁
本 体 2500円

知覚心理学──心の入り口を科学する
北岡明佳 編著
A 5 判 312頁
本 体 2800円

──── ミネルヴァ書房 ────
https://www.minervashobo.co.jp/